幼児の臨床心理事典

品川不二郎
品川孝子
昌子武司
森上史朗
石井哲夫
【著】

日本図書センター

凡例

一、本書は『幼児の臨床心理事典』（品川不二郎、品川孝子、昌子武司、森上史朗、石井哲夫著／一九七五年／あすなろ書房）を、復刻・刊行するものである。

一、復刻にあたっては、底本扉から広告までを原寸で収録した。

一、本書中に不適切な表現がある場合も、学術資料としての性格上、底本通りとした。

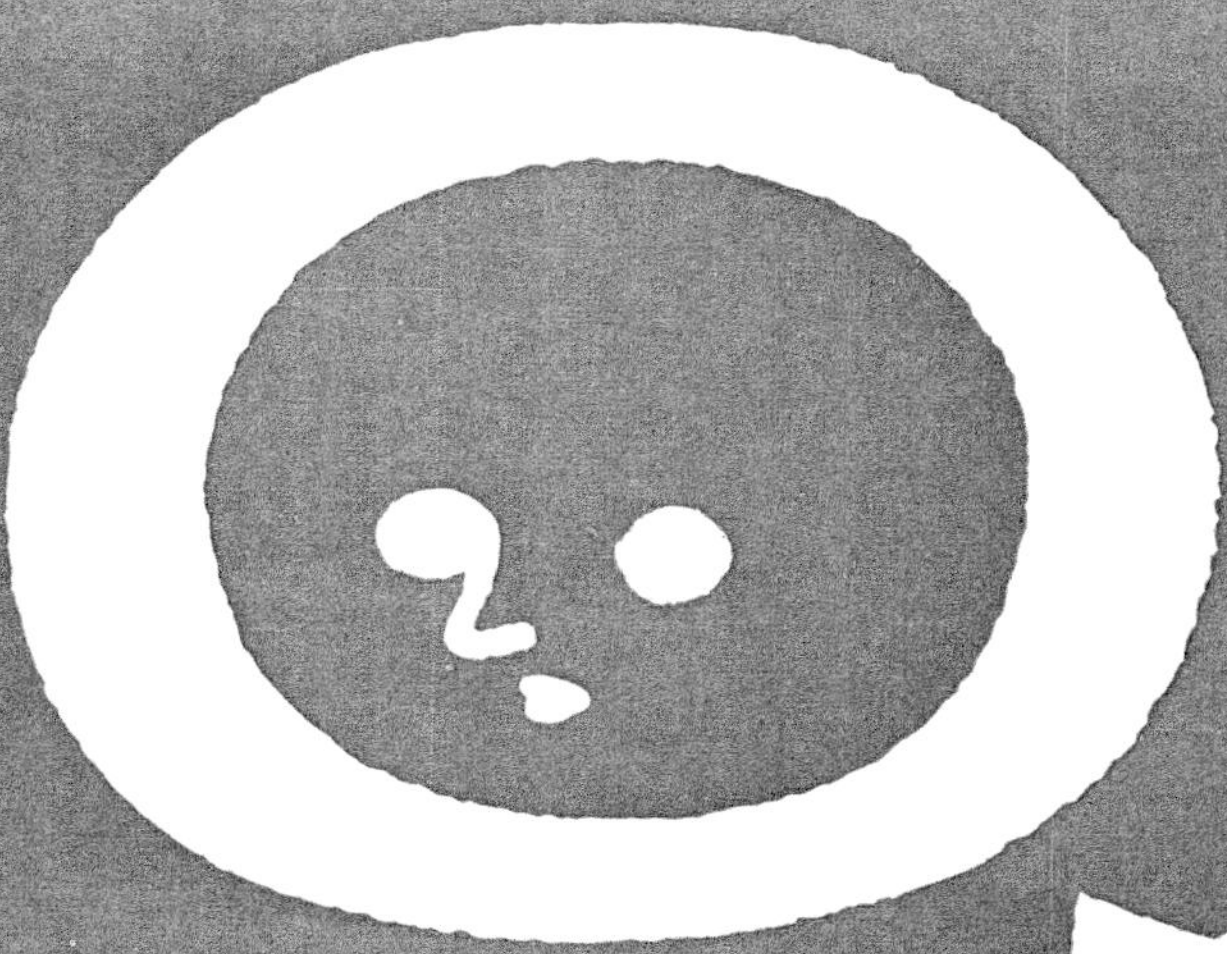

幼児の臨床心理事典

ひとりひとりをいかす理論と技術

品川不二郎　品川孝子　昌子武司
森上史朗　石井哲夫

あすなろ書房

序文

古いことばではあるが、「働かざるもの食うべからず」ということばがあった。

われわれは「学ばざるもの育てるべからず」といいたい。保育とは、人間と人間との触れあいの中で行なわれる営みであることはいうまでもない。しかも、保育者の知識や技術だけが子どもを育てているのではなくて、じつはその学ぼうとする勢いのようなものが、子どもを育てているのである、とわれわれは考える。

＊

では、いったい何を学べばよいのか、主題はたくさんあるであろう。しかし、整理してみると次の三つになるようである。

一、保育過程の研究…四月にはカクカクのプランを考え、五月にはカクカクのプログラムで保育をしよう、といった問題を扱う。

二、方法の研究…導入にはどのような方法がよいか、視聴覚的な方法はどこで使ったらよいか、などといったことを研究しようとする。

三、児童研究…Aという子どもはどのような行動傾向があるか、Bという子どもの性格はどんなものであるか、といったことを研究しようとするものである。

＊

現実の保育活動は一がまず考えられて、つぎに二の問題を検討し、そこで三の子どもの問題に及ぶというような順序で考えられてゆく場合が少なくない。

保育者のプランや方法が先にあって、あとから子どもの問題を考えることになるから、首になわを

つけて引きずってしまうようなことが起こっているように思う。

＊

有吉佐和子さんが『女二人のニューギニア』の中で、つぎのような場面を描写している。

文化人類学者の畑中さんといっしょに、原住民の中での生活が始まる。

畑中さんはメイドとして、ひとりの原住民をやとっている。そして、食事の用意をするときには手を洗うべきであることを徹底的に教える。それはみごとに成功する。ある朝、有吉さんは早く目がさめたので、見るともなくそのメイドが朝食の用意をするところを見ていた。彼女はたしかに教えられたとおり、バケツに川の水をくんできて手を洗っていた。しかし洗い終わったその水をヤカンの中に入れてお湯をわかしてもってきたという。

手を洗うことはたしかにやっているが、その意味はまったくわかっていなかったのである。

毎日の保育活動の中で、これに類したことをやっていないであろうか。

＊

われわれは、徹底して、第三の児童研究を出発点として考えようとしている。すなわち、原住民に手を洗うことを教える前に、原住民はどんな生活意識をもっているのか、どんな生活様式をとっているのかをまず問題とする立場である。

そして逆方向、すなわち、ひとりひとりの子どもの様態の中から、方法を見出し、そこからまたプランを導き出そうとするものなのである。

まず、子どもそのものを研究主題として考えようとすると、個人差の問題、個人の発達の様相、個性、その診断、そしてその子どもを理解するための方法といったことが、テーマにならざるを得ない。

＊

われわれは先に『幼児問題の事典』『幼児心理にあわせた導き方の事典』を出版した。これら二冊は、どちらかというと、子どもの個人差に立脚しながらも、その扱い方の具体的な問題をとり上げてきた。しかし、子どもの個人差の広がりというものは無限にある。そこに盛られた事例には限りがあ

る。

やはり、基礎に横たわる理論、考え方といったものを知らないと、無限にある個性に対する具体的な日常の保育には役立たないに違いない。かねてから、われわれは、そうしたものをまとめる必要を感じていた。

今回、あすなろ書房・山浦常克氏の熱意によりその機会を与えられたことは、われわれにとって望外の喜びである。

本書はいわば、臨床心理学の理論的なものと、実践的なものとの橋わたしの役割を果たそうとするものである。

幼児の臨床心理事典・目次

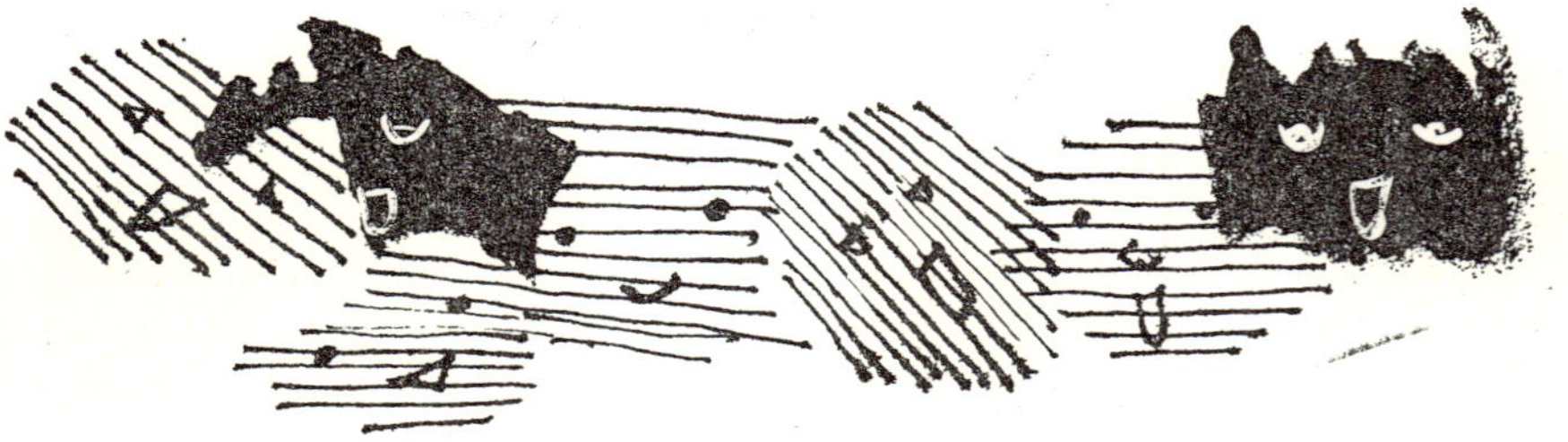

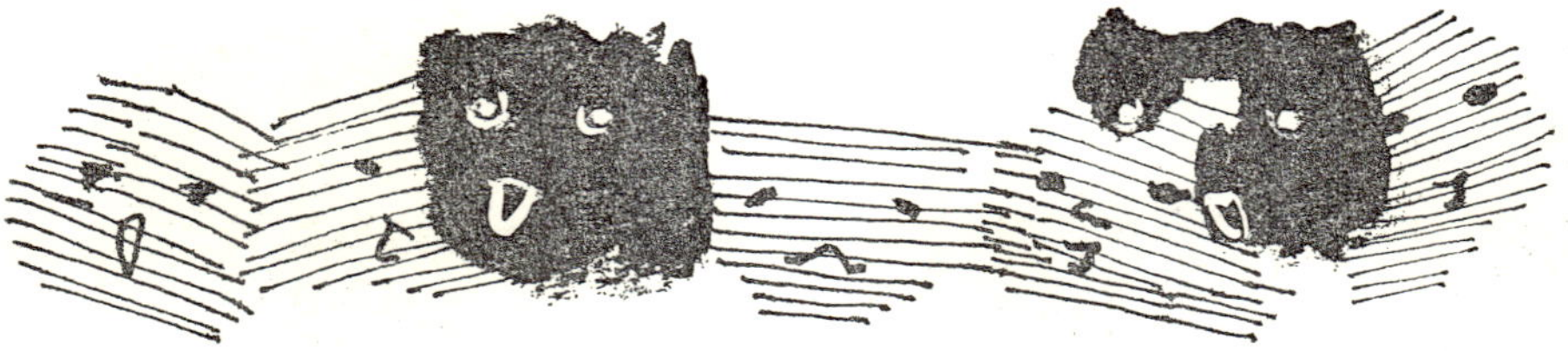

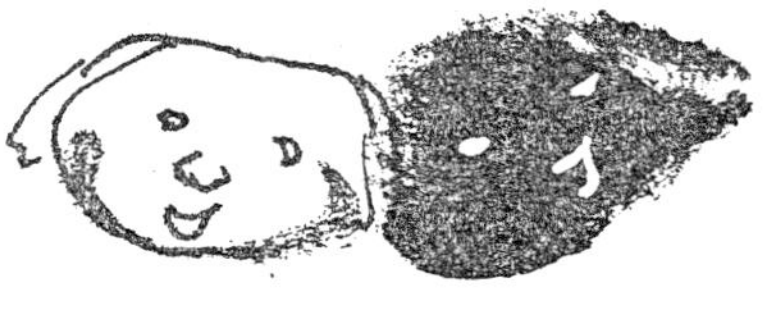

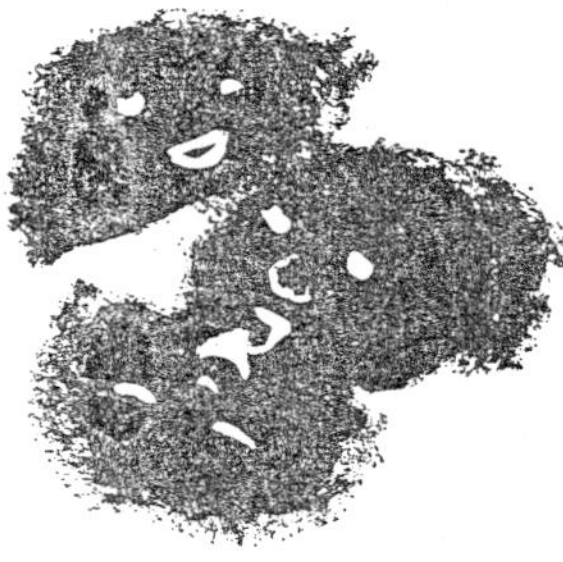

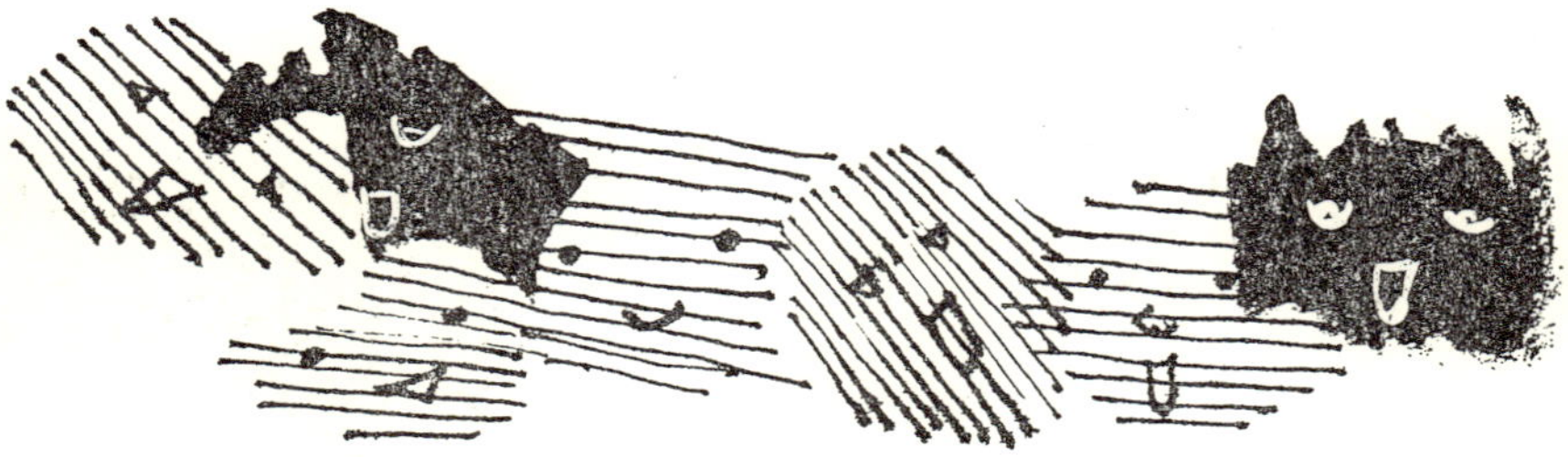

用語解説 と カコミ記事

■用語解説

■カコミ記事

そうてい・扉/有井　泰

カット/品川佳美

I

幼児臨床心理の基礎理論

——ひとりひとりをいかすために——

ひとりひとりの心を深く理解するための保育者の目を養い、ひとりひとりをいかすための指導の方法を身につけるため、欠かすことのできない基本的な理論を事例に即しながら解説した。

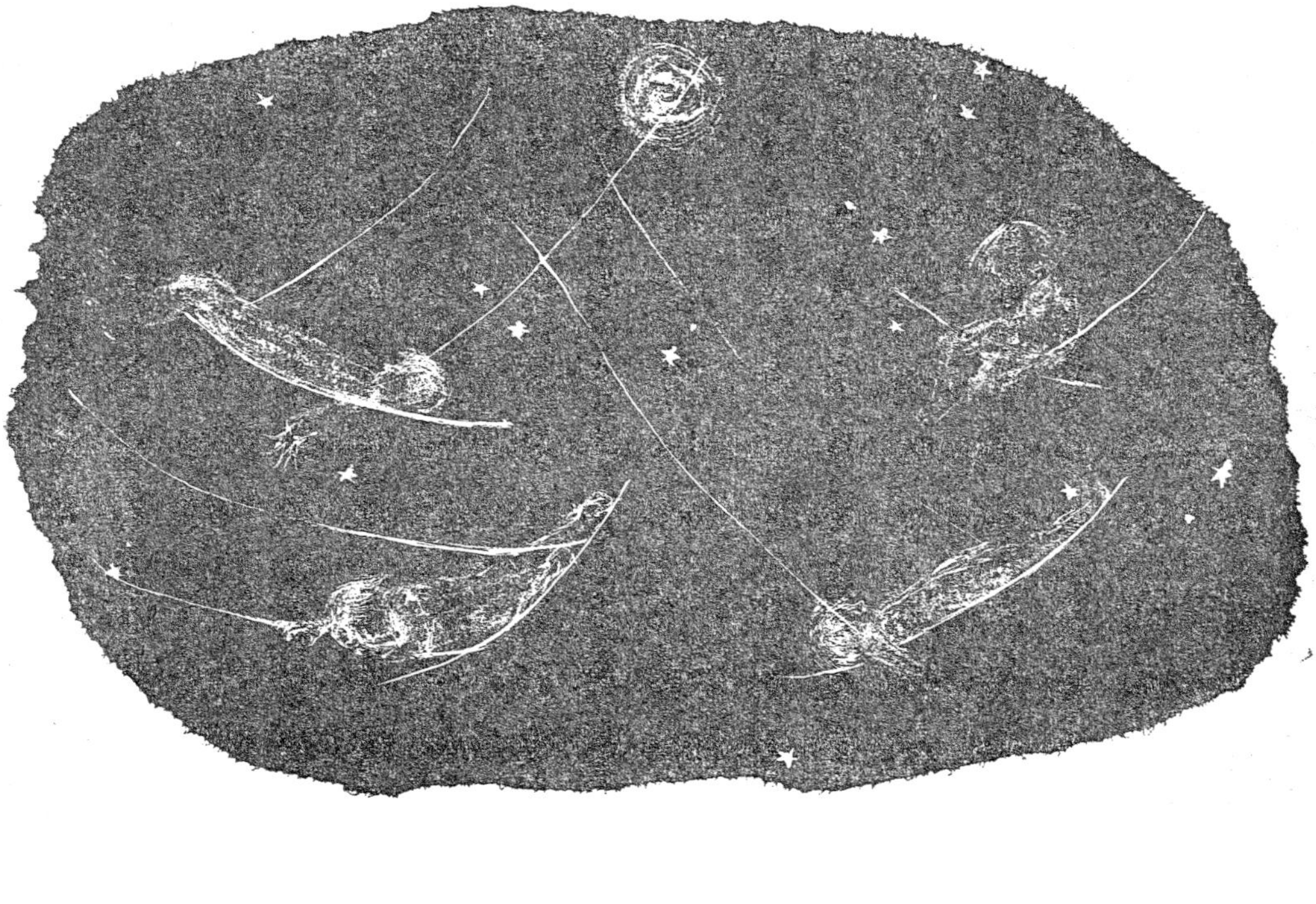

(1) 幼児の問題行動とは

〈事例〉 いじわる、いやがらせをする子

・事例の概要

幼稚園年長組のK君の母親から、昨年の七月上旬に大至急相談にのってほしいという依頼の電話があった。さっそく、面接し事情をきくと、先日、園から呼び出しがあり、そこで園長と担任から「入園以来ずっと園ではK君のことで手を焼いている。このままの状態が続くなら退園してもらわなくてはならなくなるかもしれない」という旨を申し渡され、どうしてよいか途方に暮れているということであった。

K君の問題の行動というのは、①カエルや虫の死がいなどを、いやがる友だちの背中にくっつけたり、人のいやがることをする。②保育時間やお祈りのとき、落ち着きがなく、自分の席にじっとすわっていないで、立ったりすわったり、友だちにちょっかいを出したりする。③砂遊びをしているときなど、友だちの作ったものをこわしたり、シャベルを横取りしたりする。④園の規則や制限が守れない。たとえば、禁止されている石垣やへいに登ったりする。それをとがめると、最近ではうそをつくこともある。⑤園の先生のいうことをきかないで、反抗的な態度を示す。……などである。

このほかにも、K君の問題の行動は数えきれないほどで、話せばこちらも不愉快になるので、これ以上は話したくないとのことであった。

しかし、家庭ではまったくそのようなことはなく、そのため最初は、園の話がどうしても信じられなかったという。

・K君の生育歴

K君は小さいときから手のかからない子で、あまりおとなの援助を求めることがなく、周囲の人はみんなK君について、おとなっぽい、しっかりした子どもという見方をしていた。とくに三歳のときに下の妹が生まれてからは、「あなたはお兄ちゃんだから」とか「おりこうちゃんね」といって我慢させたり、ひとりでやらせることが多く、今になってみれば、やはり親にかまわれないという不満や、妹との関係で、愛情不足を本人に感じさせていたかもしれないと反省しているということであった。

四歳で近所の幼稚園に入園したが、そのころは、園の友だちともよく遊び、園でもとても積極的で「とてもいいお子さんですよ」といわれ、安心していた。しかし五歳のとき、父親が転勤になり、近所の子どもの通っている幼稚園は二年保育しかとらないので、かなり離れたところにある、このミッション系の幼稚園に入園させてもらったという。

このころから、K君は近所の友だちと遊ばなくなり、あるときひとりで、黙って少し離れたところにある遊園地に遊びに行って、大さわぎになったこともあるという。その後もちょいちょいそこに出かけて、小学生といっしょになって遊んだりしていることもある。

妹はいじめることはないが、いっしょに遊んだり、かわいがったりすることはない。

・担任の所見

幼稚園でのK君の状況をくわしく聞くために園を訪問した。担任は、K君は入園当初から、すぐに困ったお子さんだと感じた。ずうずうしいというのか、大胆というのか、他の子どもならとてもできないことをしたり、いったりする。元気で気も強いので、いじわるやいやがらせをされても、他の子は恐れて何もいわない。とくにこの園は、しつけのよい家庭のお子さんが多いので、K君は、どうも他のお子さんと歩調がそろわないので困っているということであった。

事実、この園は非常に形式的なしつけがうるさく、厳格で、その意味では、ある階層の父兄から、非常にいい幼稚園という評価を得ている。したがって、K君は「お手洗い」を「便所」といってたしなめられたり、前の園のくせがでて、先生に友だちのような口のきき方をした、といってしかられるようなことが、しばしばあったらしい。

・園における観察

K君の園での問題行動をさらにくわしく知るために、園に依頼して、三日間、「観察、参加実習」という形で、ふたりの学生にK君の行動を観察してもらった。その結果では、K君は必ずしも園側のいうように「問題児」と決めつけることはできないという報告である。つまり、K君のような積極的、行動的な子どもは、このような制限や禁止の多い幼稚園のふんい気にそぐわないのではないかというのである。たとえば、砂遊びのときなども、友だちが山を作っているときに、おせっかいに手出しをして、山がこわれたようなところに、たまたま先生が来あわせて「K君は困った子だ」という先入感があるものだから「K君がまたいじわるをしている」というふうにとられるようなことがしばしばある。また、K君に悪気はなく、ちょっとした子どもらしい興味でやったことを、規則破りということで激しく叱《しっ》責されたりするので、罪悪感をもって隠したり、うそをいったりするのではないか。このように「K君は悪い子という園側の見方が、K君をますます悪い方向に追いやっているようにみえる」というのが学生ふたりの共通した意見であった。

・遊戯治療場面の観察

一方、K君の問題の本質を別の面から究明するために、週一回相談所への来訪を求めて、遊戯治療を行ないながら、K君の内面と外面の双方から観察を行なった。治療者とK君との間に信頼関係が成立し、心が通い合うようになると、遊びの中で、ありのままの感情を吐露するようになった。

遊戯治療の場面で「こんな憎たらしい妹は、首をちょんぎってやろう」とか「水に沈めてやろう」といって敵意をみせたり、あるいは遊びの中で、園や家庭のことについて「幼稚園ってつまらない。神さまのお話を聞くときに、長い間お行儀よくしていなければならないんだもの」とか「友だちは、みんなおもしろくないんだよ。みんなこわがりで、弱虫で、だからカエルなんかを背中にくっつけてやるんだ」などと断片的ではあるが、自己の内面を語ってくれるようにもなった。

・**問題の原因**

K君についての情報をすべて総合してみると、問題の原因は、大きく分けて、三つあるように思われる。それは具体的には、①K君は積極的、行動的な子どもであるが、そのエネルギーを、いまのところ、園でも家庭でもじゅうぶんに発揮できる条件がなく、そのため、それが園においてゆがんだ形で発揮されている。②保育者が、K君を「悪い子」という先入観をもってしかったり、非難したりすることが、K君を悪い方向へと追いやっている。③母親の期待水準が高く、そのためK君にはじゅうぶんに愛情をかけてもらっているという満足感がない。……などの点である。

・**指導経過**

そこで、①については、園では禁止をできるだけ少なくし、家庭では「お兄ちゃんだから」とか「おりこうね」というようなことばをあまり使わないで、子どもらしい甘えや、やんちゃ、いたずらを認めてやるようにする。②については「K君のマイナスの面は、反面長所でもあるという見方に立って、「悪い子」という先入観を改め、できるだけいい面を認めて、それを伸ばすようにする。とくに、本人の積極性、行動性を生かすために役割を与えてもらう。いじわる、いやがらせについても道徳的な基準のみで責めることはしない。そのような行動は否定しても、そうせざるをえない感情は、理解してやる。③ひざに乗せる、肩車をしてやるなど身体的接触を多くする。一日のうち、必ず時間をとって母親とふたりでいっしょに遊んだり、お話したりする機会を設ける。……などの指導方針を立てた。

一方、相談所では遊戯治療を継続して、否定的な感情を吐き出させ、肯定的な感情を育てるようにした。このようにして半年後には、K君の問題は急激に望ましい方向へと転換していったのである。

解説と理論

1 保育者の児童観と問題児

以上の事例からもわかるように、問題児とか問題行動ということは、子どもの側の問題としてだけではなく、それを異常とする保育者の側の問題として考えてみる必要がある。保育現場には、前の担任が問題児としていた子どもが、次の担任になると、まったく問題児とは思われないというような例は、しばしば存在する。そのことは、保育者がどのような人格をもち、どのような子どもの見方(児童観)をもっているかということによって、子どもが問題児になったり、ならなかったりするということを意味している。一般に子どもをみる保育者の目が、狭ければ狭いほど問題児が多くなり、逆に広ければ広いほど問題児は非常に少なくなっていく。K君の場合はまさにその典型的な事例と考えることができよう。

2 保育者の発達観と問題児

(3)で詳しくふれるが、子どもというものは、まっすぐに一直線に発達するものではなく、左に揺れ、右に揺れながら、ジグザグに発達していくものである。

たとえば、おとなのいうことをきかなくなったり、また、いうことをきいたりしながら、また、けんかをしたり、仲好くなったりしながら、ジグザグに発達していくものである。こういうとき、困った行動のようにみえても、必ず別の行動が育っているということを見のがしてはならない。いうことをきかなくなってきたときには、他方で主体的自我が育ってきており、せっかく身についた生活習慣がこわれたときには、友だちとの遊びに熱中するようになって社会性が育ってきている。

そのような発達のゆれ動きによる正常な問題を、異常として扱う保育者によって、それが、ほんとうの異常行動へと進展していくことがしばしばある。保育者が問題としたK君の行動も、ある意味では、発達の揺れ動きによる一過性のいたずらとみることもできよう。

3 病理的見方と教育的見方

保育者が子どもの行動をみる見方には、「病理的な見方」と「教育的な見方」の二つがあり、幼児の保育は、「教育的見方」に立って行なうことが重要である。

従来の保育指導では、この園の保育者のように、とかく子どものマイナスの面を指摘し、それを矯正《きょう》することによって、より望ましい発達が期待できるものと考えていた。しかし、これまでに、すぐれた保育実践をしてきた保育者の経験によると、子どものマイナス面をクローズアップして指摘してみても、子どもにとっては決して好ましい結果が得られないということがはっきりとしてきた。そこで、最近では、できるだけ子どものプラスの面を発見して、その点をクローズアップしたほうが、子どもにはプラスの効果をもたらし、より望ましい発達が期待できると考えられるようになった。したがって、今後の保育において子どもの可能性を引き出そうとするなら、その子どもの長所を発見して、その点を強調するように心がけたい。

もともと、保育という仕事は、究極的には、子どものよい点を引き出す営みであるから、できるだけいい点を見つけ出し、どうすれば子どもがプラスの方向に進みやすいかということに手がかりを与えるものでなくてはならないであろう。子どものマイナスの面を見つけ出すという病理的な見方ではなく、教育的な立場に立って子どもを多面的に見れば、欠点と思われたことが、その反面、長所であるということもしばしばある。忘れものをよくするというばあい、それはたしかに短所であるが、その場その場で見聞きするものに熱中し、集中する子どもは周囲とのしゃ断が起こり、他のことを忘れてしまう。このばあい、物事に熱中し、集中するというのは、その子の長所でもある。乱暴な行動も、それは積極性、活動性の一つの現われともみることができる。

4 保育者のもつ「いい子」、「悪い子」観

つぎに、幼児の行動の何を問題とするかということは、保育者のもっている「いい子」「悪い子」についての考え方と深く関係している。筆者は以前、保育短大学生、小学校、幼稚園教師のそれぞれがもっている「いい子」についての考え方を調査したことがあるが、それによると、図I―1および図I―2のように、いずれのばあいも「友だちと仲好くする」「すなお」「礼儀正しく行儀がよい」「親や先生のいうことをよくきく」「あとかたづけができる」「危険なことはしない」などの項目が高く評価されている。しかし、そのような子どもがはたして「子どもらしい子ども」であり、長い目

でみて、「いい子」といえるかどうかには疑問が残る。

たとえば、「いつも仲のよい子ども」について考えてみよう。これはケンカをしない子どもを意味している。子どもは遊びに自己を打ちこみ、本気で遊ぶと友だちとなかなか妥協ができない状態に陥る。その結果としてケンカが起こるのである。その意味ではケンカをしない子はほんとうに遊んでいない子といえる。しかし、おとなの感覚からするとケンカはうるさいし、見ていて気持ちのよいものではない。そこで、とかくケンカをする子どもは「問題の子ども」であるという決めつけ方がされやすいことになる。

保育所の幼稚園の保育案を見ると「友だちと仲よく……する」というようなことばにしばしば出くわす。しかし、それは人間の究極の目標のようなものであり、それを現在目の前にいる子どもに期待したり、すぐに実現しようとするなら、非常に誤った保育を行なうことになるであろう。子どもはケンカをしながらも、その中で妥協点を見いだして、仲よくなる。しかし、またふたたびケンカもする。それが子どもらしい子どもというものである。したがって、

図Ｉ－１　「いい子」の行動とは（保育短大学生）

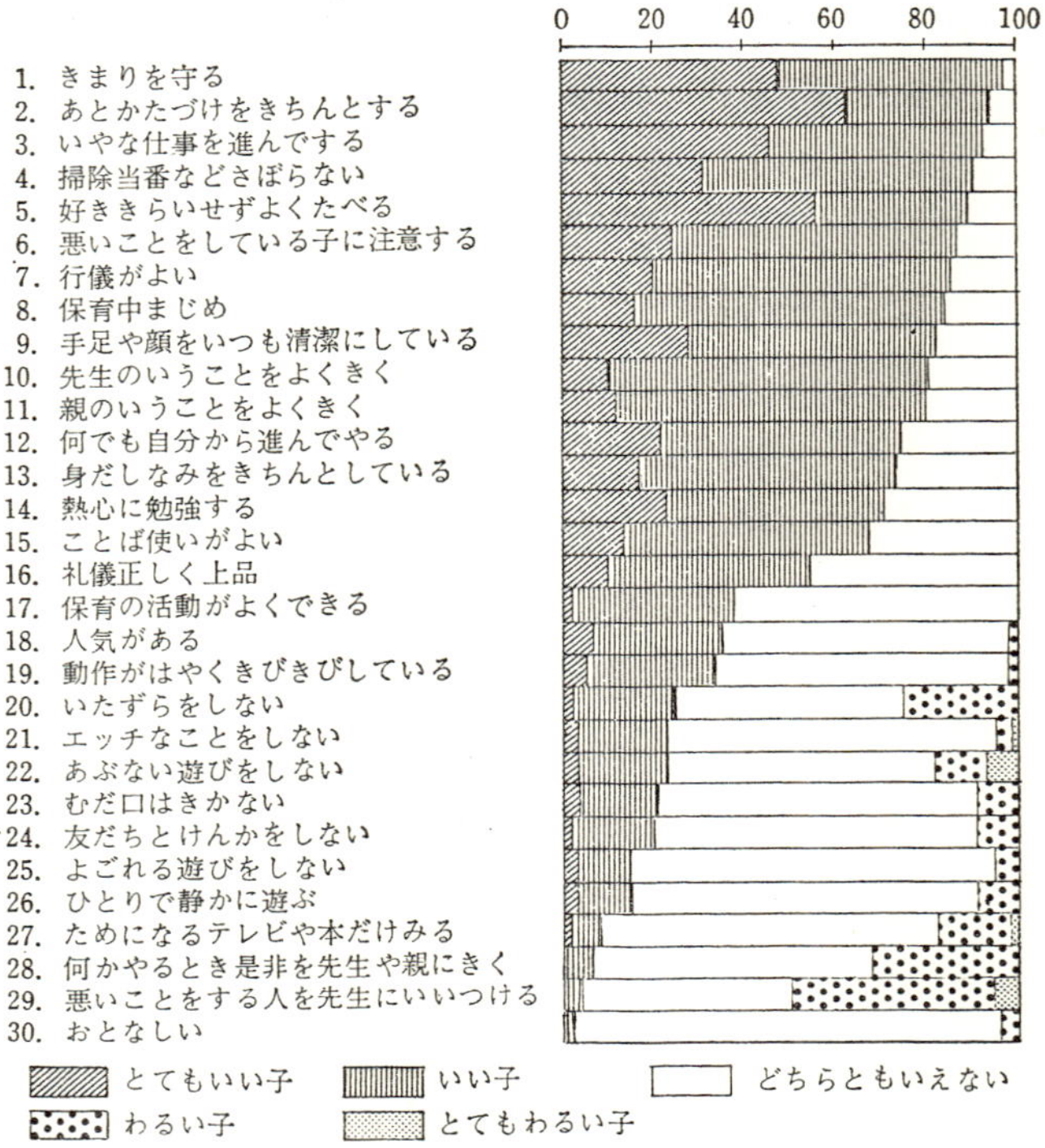

図Ｉ－２　教師の考える理想の子ども像

	順位	理想の子ども像		順位	理想の子ども像
幼稚園の教師	1	自主性のある子	小学校教師	1	自主性のある子
	2	きまりの守れる子		2	意欲のある子
	3	友だちと協調できる子		3	協調性のある子
	4	心のやさしい子		4	明るい子
	5	創造性のある子		5	健康な子
	6	健康な子		6	ねばり強い子
	7	すなおな子		7	創造性のある子
	8	何かに集中できる子		8	きまりの守れる子
	9	礼儀正しい子		9	すなおな子
	10	整理整頓のできる子		10	情操の豊かな子

注「方法は保育（教育）実践のなかで、いつもこのような子どもにしたいと考えて、達成のために努力していらっしゃる理想的子ども像をなるべく具体的に自由に書いてください」という設問への自由記述の解答をまとめたもの。

『幼稚園教育要領』に書かれている「友だちと仲よく遊ぶ」という記述は、「友だちとケンカをしながらも仲よく……」と解すべきであろう。

以上に述べた子どもの見方は、子どもの発達をどうみるかという「発達観」とも関係している。つまり、現在の時点での「いい子」を期待するのか、あるいは長期的な発達の見通しのうえに立って、将来、成長した時点で、自分の主張もはっきりとしながら、相手の主張にも耳を傾け、意見の対立はあっても交際もできるような、ほんとうの社会性を育てようとするのかで、保育の方法は異なってくる。

このことは、「おとなのいうことをよくきく」とか「すなおである」とかいうことについてもいえることである。幼児期や児童期におとなのいうことをきいて、すなおだった子は、例外なく思春期以降に問題を起こす。それはヘッツァー（Hetzer. H）らの指摘を待つまでもなく、自我が成熟し、主体性が確立すべき時期に、そのことが行なわれていないことを意味するからである。

つまり、親や保育者のいうことをいつもすなおにきいている子どもは、偽りの「いい子」であり、長期的にみたばあい、かえって問題の子どもといわなくてはならないであろう。

5 統計的基準と問題児

従来の臨床心理学でもっとも多く行なわれてきた正常と異常を分類するやり方は、統計的に導き出された平均的基準からどれだけずれるかで判別する方法である。

たとえば、一定の場面で、たくさんの子どもを調べてみたら、百人のうち八十人まではこういう行動をする、という事実があれば、一般的にいって「こういう場面では子どもはこういう行動を示すものである。したがって、こういう行動をしない子どもは問題児である」という決めつけ方がされることになる。

自然科学のばあいには、このような統計的方法が大きな効果をもつが、人間相手のときには非常な誤りを犯すことが多い。それは、人間というものは、ひとりひとりが個性的な存在であり、ひとりひとりの存在が「個」であり、「全」であるからである。

人間はひとりひとりが個性的存在であるということはよくいわれることである。しかし、実際の保育や教育の場では、統計的な基準に基づいた考え方がいかに根強く広がっているかに驚かされることが多い。

たとえば、身体的な評価のばあいにも、平均値からのへだたり方で、「大」「中」「小」といったような三段階ないし五段階の分類が多く行なわれている。しかし、このような示し方は、価値観を伴いやすく、「小」は発育が悪く問題であるという考え方に通じやすい。

それに、最近の研究によると、からだや知能の発達には、早熟型や晩熟型などさまざまなタイプがあり、統計的に求められた平均的な発達曲線のような発達を示す子どもはほとんどいないということも明らかにされている。したがって、そのような発達の個人差を無視して、その時点だけで統計的基準値と比較して、正常・異常を考えることは非常な危険性を伴うといわなければならない。

(2) 欠陥・障害・問題とは

〈事例〉 肢体不自由児

・事例の概要

T君は六歳五カ月の男子、サリドマイドによる上肢短少症（いわゆるアザラシッ子）である。四月に小学校に入学したが、担任の先生から、クラスの子どもたちと同じことができないので、学校内の特殊学級に移すか、さもなければ、肢体不自由児の養護学校に入学させるかしてほしいといわれた。両親はできるだけ、この学校の普通児といっしょに教育させたいと希望を述べたが、担任にどうしても納得してもらえず、やむなく障害児の教育に理解のある別の市の小学校に転校させ、今日に至っている。

・事例の展開

T君は幼稚園入園のときにも、今回と同様のトラブルに遭遇している。すなわち、二年前の四歳のとき、幼稚園に入園する年齢に達したので、近くの幼稚園に入園を希望したが、「この園は障害児は入園させない方針になっていますので」ということで入園を断わられたという。そのため、ほうぼうの園を訪ずれ、やっと電車に乗って四十分近くもかかるY市の幼稚園に入園させてもらった。

この園はいろいろ障害のある子どもを受け入れて、市の障害児指導センターの専門職員と非常によく連携をとりながら、きめ細かい指導をしている。T君は障害児センターのアドバイスに基づく家庭での根気強い指導と、幼稚園の指導の両者があいまって、非常に好ましい発達を示し、足が手の役割を果たすまでになって、たいていのことは普通の子どもと同じようにできるまでになった。

とくに、この園の保育者は問題のある子どもや、障害のある子どもを、排除しようとしたり、差別したりする気持ちがまったくないので、他の子どもたちも、T君を非常によく受け入れ、よく援助するため、T君の適応もきわめてよく、障害に対する劣等感も、ほとんどみられないほどである。

このようなことから、園やセンターの勧めもあり、両親は普通学校の普通学級に入級させようとしたわけである。

ところが、ここでは強硬に入学を断わられてしまった。その理由とするところは、①何をやるにも他の子どもと比べて時間がかかりすぎる。②字を書くのに足を机の上にあげて書いたりするので、他の子に異様な感じを与える。③現在のように、子どもが四十名近くもいる学級では、T君のような子どものめんどうはみきれない……などであった。

一方、T君を心よく受け入れてくれた学校では、T君の状態について、これとはまったく違った見方をしている。つまり、①T君はT君なりのペースでできればいいのであって、他の子と同じにやる必要はまったくない。②ゆっくりではあるが、不自由な手足を使って、努力している様子は、かえって他の子どもに、努力すればなんでもできるという意欲をわかせ、人間の尊厳ということの意味を教えることにもなる。③他の子どもと同じペースで進ませようと考えないで、T君なりの歩みを認めさえすれば、けっして手がかかるというようなことは考えられないというのである。

このような考え方に基づいて、指導した結果、T君は現在、小学校五年生になっているが、普通児に互して、とび箱もとべば、鉄棒もできるし、成績も上位にランクされている。

解説と理論

① 「欠陥」「障害」「問題」の考え方

心身のはたらきに「欠陥」(ハンディキャップ)があるということと、それが生活場面で「障害」になっているということと、さらにそれが「問題」になるということとは同じことではない。

たとえば欠陥があっても、それを克服する努力によって、日常生活の中でそれがあまり障害とならないまでに改善されたというばあいもある。江戸時代の国学者塙保己一が弟子に学問を講述していたとき、風であんどんの灯が消えたので、弟子が「あんどんに灯をつけるまで待ってください」といったところ、塙保己一は「目あきはなんと不自由なものだな」といった話はあまりにも有名である。

また、欠陥によって日常生活の中で障害となる状況は、社会の側の変化によって変わってくるということもある。たとえば、西欧ではサリドマイド児のための便利な日用生活品や、タイプライターなどが次々と考案され、彼らがあまり不便を感じなくてもすむような状況が作り出されている。

しかし、欠陥や障害をもつ子どものために、どのように、便利な状況が出現しようとも、彼らは普通の子どもと比べれば、同じ生活条件のもとにあるかぎり、まったく支障を感じないということはないはずである。したがって、普通児に互していくためには、彼らには、日常生活の中でかなり大きな緊張や努力が要求されていると考えるべきであろう。

しかし、ハンディキャップをもつ子どもたちの生きるうえでの困難は、生活上遭遇する具体的な支障やそれに伴う苦痛ではなく、むしろそれを問題にする人の前にさらされるということによってであろう。たとえば、その一つは「○○ができない」「時間がかかる」「すぐに失敗する」「普通の生活はできない」「だからだめな人間だ」というような考え方である。もう一つは、〝サリドマイド〟だから、〝精神薄弱児〟だから、「気のどくであり」「なんとかしなくてはならない」という考え方である。しかしほんとうはそうではなく、肢体不自由だから、精神薄弱児だからかわいそうだと考え、欠陥や障害をもちながら堂々と生きていくことを圧迫し、差別している社会だから、「かわいそうであり」「なんとかしなくてはならない」と考えるべきなのである。つまり、このように、ハンディキャップのある子どもや障害児を問題視する社会や、園の考え方を変えていくことが、それらの子どもに対する直接の指導と同等以上に重要視されなくてはならないのである。

以上に述べた、欠陥、障害の相互の関連性について、川端は図I—3のように模式化を行なっているが、これは考え方を整理する上で非常に参考になる。

図I－3　欠陥・障害・問題の関連

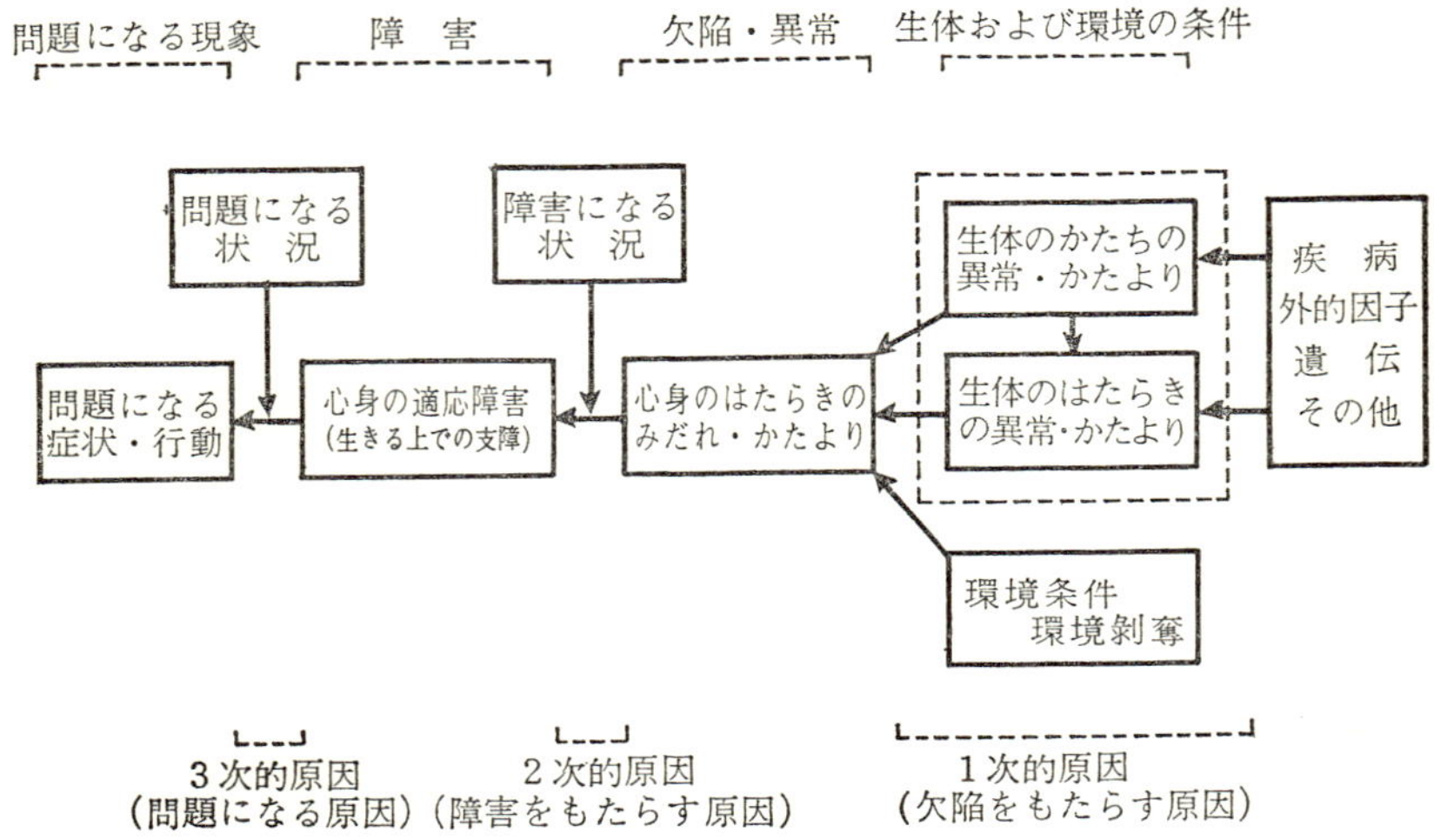

2　保育の原点としての治療保育

最近、わが国の幼稚園や保育所では、〝治療保育〟についての関心が高まってきている。たとえば、東京都の児童福祉審議会では、公立の保育所において、近い将来、一クラスに最低一名は障害や問題をもった子どもを受け入れ、保育を行なうことが望ましいという答申を行ない、現在、実験園を設置して、治療保育の進め方を実践を通じて検討している段階である。また、最近の保育に関する研究会や講習会では、多くの保育者の関心は治療保育ということに集中している。

このように治療保育への関心が増大してきたことの背景には、障害児に対する理解が深まってきたこととも関係があるが、それ以上に、今日ではすべての子どもに対する保育が、治療保育のような考え方や方法を中核にして行なう必要があるということが強調されるようになったからである。つまり治療保育は保育の原点ともいえる重要な意味をもつものといえる。

従来、わが国で一般的に行なわれてきた保育の実践では、早く目にみえる効果をあげようとしたり、形式的なまとまりや美しさを求めてきたため、いっせい的な保育が中心になってきた。いっせい的な保育では、子どもの粒がそろっていないとやりにくい。そこで、いっせい的な指導についてこれる子どもだけを保育したほうがはるかに能率があがるし、手もかからない。そのため、少しでも障害や問題があると、できるだけ排除しようとしてきたのである。

しかしよく考えてみると、保育とか教育という仕事は、ひとりひとりの興味や能力に即応しながら、その子なりの可能性をぎりぎりまでひき出し拡大することである。したがって、みんなと同じことができなくても、その子なりに能力の完全燃焼ができればよいわけであるから、クラスの中に障害や問題をもつ子どもがいても、けっして保育ができないということにはならない。
もちろん、ふつうの子どもと比較すれば、手のかかることは確かである。しかし、その手のかかることが、保育者にほんとうの子ども、あるいはほんとうの保育とは何かということを教えてくれる。たとえば、障害や問題をもつ子どもの保育に取り組もうとするばあい、かれらの心の深奥にまではいりこんでつき合うことをしないと保育は困難である。そこで、かれらの心の中にはいりこむ努力を重ねているうちに、すべての子どもの心の深奥が理解できるようになる。そして、そういった子どもに対する治療保育の実践で学んだものが、他の子どもの保育に生きてくるのである。したがって、はじめて真剣に治療保育に取り組んだ保育者は、例外なく「治療保育に取り組んでみて、今までの自分の保育がいかに表面的でいいかげんなものであったかを知らされて、恥ずかしくなります」と話している。

このようなことをいうと、たいていの保育者から「自分もできれば、そういう子を受け入れて、保育をやりたいのだが、なにしろ四十人以上の子どもを受け持っているので、とてもひとりひとりの子どものめんどうまでみる余裕がないのです」という返事がかえってきそうな気がする。その事実を頭から否定するわけではないが、しかし、「子どもの数が大勢だから治療保育はできません」という保育者は、おそらく、子どもの数が減っても、そのような子どもを受け入れ、治療保育に取り組もうとはしないのではないだろうか。

現に治療保育に取り組んでいる園や保育者は、困難な条件の中でその実践を続けている。それは、そのことが保育の原点であり、その中にこそ、保育の真髄が横たわっていると確信しているからである。精神医学者の神谷美恵子氏は、小学生として、スイスの小学校で学んだときのことを回想して、「スイスの寺小屋はあきれるほど雑然としていた。なんの規制もなく、各自が能力と必要に応じて勉強していた。貧しい子も、病弱な子も知恵おくれの子もいて、仲間の間に助け合いやいたわりの心も自然に促された」と述べている。

本章の事例にあげた、T君を受け入れた幼稚園と小学校においては、まさに、共に育ち合う中で、障害児も、教師も実に多くのものを学びとっているのである。

③ インテグレーション

本章の事例のばあい、T君の担任が「障害をもつ子は養護学校か特殊学校へ入れるべきだ」と述べていることからもわかるように、これまでの障害や問題をもつ子の保育や教育の歴史は、一般の子どもの保育や教育からの分離（Segregation）の歴史であったといえる。

これは、障害や問題をもつ子どもの指導にあたっては、その状態や程度に応じて、よりきめの細かい、手厚い指導をしようという善意から始まったのであるが、長い間には、さまざまな弊害が生じてきたのである。その最大の弊害は、子どもや保護者、それに一般の社会の人びとの間に、障害児や問題児を特殊視する差別意識を植えつけてきたことである。

差別意識とは、一般の人びとが障害児や問題児に注ぐ、あわれみや同情などの感情や、そのような子どもは、はじめから社会の落伍者であり、一般の子どもの中にはいって、同等に生活したり学習したりすることが不可能であるという固定観念といってよいだろう。そのような差別意識は、子どもの人格全体にまで拡大され、一般の子どもと同じはずの人格や人間性までを認めないような態度へと発展する。

このような誤った考え方は、一つにはすでに述べた障害や問題の本質についての認識不足からきていることであるし、そのことはまた、普通児が障害や問題をもつ子どもとともに生活する機会がまったくないということにも原因している。今日では盲児やろう児、重症の肢体不自由児などが一般の子どもと生活の場をともにしているということはほとんどない。たとえば、盲児は就学前は世間体を恥じる親によって家庭の中に閉じ込められ、学齢期になると、盲学校の寄宿舎に入れられ、卒業後はほとんどの盲人は、あんま、はり、灸《きゅう》といった特定の職業について、一般の人とはほとんど接触のないままに生涯を終わってしまうのである。このような状況は、障害児自身の発達をひずませるだけでなく、一般の子どもが、障害者に対して、ほんとうの理解をもつ機会を奪ってしまうことになる。

長い間、精神薄弱児教育に打ちこんできた信楽学園の池田太郎氏は、「わたしは貧乏な子どもも、富める子どもも、乱暴な子どもも、やさしい子どもも、知恵おくれの子どもも、知能のすぐれた子どもも、いっしょに交われるようになっている園（学校）を愛します。そこでこそ本当の愛というものは、どのようなものであるかを、子ども自らに体験させることができると思うからです」と述べている。このことばの中に、これからの障害児保育の進むべき正しい道が適確に示唆されているように思われる。

以上のような考え方から、最近では、障害や問題をもつ子の指導を、インテグレーション（統合教育）といって、できるだけ、普通児といっしょに、普通児と同じ原則にのっとってやっていこうという方向に変わってきている。そのため、従来、使ってきた「特殊児童」とか「特殊教育」というようなことばは、わが国の教育の公式用語としてはまったく姿を消しているほどである。

『スポック博士の育児書』で有名なベンジャミン・スポックは「障害児と普通児の違う点をあげなさいといわれると、非常にたくさんの相違点をあげることができる。しかし、障害児と普通児の同じ点をあげなさいといわれたら、それは、あまりにも多すぎて共通点を数えあげることは不可能である。障害児の指導にあたっては、この点を忘れてはならない」と述べ、「障害児も障害児であるまえに子どもであり、人間である」という原則を重視すべきことを強調している。

(3) 子どもを理解するということ

〈事例〉 登園を拒否する子

・事例の概要

K君は四歳五ヵ月の男子。現在、幼稚園の年少組である。三年保育のときは、別の園に通っていたが、その園が遠いため、二年保育になったとき、特別に頼んでこの園に入園させてもらった。ところが、入園後二週間たったころから幼稚園に行くのをいやがるようになり、「幼稚園はどうしても行かなくてはならないの」などとしつこくたずね、「ぼく行きたくないの」「おまわりさんが連れていくかしら」という。母親はとくに頼んで入園させてもらった手前、なんとか説得して連れていっていたが、いっこうに園になじもうとしない。

園の先生に相談したところ、K君はひとりっ子でわがままに育てられてきたので、まだ自己中心性から抜け出せず、社会性が十分に育っていないせいではないかという。したがって、登園をいやがっても、母親が引っぱってでも連れて来なさいといわれ、それを実行していた。しかし、五月上旬に、園を中途で抜け出して帰ってきたり、朝になると、お腹が痛いというようなことが多く、園のすすめもあって、母親は教育相談所を訪ずれている。

・前の園における適応

相談所の相談員は、K君が前に通園していた園を訪問して、その状態をきいた。そうすると、K君は、前の園では非常に喜んで登園しており、毎日、いきいきとして活動に打ちこんでいたという。

そこで、相談員は、二つの園の保育形態の相違にK君の問題を解明する大きなかぎがあるのではないかと考え、両方の園の保育を半日ずつ観察させてもらった。そうすると、予想以上の大きな相違のあることが判明した。K君が前に通っていた園は、自由遊びを主体にして、子どもの自主性を伸ばすということを保育の基本にしており、したがって、統制的な場面はきわめて少ない。新しい園はこれとはまったく反対で、小学校と同じように時間をこまぎれにくぎって、時間割にしたがって、いっせいに課題を与え、これをやらせるという統制的な場面がほとんどである。

一般に三歳から四歳にかけての子どもは、集団参加がいきいきと行なわれる前提として、自己活動が十分に行なわれている必要があるといわれている。つまり、子どもの真の社会的発達というものは、個人的適応（自己活動に打ち込むこと）と、集団的適応（集団や設定課題に参加すること）の両者が調和的に発達する必要がある。このような意図から、この園では、三歳という年齢は、集団的適応よりも、個人の充実がより重要であると考えて保育を行なっている。

したがって、K君のその園での行動は、十二月ころまでは、ひとり活動が中心で、ほとんどの時間を自己活動に打ち込んでいた。もちろん、この園でも、ときにはいっせいに課題を与えて、それに対する誘いかけは行なっていたが、それにのってこない子どもに強制するようなことは行なっていない。したがって、K君は、設定場面の中にいることはあるが、しかし、その中での活動は、自己活動ともいうべきもので、集団化はほとんど行なわれていない。

しかし、一月ごろからは、集団化が徐々に進み、二、三人の集団の中にはいって、多少かかわり合いをもちながら遊べるようになってきていた。K君はこのような時期に転園ということになったのである。

・遊戯場面における観察

遊戯場面における観察では、K君は毎回、一つのことに深く没頭することが認められた。そのばあい、そのことに非常に集中するため、周囲との断絶が起きてしまうほどである。

何回かの遊戯治療をくりかえすうちに、相談員とのラポート（親和関係）が非常によく成立してきたころ、K君は、「幼稚園はうるさいからぼくいやだ！」と話した。相談員は初めは「うるさい」という意味を、「大勢でさわがしい」という受け取り方をしていた。ところが、K君の話をよくきいてみると、そうではないということがわかった。つまり、新しい幼稚園では、K君が何かを始めて、イメージや構想がふくらみ、それを発展させようとしている最中に、すぐ保育者が、「さあ、こんどはお絵かきですよ」とか、「こんどはみんなでホールに集まってお遊戯をしましょう」というようなことで、活動を中断させられてしまう。それを「うるさい」ということばで表現していることがわかったのである。

以上のような情報や資料を総合してみると、K君の問題の本質は、最初に考えたように、保育形態の違いにK君がついていけないでいると解釈するのが適当であろう。

このようなばあい、もちろん、こうした保育形態の違いをなんとか乗りこえることのできる子どももいる。しかし、K君のように、個人的適応（自己活動への没頭）が強い子どもは、そのことを非常に困難にしてしまうのである。

・職員研究会での討論

相談所では、K君についての以上のような見解を園に伝えた。園では月に一回行なっている職員研究会にK君の問題を取り上げて討論した。

最初にひとりの保育者から、K君はけっして問題児ではなく、むしろK君を幼稚園ぎらいにするような原因を作っている園とか、保育者自身の保育のあり方を再考してみる必要があるのではないかという意見が出された。

これに対して、多くの保育者は、反対の意見を述べた。その概要は、この園はたしかに統制的な場面が多いかもしれないが、それでもK君以外の子どもは、入園早々から、そのような場面に適応し、みんなと同じ活動を喜んでしている。したがって、K君の問題は保育形態の違いというよりも、やはり、K君がわがままで、自己中心的であるというところに根本的な原因があるのではないかということであった。

このようなことから、K君の指導について望ましい方向が打ち出されないままに時日が過ぎ、K君がどうしても新しい園をいやがるということで、やむなく前の園に事情を話して、中途入園を許可してもらい、K君は喜んで登園するようになった。新しい園でも集団参加は遅々としていたが、九月過ぎから、急激に集団化がみられるようになり、現在では、ほとんど問題は認められない状態である。

解説と理論

1 内面的適応と外面的適応

すでに述べたように、幼児の真の社会的な発達がなされるためには、内面的適応（自己活動）と外面的適応（集団参加）の両者がともに発達する必要がある。すなわち、真の社会性の獲得は、外面的適応が内面的適応に裏づけられて、初めて、実現されるものである。そのようなときには、子どもの活動は集団に参加しながらもいきいきと充実しているはずである。これとは逆に、集団に参加しながらも、内面的適応が行なわれず、活動がいきいきとしていないばあい、それはいつわりの社会的発達であり、みせかけの人格形成であるといわなくてはならない。

この両者の関係を図示すると図I—4のようになる。

三歳児や、四歳児でも入園当初の子どもは、内面的適応が実現されており、自己充実が行なわれていても、外面的適応が不じゅうぶんのものがある。しかしこれは、この時期が内面的適応をはかりながら、徐々に外面的適応に向かわせる時期であることからいって、必ずしも問題とはいえない。

しかし、そのような状態がいつまでも続くときは、それは、自己中心的行動ないしは非社会的行動といわなくてはならない。そのような子どもに対しては、内面的適応をはかりながら徐々に集団参加がいきいきと行なわれるように援助する必要がある。

また、子どもによっては、自己充実にも乏しく、集団参加もできず、その状態がいつまでも続くばあいがあるが、それは未成熟な行動というべきで、そのようなときは、原因をよく調べて治療保育の対象として援助しなくてはならない。

K君のばあい、ちょうど、集団参加の方向に向かいつつあった時期であり、このとき、K君の段階に応じた適切な働きかけがなされたなら、いきいきとした集団参加がなされるようになり、真の意味

図I−4 集団的適応過程

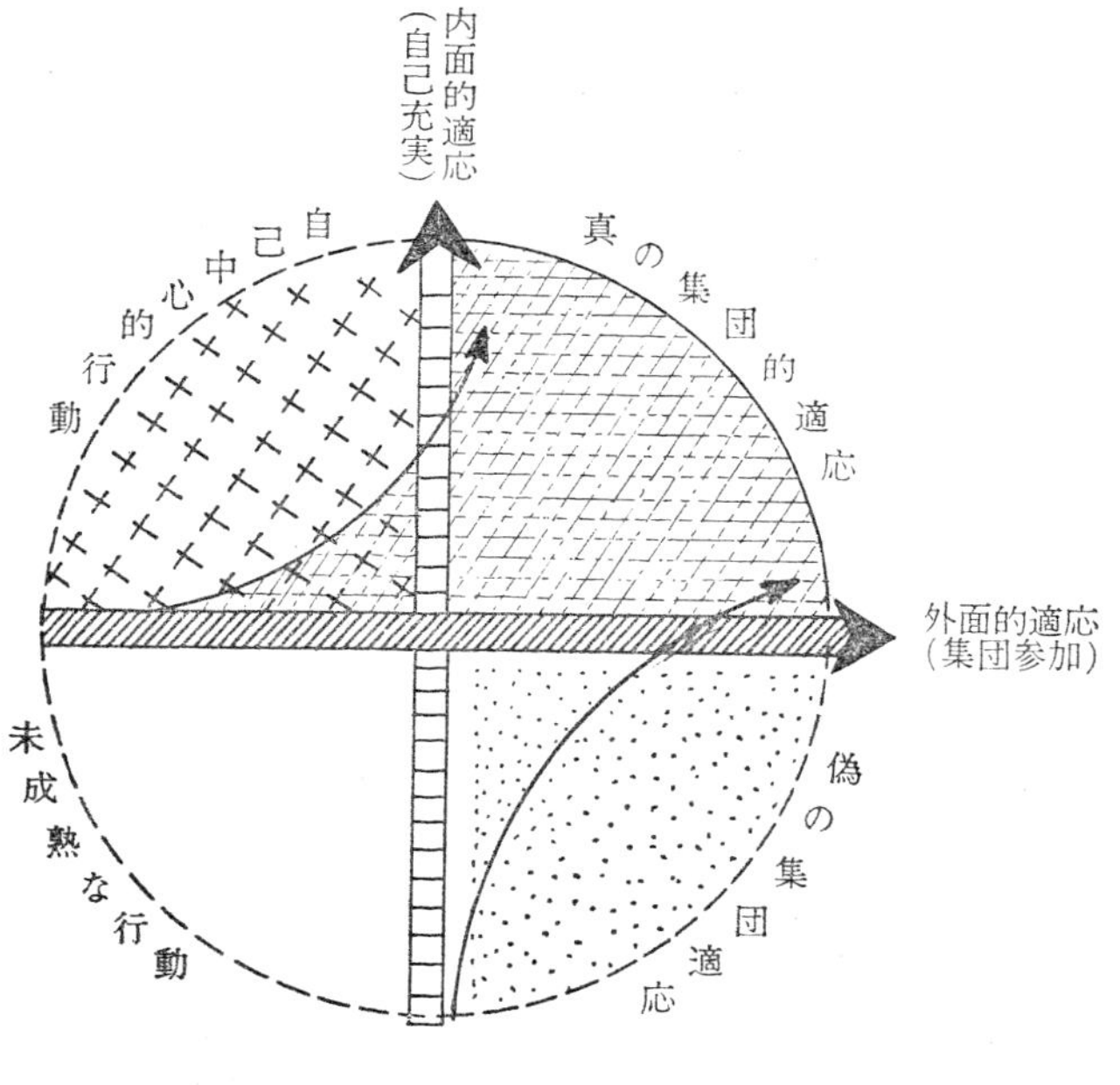

での社会的発達が期待できたのではないかと考えられる。

従来、一般的に行なわれてきた保育は、子どもの内面的要求とは無関係に、保育者の意図どおりに全体の子どもを、どの程度うまく引っぱってこれるかにあり、それが〝いい保育〟であるとか〝悪い保育〟であるとかいう評価になった。

とくに、幼稚園は「社会性を養い、集団生活をする場である」というようないい方がよくされることからも、入園早々から「さあ、お並びしましょう」「さあ、みんな集まって」というような保育が多かったのである。しかし、真の意味の社会性は、単に集団への順応を意味しているわけではない。それは、自発性や個の充実などの〝個人的適応〟と、社交性、協調性などの〝集団的適応〟との調和の上に成り立つものでなくてはならないのである。

その意味では、保育実践にあたっては、まずひとりひとりの興味や要求をよく見つめて、それを生かし、個の充実、個人的適応を図りながら、そのうえで社会的適応を徐々に実現していく、というやり方でなくてはならない。

たとえば、入園当初の子どものひとりひとりの内面的な世界をのぞいてみると、個人的な適応の基盤となる心理的安定の場がひとりひとり異なっていることが知られる。たとえば、ある子どもは、保育者といっしょにいることで、また、ある子どもは園庭のすみの草の陰で自分の好きな遊びをしているときに、また別の子どもは自分の机に向かって絵を描いているとき……というように、ひとりひとりの安定の場は明らかに異なっているのである。それを無視して、なるべく早く全体的にまとめようとする保育は、けっして子どもの真の意味での社会性を促進することにはならない。

2 浅い理解と深い理解

何か問題をもつ児童を適切に指導しようとするなら、まず彼らを正しく理解することから始めなくてはならない。ところが、保育者はだれもが子どものことを正しく理解していると思っている。しかしはたしてそうであろうか。

ライル（Ryle, G.）という哲学者は、われわれが「知っている」とか、「理解している」ということには、実は二つの知り方（理解のしかた）があると述べている。つまりその一つは、その事実を体験的に知っているという知り方で、彼はそれを「それを知る」（knowing that）と呼んでいる。これに対して、そのことの本質や、それを支配している法則性、メカニズムまで知ることを、「いかにして知る」（knowing how）と呼び、前者と区別している。

本章の事例における保育者の理解のしかたは、「それを知る」というレベルでの理解にすぎないということがわかる。今回の事例のようなばあい、登園拒否の原因は親の過保護からくるわがままであるとされ、それ以上の追求がされないようなばあいが多い。しかしK君のばあい、深くつっこんでみると、その底に、保育の本質にかかわるような実に重要な問題が多く横たわっていることに気づく。そして、そのことを追求することによって、「幼児とは何か」「幼児の発達とは何か」「真の社会性の育成とは何か」「子どもとの出合いをどうしたらよいか」……などのことが理解されてくるのである。

アメリカの著名な児童心理学者レオ・カナー（Kanner, L.）は子どもの示す問題の行動は、「信号としての症状」であるといっている。つまり、それは心の中に何か不幸なことが起こっているということを知らせる合い図の信号であるというのである。だから、重要なのは子どもの行動がどうであるかという事実（つまり信号）ではなくて、その信号を発する原因となっている奥底の心の状態だということになる。

「信号としての症状」にこだわっているかぎり、子ども理解ということは単なるレッテルはりに終わってしまう。たとえば、「保育の場面でみんなと同じ行動がとれない」という子がいたとしよう。しかし、そういう事実がわかったとしても、それは困った行動であるという評価が与えられるだけで、それだけに終わってしまう。

こういうばあい、「その子が保育からとび出していくのはなぜだろう」「どういうときとび出すのだろう」「そのとき、子どもは何を感じているのだろう」ということまでも、掘り下げて理解するように心がけるなら、それは、単なるレッテルはりに終わることなく、指導に結びついた理解となりうるのである。

したがって、保育者が、そのような信号にとらわれた見方をしているかぎり、それは両親や社会一般の人と同じような浅い理解のしかたであって、子どもの仕事をしている専門家の理解のしかたとはけっしていえないのである。

3 主観的理解と客観的理解

よく、子どもを理解するばあい、「子どもの背景をじゅうぶんに調査し、子どもをじゅうぶんに観察せよ」ということが強調される。それは、人間の行動には必ず外部的な原因が存在する。つまり何かその子どもに働きかける原因があって、その子どもの行動が生じる。したがって、対象となる子どもを客観的に観察したり、背景について調査したり、さまざまな心理検査を実施して、これらを総合することによって、その子どもをはじめて正しく理解できるというのである。このような子どもの理解のしかたを、臨床心理学では「客観的な子ども理解」と呼んでいる。

従来の臨床心理学では、このような客観的理解のみが、子どもを正しく理解できる唯一の方法であると考えられてきた。しかし、最近になって、実際に子どもの治療指導に携わっている人たちから、このような方法が必ずしも、子どもを正しく理解する道ではないのではないかという疑問が出されるようになってきたのである。

それは、ある環境、もしくは状況（A）のもとで、ある子どもがある行動（B）をしたとするとき、これまでの臨床心理学では（B）の原因は（A）であると考えてきたが、それが誤りであるということがわかってきたからである。つまり、（A）と（B）との間に子ども（P）というものを挿入しなくてはならない。行動（B）のあり方は、（P）が（A）をどのように見、感じるかの違いによって異なってくるというのである。

児童心理学者ジャーシルド（Jersild, A.）は、児童理解の方法には、客観的理解の方法と、主観的理解の方法との二つがあるが、重要なのは主観的理解であると述べている。ここでいう主観的理解とは、「いったいこの子の内面的な生活は、どうなっているのだろうか。この子の目にはまわりの環境や状況はどのように映っているのだろうか。この子はいったいどんな感じ方をしているのだろうか」

というように、外部から離れて観察したり、調査したりすることを越えて、子どもの心の内面に踏みこんで理解しようとするやり方である。

ジャーシルドによると客観的理解においては、保育者や相談者は子どもを向こう岸におき、傍観者であり、見物人といった立場をとるが、主観的理解においては、子どもに対して、ある関係の中に身を入れ、子どもとかかわり合いながら、その中で子ども自身の内的枠《わく》組（internal frame of refference）にしたがって理解しようとする立場をとる。

このことは、ひと言でいえば、子どもの気持ちになってみる（共感的理解）ということである。たとえば、K君の登園拒否という行動についても、もっとも重要なのは、K君自身が幼稚園というものをどのように認識し、どのように感じているかということである。そのことを把握するには、外から観察するだけでは不可能である。K君とかかわり合いをもつ中で、はじめて「幼稚園はうるさいからいやだ」というK君自身の見方、考え方をとらえることが可能となるのである。

(4) 幼児の発達の見方・考え方

〈事例〉 環境性発達遅滞児

・事例の概要

ある幼稚園の年長組のS君は、入園後二カ月を経過する時期になっても、①保育中みんなと同じ行動がとれないで、ひとりでかってなことをしている。②自由遊びの場面でも、ひとり遊びが多く、友だちと遊ぼうとしない。③言語の発達が全般的に遅れ、軽い発音の障害があり、語彙《い》の数が少なく、たとえば鳥でも魚でもすべてが前進することを〃歩く〃と表現する。また、自分の思うことをじゅうぶんに表現できない。④表情に生気がなく、活動は消極的で、泣き虫である。⑤運動能力は普通にあるようだが、動作はのろい。……などの諸点からこの園のほとんどの保育者はS君が〃知恵おくれ〃ではないかという疑いをもった。

しかし、二、三の保育者はつぎのような点から、S君を〃知恵おくれ〃とすることにためらいを感じていた。それは、①生活習慣は非常によく自立しており、なんでもひとりでできる。②ことばで表現することはきわめて不得手であるが、保育者のいうことはなんでもよく理解できる。③好きな物語り絵本や怪獣などのテレビ番組を、その筋を追いながら三十分以上も集中して見ている。④動植物や機械類など、理科的なものに強い興味を示し、園庭でアリが虫を運ぶのをじっと見つめていたり、機械のこわれたもので遊んだりすることを好む。⑤語彙の数がきわめて少ないにもかかわらず、自分の好きな自動車とか電気製品の用語などは驚くほどよく知っている。……など、すぐれた面も多くもっていたからである。そこで、一時は自閉症ではないかとの疑念ももたれたが、しかし、これは保育者の働きかけを非常に喜び、対人的な疎通性もあることなどから否定された。

図I－5　S君の「WISC知能検査」結果

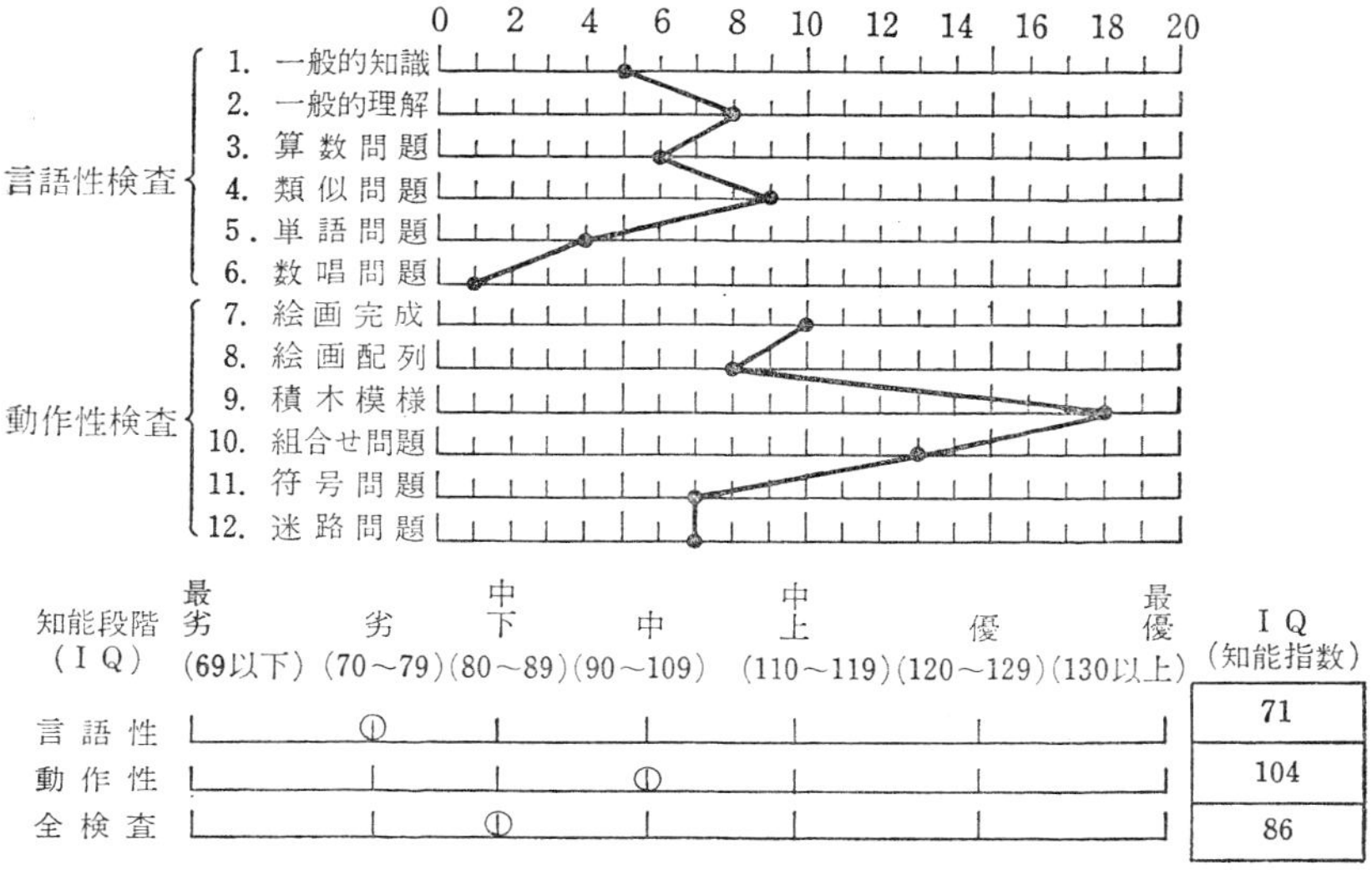

・知能検査の実施

このようにして、園内の研究会ではS君についての見解が二つに分かれ、いずれとも決めかねているときに、たまたま知能検査が実施されることになった。この園では毎年六月下旬に、テスターといわれる知能検査の専門家を依頼して、年長組の子ども全部に「ビネー式個別知能検査」を実施することになっている。検査の結果は知能指数（IQ）79で、これは〝魯《ろ》鈍級精神薄弱〟に相当するということであった。

そこで、S君が〝知恵おくれ〟であるなら、しかるべき専門機関で指導を受けたほうがよいだろうということになり、ある大学付設の教育相談所に相談を依頼した。この相談所では、S君には、かなり言語の面にハンディキャップがあるから、ことばでの応答を中心とした「ビネー法」のような言語性検査だけでは不適切であるとして、図I―5のような「言語性検査」と「動作性検査」の二つからなる「WISC知能検査」を実施した。その結果は、言語性IQ71（劣）、動作性IQ104（中）、全検査IQ86（中の下）という数値が得られた。これによると、IQの水準だけからみても、〝知恵おくれ〟とはいえないが、さらに検査内容を細かく分析してみると、抽象的な能力がすぐれていること（二つのものの共通点をあげる問題の得点が高い）見通しや分析、総合の能力にもすぐれていること

（積み木で手本どおりの模様を作る問題の得点が高い）などの点が見いだされ、S君は本質的にはまったくの普通児であると考えるのが妥当であるという診断がでた。

・S君の生育歴

この相談所では、知能検査の実施と合わせて、生育歴も詳細に検査した。それによると、S君の母親は、S君が一歳三ヵ月の精神発育のもっともおう盛な時期に、腎臓炎のために入院し、半年後に一時退院したが、その後も病院通いが続いた。そのため父母の双方から重荷に感ぜられて、ほとんど放任されていたという。

したがってS君は、家庭内で親子で遊んだり、絵本を読んでもらったり、お話をしてもらったりするような経験をまったくもたず、ひとりでテレビや絵本を見たり、おもちゃで遊んだりして、育ってきたということが判明した。

・問題の原因

以上のような点から、相談所ではS君の問題の根本の原因は、そのような環境的なハンディキャップが、S君の言語や社会性の遅れを生ぜしめ、これがさらにコミュニケーションや社会的活動の経験不足に拍車をかけ、悪循環をひき起こして、一見〝知恵おくれ〟と疑われるような症状を呈するに至ったものと判断した。したがって、園の中での保育者の積極的な働きかけがあれば、S君の現在の症状はかなり改善されるはずであるとして、相談所と園が協力しあってS君の指導を行なうことを提案し、園側もこれを了承した。

・園における指導

園での指導にあたっては、最初は、S君の遅れている面や劣っている点を発見して、その指導に力を入れてみたが、あまり好ましい結果は得られなかった。そこで、反対にS君のできることや得意な面、つまり長所を発見して、これを手がかりとして働きかけることにした。たとえば、S君の好きな乗物のでてくる紙芝居や絵本（「いたずらきかんしゃちゅうちゅう」「トラック・トラック」「はたらきものの除雪車ケーティー」など）を保育の中にもちこんだり、手製の電気製品の紙芝居を作成してこれを与えるなどした。また、なるべく時間をとって個人的に話しかけたり、遊んだりする機会を多くした。さらに、自由遊びの場面では、怪獣のおもちゃを使って劇遊びを展開しながら、声を積極的に出させるということも試みた。

つぎに、社会性を伸ばすために、肩ぐるま、ぐるぐるまわし、くすぐりっこなど身体的な接触を密にする遊びを通して、まず、保育者との親密な人間関係（ラポート）の確立をはかった。そのうえで、保育者が媒介者となって小グループの遊びに誘い、しだいに大きな集団へと拡大していった。

・家庭における指導

S君のような幼児が、毎日の生活の中で、もっとも多く接触するのは母親である。したがって、この母親が子どもの治療に対してプラスの役割を果たす場合と、逆にマイナスの役割を果たす場合とでは、治療効果に非常に大きな差がでてくる。そこで両親の養育態度を改善し、家庭における治療的指導を徹底する意味で、相談所で月に一回カウンセリングを行なった。園におけるS君の問題の改善や、S君の心身両面の目ざましい発達が、両親にこの問題への関心を促し、家庭指導に非常に好ましい結果をもたらせた。これまで家庭指導の方法をいろいろアドバイスしてみても聞き流されて、実行に移されることが少なかったので、園では、具体的な指導法の指示と、その実施状況の確認を目的とした「家庭指導連絡帳」を作成して、これを母親に渡した。その中には、①いろいろな経験をさせて生活を豊かにし、興味の範囲を広げる。②お話をすることの喜びや楽しさを経験させる。③熱中できる遊びをもたせる。④お話をよく聞いてあげる。⑤子どもの興味に合う絵本を読んであげたり、お話しをしてあげたりする。⑥積極的に話すことに重点をおき、多少まちがった発音や表現をしても、いいなおしや矯正、批判などは絶対にしない。⑦集団の中に徐々に入れてあげる。……といった内容についての具体的な指導法が細かく指示されている。

・S君の予後

以上のような指導を園で継続し、卒園までにすべての面で著しい改善をみた。たとえば、ことばも多少表現にりゅうちょうさをかく面はあるが、自分の意志を支障なく、人に伝えられるまでに発達した。また遊びの集団にもフォロァー（追随者）としてではあるが、その中にはいって、他人とかかわり合いがもてるようになった。そして再度「WISC知能検査」を実施したところ、言語性IQ91（中）、動作性IQ108（中）、全検査99（中）という結果がでたのである。

解説と理論

1 発達可能性をどう考えるか

この事例からもわかることであるが、子どもの可能性は指導して、はじめて現われるものであるから、あらかじめ、この程度と予想を立てておくことはできない。最初は二〇と思われた可能性が五〇となり、五〇だと思われた可能性が八〇にも一〇〇にもなるということがしばしばある。つまり、子どもの可能性は無限であるともいえる。

したがって、本章の事例のS君のばあいにも、周囲の人たちが、みんな〝精神薄弱児〟であると信じこみ、そのような接し方をしたなら、S君の今日の状態は期待できなかったにちがいない。その意味では、保育者の子どもの可能性をどう考えるかということと、保育者の子どもをみる目がどれほど深いかということで、子どもの運命は決まるといってもよいだろう。

2 発達を促す三つの場の必要性

発達心理学者の最近の研究によると、子どもが望ましい発達を遂げるためには、その基礎的な場として、個人遊びの場・集団遊びの場・母子遊びの場の三つが欠かせないものであるということがはっきりしてきた。一般に、すべての面で正常な発達を遂げている子どものばあいには、これら三つの場がなんらかの形で確保されているが、何か障害をもつ子どものばあいには、一つの場しか与えられていなかったり、あるいは形式的には二つ、もしくは三つの場が与えられていても、それらがじゅうぶんにその場の役割を果たしていないということが多いといえる。それでは、それぞれの場で、ほんとうに充実した活動をすることはできない。子どもはまず母子遊びの中で、遊びの基本的なルールや、他人とのつき合い方の基本を学習しておかなくては、ほんとうの意味での集団遊びに参加できない。

また、充実したひとり遊びの経験をもたなかった子どもは、集団の中で遊んでいるようにみえても、ただ他人に追随してうろうろしているだけで、その活動はまったく充実してはいないということが多いものである。

正常に発達を遂げている子どものばあい、とくに意図的にそのような場を用意しなくても、ひとりで集団遊びにはいっていくことが可能なばあいもある。また、そのような集団遊びを経験する中で、自然に充実したひとり遊びをもつことができるようにもなる。しかし、障害や問題をもつ子のばあいには、意図的にそのような場を設け、その中でいきいきと活動できるよう配慮しなくては、集団の中でも、ひとりでも、充実した遊びを展開することは困難である。

とくに、障害や問題をもつ子どもにとって、集団遊びと個人遊びをつなぐものとして、親子の遊びがきわめて重要な役割を果たす。ところが「この子は障害児だから、何をやってみても骨折り損だ」というような放任的、ないし拒否的な態度は、親子遊びの成立を妨げているばあいが多い。一方、これとは逆に、親の過保護的、ないし干渉的態度は、子どもの自発的活動を待ちきれず、あせった指導となって、楽しくなければならない「遊びの場」が「訓練の場」ないし「しつけの場」になってしまっているということもある。また、時間的・空間的には子どもと母親がいっしょにいて、親子の遊びが成立しているようにみえても、ほんとうの意味での充実した親子の遊びになっていないということもしばしばある。たとえば母親がテレビを見ながらとか、仕事をしながら相手をしているということがあるが、それではほんとうの遊びとはいえない。短時間でも、この時間は百パーセント子どもとの遊びに打ちこもうという心構えで、それに当たらなくてはならない。

このようにして、母親との間で充実した遊びができるようになった子どもは、一方では、母親から独立してひとりで遊ぶ楽しみを覚えさえ、ひとり遊びに打ちこめるように導かなくてはならない。ひとりで充実した遊びができるようになった子どもは、つぎの段階として、集団内で他の子どもと接触する中で、友だちとのつき合い方を学習し、自主性を発揮しながらも、相手と協力して遊びができるようになるとか、積極的に集団に働きかけることが可能になる。その意味で、子どもがどんな障害や問題をもっていようとも、彼らを集団の場に入れるということは、非常にたいせつなことである。しかし、障害児のばあい、治療施設の不足や、障害児を幼稚園や学校から締め出そうとする社会的偏見などによって、その機会は著しく狭められている。一方、親自身の誤った考え方で、子どもがじゅうぶんに集団生活をしていく能力をもちながら、集団生活に参加させないというばあいもある。これでは、子どもの望ましい発達は期待できない。その意味で、障害児の研究に携わる学者、その教育に従事する教師、障害児をもつ親が手を取り合って、集団遊びの場を確保する運動を力強く推し進めていく必要もある。

3 発達的課題とその影響

障害をもつ子どもであれ、普通児であれ、発達の途上にある子どもにとって、もっともたいせつなことは、その時期の〝発達的課題〟を遂行するということである。発達的課題とは、それぞれの発達的段階にある子どもたちが、その段階で必ず経験し、果たさなければならない課題というような意味である。たとえば、歩行開始前の幼児のばあい、はいはいをすることが発達的課題であり、そのことを通じて腕や脚の力が育つのである。したがって、この時期にはいはいをするという発達的課題を経験しなかった子どもは、将来、腕や脚の力に不じゅうぶんなところが出てくる。また、乳児期や幼児前期の親子の間の豊富な身体的接触や、精神的な交流を通じて、人間関係の基礎を学習するというようなことも、発達的課題の一つといえる。

S君が、友だちとの関係をもてなかったり、ことばに遅れがみられたりするような問題のほとんどは、その時期に必要な発達的課題への取り組みが行なわれていなかったことによるものと解される。

このように、その時期に必要な発達的課題への取り組みがなされなかったようなばあい、その後の発達にひずみが生じ、それが問題行動へと進展していく危険性をもつ。したがって、子どもがなんらかの問題行動を示すようなばあい、逆にある時期に発達的課題が遂行されているかどうかということを慎重に検討してみることが必要であるといえる。

④ 発達の臨界期と最適期について

発達的課題がその時期に行なわれなかった子どもについては、あとから、それへの取り組みがなされるように配慮しなくてはならない。しかし、「鉄は熱いうちに打て」といわれるように、それを経験させ、学習させるのに適した時期を過ぎると、効果があまり現われなくなってしまう。このように、ある時期では指導の効果が大きく現われるが、その時期を過ぎるとほとんど効果が現われにくいということがある。このようなばあい、指導の効果がもっとも現われやすい時期を発達心理学では〝臨界期〟(critical period)と呼んできた。しかし、臨界期ということばには、「その時期を過ぎたらもう手おくれで、とりかえしがつかない」というような意味あいがあるが、実際的な指導では臨界期をすぎたばあい、その指導は容易ではないが、根気ある指導を継続することによって正常な発達の筋道にのせることも可能である。そうした意味で、最近では、〝臨界期〟ということばよりも、〝最適期〟(optimum period)ということばを用いたほうが適切であるという考え方が強くなっている。

S君のばあいも、乳幼児期における親子の情緒結合の確立とか、言語の学習という最適期はのがしたが、園と相談所の濃厚な治療保育によって、正常な発達を実現することができたのである。

⑤ 幼児の発達をどうとらえるか

① 発達のダイナミックスの中でとらえる

子どもの発達をとらえるとき、もっとも危険なことは、発達途上のある時点で、決定的な評価をしてしまうことである。現時点のみにおける評価が、いかに誤ったものであるかを実証する研究は膨大にある。

たとえば、身長や体重が乳幼時期や学童期に下位であった子どもが、思春期以降の発達加速が著しく、最終的には上位になったという例がかなりあり、乳幼児の健康コンクールのようなものがあまり意味のないものであることがわかる。また、幼稚園や小学校で、親や教師のいうことをよくきき、みんなと仲よく協調できる〝いい子〟が、思春期になって、登校拒否を始めとするさまざまな問題行動をひき起こす事実が最近注目をひいているが、これなども、幼稚園や学校における近視眼的な〝いい子〟の見方が、あとになって問題児を輩出させることになっているといえるかもしれない。

このような立場から、筆者らは最近、発達研究会を作って、発達の追跡的な研究を行なっているが、その結果、従来では予想もされなかったさまざまな子どもの側面が発見されてきたのである。

たとえば、入園当初、泣いたり、親から離れなかったり、あるいは園をいやがったりする不適応な子どもがあるが、そういう子どもに対して、従来はとかく問題児であるという決めつけ方がされてきた。しかし、われわれの追跡的な研究によると、親との間にコミュニケーションが密接に行なわれているばあい、入園当初に不適応を起こしやすいことがわかってきた。したがって、それは問題ではなく、きわめて一般的な子どもの発達の姿であるとも考えなくてはならないことである。したがって、保育者がその事実をよく心得て子どもを扱っているばあい、入園当初の不適応と、一〇年、二〇年経過した現在の適応状態とはまったく関係のないことが明らかになった。このような事実は、保育の評価にあたって発達的な見方ととらえ方が、いかに重要であるかを示唆しているものと考えられる。

② 発達の揺れ動きを理解する

つぎに、子どもの保育にあたる保育者なら、だれでも知っておくべき発達の知識としてゲゼルという発達心理学者のいっている〝発達の揺れ動き〟ということがある。ゲゼルは「子どもというものは一直線にまっすぐに発達していくものではなく、左に揺れ、右に揺れながらジグザグに発達していくものだ」といっている。その一つの例として、子どもは比較的おとなのいうことをよくきく時期と、いうことをきかないで反抗する時期とが交替にあらわれるという。いうことをきかなくなる時期には、自分で考え、自分で決定し、自分で行動しようとする力（つまり主体的な自我）が育ってきている証拠で、それは子どもの成長にぜひとも必要なものであると述べている。したがって、どの子にも比較的いうことをよくきいて育てやすい時期と、育てにくくなる時期とがある。それが子どものほんとうの成長というものである。成長の過程で、いつもいうことをよくきき、すなおで育てやすかった子どもというのは、それは子どもの発達の法則からいって正常とはいえない。

また、子どもの心身の発達は、一時、足踏みしたり、あともどりしたり、あるいは行きつもどりつしながら伸びていくものである。たとえば、普通に発達している子どもであれば、三歳すぎに反抗期が終わると、つぎは比較的おとなのいうことをきく時期にはいる。このときに、生活習慣のしつけをすると、あまり上手とはいえないまでも、子どもは自分でいっしょうけんめいやろうと努力する。あるときは服をびしょびしょにしたり、石けんがなくなってしまうほど手を洗うことに熱中する。しかし、これもいつまでも続かないのが普通である。四歳ごろになって、友だちとの遊びがおもしろくなってくると、いったん身につきかけた生活習慣はまたくずれてしまう。それは手を洗ったり、洋服をたたんだりするよりも、友だちとの遊びのほうがおもしろくなるからである。つまり社会性が伸びてきた証拠なのである。

このように、「あるものがあともどりしたり、足踏みしたりしているときは、必ず他の面が伸びている」——といった発達についての広い見方がたいせつなのである。

前に第一章で紹介したＫ君の行動も、このような発達の揺れ動きの一つと考えるなら、それはかえって問題行動というよりも、社会性が伸びてきたために現われた望ましい行動といえるかもしれない。

③　真の発達とみせかけの発達の見分け

最近、早期教育の必要性が強調されている。たしかにほんとうの意味での早期教育はたいせつなことなのであるが、一般にいわれている早期教育には「子どもに早い時期にこんなことをやらせたらできた。だからやらせるべきだ」というような単純な考え方に基づくものが多いように思う。たとえば、現在、幼稚園で盛んに行なわれている漢字教育についても、同じことがいえる。幼児はたしかに教えると非常に覚えがよい。しかし、心理学者の追跡的な研究によると、小学校一年生の段階で、その効果はまったくなくなり、漢字教育を受けてこなかった子どもと同じ状態になってしまう。つまり、幼児期の漢字教育は、一見、子どもたちがよく覚えて身についたように見えても、それは見せかけにすぎなかったということになる。このような例は子どもの発達の上で非常にたくさん存在している。

最近、聴覚障害児の教育開始の時期は、かなり早くなり、ほとんどの子どもが三歳ごろから指導を受けている。その指導の中心は、ことばの指導と、ことばを使って考える力の指導におかれている。その結果、早期教育を受けた聴覚障害児は、ことばを使って考える力が非常に伸びてきていると考えられていた。たとえば、犬、牛、赤ん坊、ビスケット、パン、ごはんなどの絵やおもちゃなど用意して、同じものを集めなさいと指示すると、聴覚障害の幼児は、「犬と牛と赤ん坊」、「ビスケットとパンとごはん」というように成人と同じような分類をする。そして、なぜそれらが同じ仲間かとたずねると、「食べるものだから」というようにきちんとした答えのできるものが多く、かえって普通の幼児のほうが「赤ん坊とビスケット」を同じなかまにし、「赤ん坊はビスケットを食べるから同じ仲間だ」などとまちがった答え方をするものである。ところが、そうした早期教育を受けてきた聴覚障害の幼児が、ある時点までくると、急に知的な発達が止まってしまうということがわかってきた。心理学者がいろいろ研究した結果、この時期の幼児には、赤ん坊とビスケットを同じ仲間とするのが自然の考え方であり、このような実際の日常生活やままごとなどの体験の中でつちかわれた考え方のほうが、将来のことばの発達や考える力の発達という見地に立つとき、かえって望ましいものであるということがわかってきた。そういうことで、最近の聴覚障害児の早期教育では、その時期にふさわしい豊かな経験を与えるということに主眼がおかれ、実際の体験の伴わないことばを覚えさせるとか、抽象的な思考力をあまりにも早く伸ばそうとする傾向は避けられるようになってきているのである。つまり、単にやったらできたということではなくて、今やっていることが、子どもの将来のほんとうの発達に組み込まれるものであるかどうかをよく考えてみることがたいせつなのである。

(5) 能力の見方・考え方

〈事例1〉 環境性発達遅滞児

本事例については、(4)幼児の発達の見方・考え方を参照のこと。

〈事例2〉 問題児にされた優秀児

・事例の概要

H君は現在、小学校二年生であるが、幼稚園のときには、みなと同じ行動がとれず、自分かってな行動をする。保育中落ちつかず、歩き回ったり奇声をあげたりするというようなことで、問題児としてマークされていたという。

小学校入学後も、そういった傾向はますます強くなり、ときには授業中にイビキをかいてほんとうに寝こんでしまうこともある。しかし、ペーパーテストの成績はいつも満点に近く、また、読書が好きで、読書を始めると何時間も集中して読んでいることができる。

遊び時間には友だちと遊ばないで職員室にはいりこんで、先生と話しこんでいるということがしばしば見受けられたが、そのようなば

図I－6　H君の「WISC知能診断検査」結果

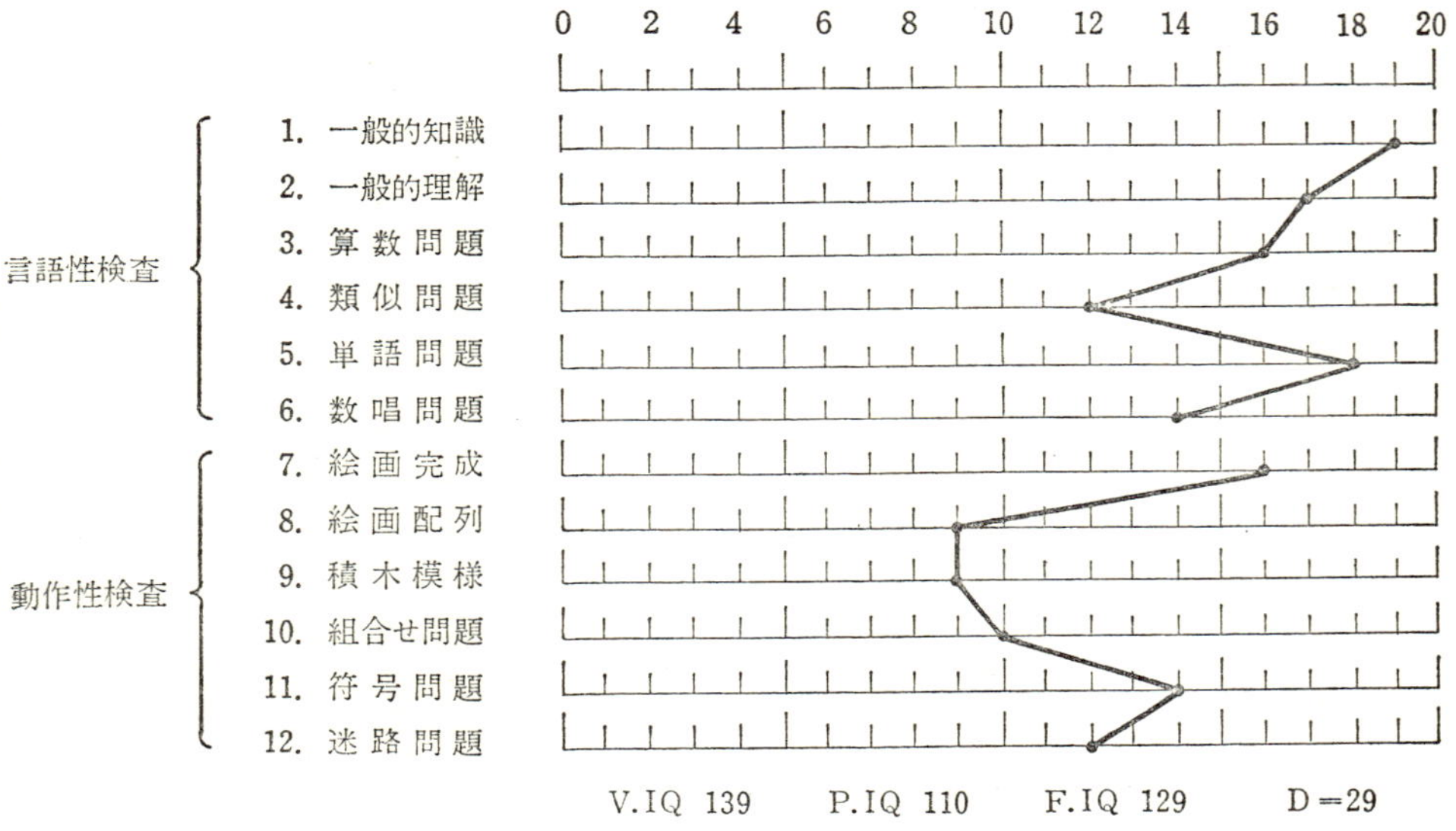

あいの話題はかなり高度である。

　以上のようなところから、H君は実に奇妙で不可解な子として、学校じゅうから変わり者、問題の子どもということで注目を集めていた。

・事例の展開

　たまたま、ある大学の四年生が卒業論文の研究の資料を集めるために行なった「創造性検査」の成績において、H君の得点がいちばん高く、しかもきわめて独創的な反応が多かったことから、担任はH君を今までとは違った、別の角度から理解することの必要性を感じ、H君の診断と指導を教育相談所に依頼した。

　その相談所では、遊戯治療場面での観察とあわせて、「WISC知能診断検査」を実施し、図I―6のような結果を得ている。

　これによると、H君はきわめて知的に優秀な子どもであることがわかる。ところが小学校二年の五月に実施された「低学年田中B式知能検査」の結果は、偏差値五七で知能段階は「中」という結果であり、幼稚園年長組のときに行なわれた団体知能検査の成績もほぼそれに近い数値であったという。したがって、H君を知的に優秀な子どもであると考えた保育者や教師はだれもなかった。そのため、H君のこのように高い知的能力を、じゅうぶんに発揮できるような場面や課題が幼稚園においても用意されず、知的エネルギーのから回りともいうべき状態が起こって、それがさまざまな問題の行動をとらせる原因となったものと考えられた。

　そこで、H君にふさわしい課題を与え、高い知的能力が、本人の得意とする方向（つまり創造性を生かす方向）でじゅうぶんに発揮できるように配慮したところ、問題とされていた行動は目にみえて消失していった。

解説と理論

1 能力の構造について

　子どもの能力には、他人と比べた相対的な能力、つまり個人間差異（inter-individual difference）と、その個人における能力の得手、不得手、つまり個人内差異（intro-individual difference）とがあることはよく知られている事実である。しかし、何か一つの能力検査が行なわれると、能力には個人内差異があるということが忘れられて、その検査の結果だけが、その子どもの能力と考えられがちになる。

　本章の事例に示したH君のばあいも、そのひとつの実例と考えることができよう。

　知能のはたらきには、知能検査や算数の問題を解くばあいのように、あらかじめ正答は一つと決まっていて、それがどれほど早くたくさん解決できるかというような能力と、廃品の利用のしかたを考えたり、ブロックを使用して、いろいろな遊びをくふうするというように、正答はいくつとは決まっておらず、いろいろな解決の方法を考えていくような能力とがある。前者は収束的知能（convergent intelligence）と呼ばれ、後者は拡散的知能（divergent intelligence）と呼ばれている。

　この二つの知的なはたらきは、必ずしも、併行しているとはいえず、著しくアンバランスになっているばあいもある。たとえば、保育形態としていっせい保育のみ採用し、これを子どもに強制しているようなときは、収束的な方向へ知能は伸びるが、拡散的な方向への知能のはたらきは阻害されてしまう。これとは逆に、自由保育を中心とした保育を展開している園では、子どもの課題意識よりも内面的適応が重視されるために、知的なはたらきは、収束的方向よりも、拡散的な方向により強く向けられる。この二つの知的なはたらきは、保育形態の影響ばかりではなく、子どもの個性や家庭環境などの影響も考えられる。

また、知能のはたらきには、言語的・抽象的な通路を通じて流れ出す知能と、動作的・具体的な通路を通じて流れ出す知能とがある。この二つの知能のはたらきも必ずしも併行しておらず、きわめてアンバランスを示す例もある。

H君のばあい、「団体知能検査」、「WISC知能検査」、「創造性検査」の三つの能力にかなりのアンバランスのあることが明らかになった。これは、H君の知的なはたらきが、収束的な方向よりも、拡散的な方向においてすぐれているためと考えられる。つまり、H君はだれもが思いつくような答えをどんどん出していくというようなタイプではなく、じっくりと、いろいろな角度からその問題を考え、料理していくというようなタイプである。そのことは、「WISC知能検査」の言語検査における解答がきわめてユニークで、独創性の高いものであったことからも伺える。

また、H君は、手先のことが不器用であり、字も乱雑で、図工などは、もっともきらいな教科となっている。そのためか、手先を使って、スピーディーに物事を処理していくということは、きわめてにが手である。「団体知能検査」や「WISC知能検査」の動作性の成績が、それほどよくなかったのは、多少こうしたことも関係があることであろう。

[2] 達成能力と潜在能力

最近の心理学では、子どもの能力を表現するばあい、現在現われている力を、〝獲得能力〟あるいは〝達成能力〟(capacity)といい、潜在能力と区別して用いている。潜在能力は指導してみてはじめて現われるものであるから、あらかじめこの程度と予想を立てておくことはできない。最初は二〇と思われた可能性が五〇になり、五〇だと思われた可能性が八〇にも一〇〇にもなるということもしばしばあるから、その意味では子どもの可能性は無限であるともいえる。

子どもの現在の能力と可能性との関係について、ハーバード大学のローゼンソール教授は、実におもしろい実験をしている。その実験では、「可能性を発見する特別のテスト」でわかったということにして、何人かが子どもについて、「この子どもはいままではパッとしなかったが、これからは能力がぐんぐん伸びてきますよ」というコメントをつけて担任に偽りの報告をしたりしたばあい、伸びる可能性があると予言された子どもの能力が、他の子どもの能力よりも実際にかなり高くなっていく傾向が見られたという。なぜ、このような現象が起こるのであろうか。

このことについて、「この子は伸びる」と予告された子どもに関して、それに接する保育者や教師の行動が詳細に観察され分析されている。その結果によると、そうした予告によって保育者や教師の子どもへの接し方がかなり変わっていくということが指摘されている。つまり、保育者や教師が「この子はもっと可能性があるのだから、伸びるはずだ」と信ずることによって、無意識のうちに子どもへの働きかけ方が、可能性を引き出す方向に変わっていき、その結果として、実際に子どもの能力の上に、それが実現するようになったのだと考えられている。

本章の事例1で紹介したS君の場合にも、周囲の人たちがみんな〝精神薄弱児〟であると信じ込み、そのような接し方をしたなら、S君の今日の状態は期待できなかったに違いない。

③ 幼児期の能力検査をどう考えるか

現在、保育所や幼稚園において、知能検査というものがあまりにも安易に実施され、その結果が無批判に受け入れられている傾向がある。

しかし、幼児のばあいには、その精神構造がまだ非常に未分化な状態にとどまっている。したがって、知能検査で測ったものは、課題へ取り組もうとする態度、そのことへの興味、関心、動機づけ、集中力、安定性などといった情緒や社会性の成熟などとも深く関連している。その意味では、それがどこまで本来の知的な要因を測定しているかということについては、かなり問題が残る。したがって、幼児のばあいには、「知能指数」とか「知能水準」という用語を使用することは好ましいことではなく、「発達指数」とか「発達水準」ということばを用いることが望ましい。

知能検査を一九〇五年に世界で初めて考案したビネーも、これが知能そのものを測定できるとか、将来にわたっての可能性を測定できるというようなことは少しも考えなかった。彼は知能検査とは、子どもが過去から現在、現在から将来へと発達していくその「発達のダイナミックス」の中で、現在の状態を確かめ記録しておくための〝発達の指標〟としてこれを用いようとしたにすぎないと述べている。そして、ビネーは自分の作成したテストの使用については非常に慎重で、その限界を強く自覚していた。だからテストというものが、慎重さを欠く未熟な検査者の手に渡って、誤って解釈されることがどんなに危険なことかということを、くり返しくり返し強調しているほどである。しかし、実際には知能検査はビネーが考えていたこととは反対の方向に進んでしまった。つまり、テストをしてみれば、すぐにその子どもの可能性がわかるというテストの誤用が始まったのである。

しかし、S君のばあいからもわかるように、子どものほんとうの能力とか可能性というものは、テストをしてみてもわからない。それは、指導してみてはじめて現われるものであるから、知能テストに限らず、すべての能力テストは、あくまで指導を先行、継続しながら、その過程で指導によって引き出された「達成能力」を測るものでなくてはならない。その意味では、現在の保育現場で用いられているような知能検査の使われ方が、いかに危険なものであり、子どもにマイナスになっているかが、真剣に反省されなくてはならない。

(6) 個性の見方・考え方

〈事例〉集団遊びをしない子

・事例の概要

幼稚園年長組の女児、S子の母親がS子のことで相談に訪れたのは昨年九月の半ば過ぎであった。相談の主旨は、S子が幼稚園にはいってからすでに一年半にもなるというのに、いまだに自由遊びなどのとき、外に出て遊ぶということがまったくなく、ひとりで机について絵本を見たり、絵を描いたりしている。保育者が外に引っぱり出すと、いやがることなく外には出てくるが、集団遊びには参加せず、すぐにひとり遊びになってしまう。園ではS子のこのような問題の行動は、①S子がひとりっ子であること、②仲間を求め始める三歳ごろに、母親が友だちと遊ばせるような配慮をしなかったこと、の二つに原因があるのではないかというのである。

そこで、園からのアドバイスもあって、クラスの友だちを家に呼んで、できるだけいっしょに遊ばせるように努力しているが、友だちがくれば結構喜んで友だちと遊んでいる。しかし、よく観察していると、それも長くは続かず、途中からS子がひとり遊びに熱中してしまうので、平行的な遊びになってしまう。うちの子は自閉症ぎみなのではないでしょうか、というのが母親の訴えである。

・園における行動

S子の園における行動を把握するために、三回ほど園を訪問して行動の観察を行なった。その結果は担任の指摘するとおりで、自由遊びのときはひとりで机について何かを描いたり作ったりしていることが多い。それは自作のお話絵本のようなものだったり、紙芝居的なものであったり、さまざまであるが、かなり創造的で、知的に高い子どもであるということがわかった。S子がものを描いたり作ったりしているときに、他の子どもがそばによってきて話しかけたりすると、S子も気軽にそれに応じて話をしている。

保育者がS子を外に引っぱり出し、友だちとの間に立って、媒介的な役割を果たしてあげている間は、集団遊びに参加しているが、それがないと、いつの間にか集団遊びから抜けて、ひとりで砂場などで何かを作ったりしはじめる。そのときも、そばの子どもたちと適当にことばをかわしていて、いっしょに遊んでいるようにみえる。しかし、これもよく観察してみると、それはせいぜい平行遊びの段階にとどまっていて、けっして連合遊びや協同遊びにまで発展することはない。

・問題をどうみるか

家庭でのようすを母親から聞いてみると、園の行動と大同小異である。すなわち、家庭でも、S子は近所の子どもとはほとんど遊ばず、家の中でひとり遊びに熱中していることが多い。熱中すれば二時間でも三時間でもひとりで遊んでいられる。買物などに誘っても出かけたがらず、ひとりで留守番をしているほうを好む。

しかし、どうも「引っこみ思案児」とは違うように思われる。なぜなら近所の人やご用ききなど、だれとでもよく話はするし、友だちと遊べば遊べないということでもない。ただ、ひとりで遊んでいるのが楽しくてそうしているという感じである。もちろん、他人と気持ちがよく通じ合うので、「自閉症児」とはいえない。

S子のすることは、なんとなく普通の幼児と違っており、しっかりしすぎているという感じもする。その意味では知的に早熟すぎるために、他の子どものやることに満足できないのかもしれない。

・家庭の人間関係

S子の問題をどう理解するか、はっきりしないままに母親とのカウンセリングにはいった。そして、カウンセリングを継続するうちにこの親子の人間関係について、実に興味深い事実がつぎつぎと浮きぼりにされてきたのである。

まず、S子の母親との関係は、わが国の一般の家庭に多くみられる感情的でベタベタしたものとはかなり異なっており、理性的で淡々としたところがある。母親はS子が小さいときに、抱きしめたりひざの上に乗せたりするというようなことをあまりしなかったという。しかし、音楽を聞かせたり、本を読んでやったり、身のまわりの世話をするなどのことは手を抜いていない。したがって、放任的ないし、拒否的な親子関係とみなすことは正しくないように思われる。一般的に、放任されたり拒否されたりして育った子どもは、生活全般にハリがなく、S子のように活動に熱中することはない。

S子と母親との関係は、心理的に離れた関係のようにみえても、それは、拒否とか放任などのばあいと違って、絶縁的な関係ではなく、心理的な通じ合いはかなりあると見てよいのではないだろうか。

このような母子関係の根底には、母親のパーソナリティーというものが関係していることがわかってきた。この母親は、かなり理性的・知的な人で、余暇のほとんどを読書をしたり、趣味的な活動に没頭したりしている。団地に住んでいるが、近所との交際もあまり深くなく、自己活動に打ちこんでいるので、孤独をさびしいと感じない個性の持ち主のようである。

S子の父親も電気関係の研究所に勤務している研究者で、家に帰っても、専門雑誌を読んだりしていることが多いという。

このように、この家庭では、それぞれが物理的にも心理的にも独立して自己活動に熱中して時間を過ごしていることが多い。といって、お互いの間が冷たいということではない。夕食のときなどは結構話題もはずむし、いっしょに音楽をきいたり、一ヵ月に一回ぐらい一家で外出することもある。

・S子は治療すべきか

このように、S子の問題の全体的な輪郭がはっきりしてくるにつれて、この問題は治療しなくてはならない問題であるかどうかについて、保育者の論議がまったく二つに分かれてしまったのである。

〝社会的適応〟という観点からすれば、人間は社会的な存在であり、他人とのかかわり合いをもたなくては将来満足な社会生活を送ることが困難であると考えられる。その意味で、できるだけ早い時期にこれを治療し、集団にとけ込めるようにしておくべきだというのである。

一方、〝個人的適応〟という観点に立てば、人間の存在意義は個性的であることにあるので、S子の個人活動をまったくやめさせて、集団遊びに熱中する子どもに変えることが、はたして望ましいといえるかどうか疑問が生ずる。もちろんこのばあい、いかに個人適応がよくても、他人とまったくかかわり合いがもてない引っこみ思案の子どもや、心がまったく通じ合わない自閉症児などは治療の対象とすべきであろう。しかし、S子のばあいは、他人に対する共感性もあり、他人とのかかわりももてるので、治療の対象にはしなくてよいというのである。

一般に保育所や幼稚園では、社会的適応を重視しすぎて、個人的適応をダメにしてしまうばあいが多い。そのため、集団の中ではよく遊んでいるようにみえても、それはただ他人に追随してチョロチョロしているだけで、その遊びがまったく充実していないということがしばしばある。その点では、S子をもし治療するとしても、個人的適応のよさを失わせることのないよう、じゅうぶん配慮しなくてはならないであろう。

解説と理論

1 個性と異常性

心理学辞典によると〝個性〟とは「個人を他の個人から区別しうるような、その個人独自の特徴の全体をいう。したがって、能力、気質、性格などの個々の特性は、個性を構成する要素ではあるが、個性そのものではない。個性はそれらを含む統一体であり、価値的見地からみた、その人独自の生き方である」とされている。

このように、人間の個性とは、人とは違う独自性のことを意味するが、単に人と違うだけでは必ずしも個性的とはいえない。そうであるなら、異常性をもつ自閉症や精神病などがもっとも個性的な存在ということになるだろう。しかし、それはだれが考えてみても正しい見解とはいいがたい。個性的といえるためには、人と変わっているということのほかに、そこにプラスする何かが必要と思われる。

その一つは、その活動が充実しており、その中に何かを創造するはたらきが含まれていることである。毎日を平凡にいきいきとした状態でなく過ごしているばあい、それは個性的とはいえない。何かを創造するはたらきとは、自分の目で見、自分の心で感じたことを尊重し、それを表現しようとすることである。つまり、自発性をもち、自己活動にうちこみ、自己表現が創造的に行なわれるとき、人間ははじめて個性的な存在となりうる。

しかし、以上述べたような、自発性、自己活動、自己表現、創造性などが、社会的な価値の方向に向かわないばあい、それは個性的とはいえない。いかに自己活動が充実し、創造的であっても、人の迷惑になったり、社会のために有害であったりするものはもちろんのこと、迷惑や害を及ぼさなくても、社会とまったく無関係の存在であるばあいも、個性的といわないのが普通である。

したがって、個性的な人とは、独創性とある程度の社会性をもつばあいに、はじめていわれることであるが、S子のばあい、ある程度の社会性があると判断するかどうかで、その行動を個性的と考えるか、治療すべき問題行動とするかの見解が分かれてくるだろう。

2 個性の構造と形成について

すでに能力についての説明で、個人間差異と個人内差異の相違について説明した。個人間差異というのは、個人と個人の間の違いということで、相対的な人との比較にウエートをおく考え方である。これに対して、個人内差異というのは、ひとりの個人のさまざまな特性のまとまり方の特徴ともいえるもので、パーソナリティーの構造といいかえてもよいであろう。

パーソナリティーとは、図I—7のようにいろいろな心理的な諸特性が自我を中核に統合されているまとまり方の特徴である。このまとまり方の個人的な特徴が、ひとりひとりに独自の行動をとらせることになる。

ところで、このパーソナリティーは、生まれつきのものであろうか、それとも後天的に形成されるものであろうか。この点については、どこまでが素質で、どこからが後天的なものであるかを明確にすることは困難なことである。

図I−7　パーソナリティーの構造

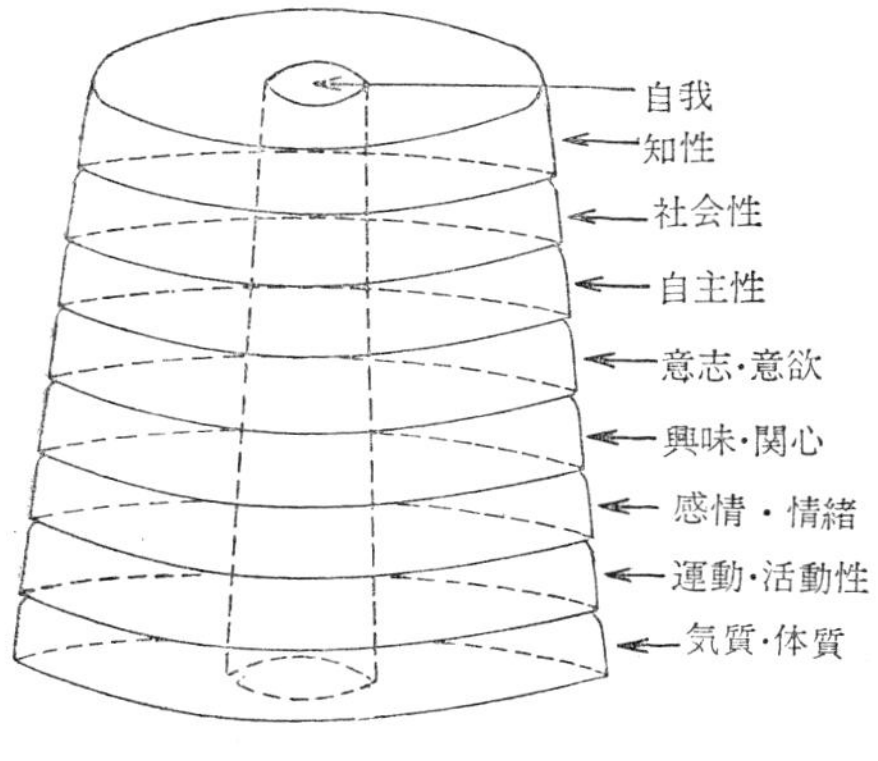

たとえば、S子の社会性を含むパーソナリティーは、両親のパーソナリティーときわめて類似している。その意味では、遺伝的要因の影響を考えることもできる。しかしそのようなパーソナリティーをもつ両親をモデルとして成長し、そのような両親によって養育されるということは、一つの環境とも考えることができる。

つまり、パーソナリティーの遺伝的要因が家庭のもつ合理的な人間関係を作り、二重のものとして、子どもに働きかけることになる。親子関係と子どものパーソナリティーの関連性を考察するにあたっては、こうしたダイナミックスの上に立って追求が行なわれる必要があるだろう。

③「ひとりひとりをいかす」ことの意味

よく「ひとりひとりをいかす」ということが保育のスローガンとして叫ばれる。その意味はいったいどういうことであろうか。

それは、すでに強調したように人間というものは、ひとりひとりが「個」であり「全」であり、ひとりひとりが「並製」ではなく、「特製」である。したがって、「こう指導したら、大部分の子どもにはよかったが、二、三人にはうまくいかなかった。しかし、それは少数だからしかたがないことだ」ということでは困るのだ。

われわれは、理念としては「ひとりひとりをいかす」ことの重要性を知っていながら、大勢の子どもを扱っているうちに、子どもを集団としてみるすさんだ目になってしまいがちである。そうならないよう、保育実践では「ひとりひとりの心」（つまりひとりひとりの個性）をじゅうぶんに見きわめて、それを生かすように努力しなくてはならないのである。

用語解説

＊遊戯療法

遊びはそれ自体にカタルシス（情緒の発散）という治療的な働きをもっており、また、治療者と子どもとの間に、望ましい人間関係を作り上げることにも役だつ。遊戯療法とは、遊びのこうした働きを利用して、子どもの問題行動を治療するものである。遊戯療法そのものは、問題児の治療のための専門的な技術であるが、そこで用いられる治療者の態度や、遊びのもつ治療的な働きは、幼児の日常的な指導にも役だつ点が多い。

＊心身障害児

心身になんらかの障害があって、教育の場面で全面的もしくは部分的に、一般の子どもと同じ方法で指導することに困難のある子どもをさす。特殊児童とだいたい同義語と考えてよいが、特殊児童ということばには普通の子どもとは違うという意味が含まれているため、長い慣用の中で、一般の子どもといっしょに生活したり教育したりすることがまったくできないという差別意識を作り出したり、その人間性までを否定するような結果となってしまった。そうした差別意識をふっしょくする意味で、最近では、特殊児童という呼び方は、世界的に教育の公式の用語としては姿を消しつつあり、これに変わって心身障害児ということばが用いられるようになってきている。

＊引っこみ思案

友だちと遊びたいという要求をもちながら、仲間にはいることができず、傍観していたり、逃避したり、あるいはあらかじめ集団にはいることを拒否する状態をいう。

引っこみ思案の行動は、同年齢の子どもに対して現われることも、おとなに対して現われることも、あるいはその両方の場合もある。また、引っこみ思案が家の外だけで現われるものをとくに〝内弁慶〟ということがある。

＊自閉症

他人との人間関係を求めず、自分の興味あることにのみ集中し、ほかのものにはまったく関心を示さない。いつも同一の行動に固執し、ことばを話さなかったり、呼んでも返事をしないことが多いので、ろう児と考えられたり、精神薄弱児であると誤診されたりすることが多い。水に強い執着をもつ子どもが多く、物の配置や位置などに強迫的に同一性を求めたりすることもある。また、文字や数字に異常な関心を示したり、カレンダーや時刻表をすべて暗記するなど、特定の面で知的にすぐれている子どももある。

＊個人内差異

個人差の現象を分析すると、その内容は二つの側面に分けることができる。

一つは個人間差異であり、もう一つは個人内差異である。前者は他者と比較したばあいの相対的な差異をいい、身体的、精神的な差異がみられる。後者は、個人内部の差異で、たとえば絵はうまいがしゃべるのが苦手というようなばあいをいう。

＊自己中心

子どもは、どんな子でも、大なり小なり、自分を中心にして考え、行動をするものである。園の先生は自分ひとりの責任者であると感じ、そこにあるおもちゃは、すべて自分のものであると感じているものである。社会性が育つにしたがってその傾向は薄くなり、みんなのものという意識をもつようになるものである。

利己的な行動をするおとなのばあいにも「自己中心的な行動」と呼ぶばあいがあるが、家だけにおける自己中心と自己の利益だけを追うような心とは区別して考えるべきであろう。

II

幼児の問題心理を理解する法

——心理診断の諸方法——

幼児の問題心理の理解や診断は、成人のばあいとは大いに異なるので、臨床心理学的な諸方法を、そのまま用いても効果は少ない。

そこで、とくに幼児向きに、諸方法を「かみくだいて」園での実践に直結させることを試みた。したがって、実際的な日常の利用にポイントをおいた。

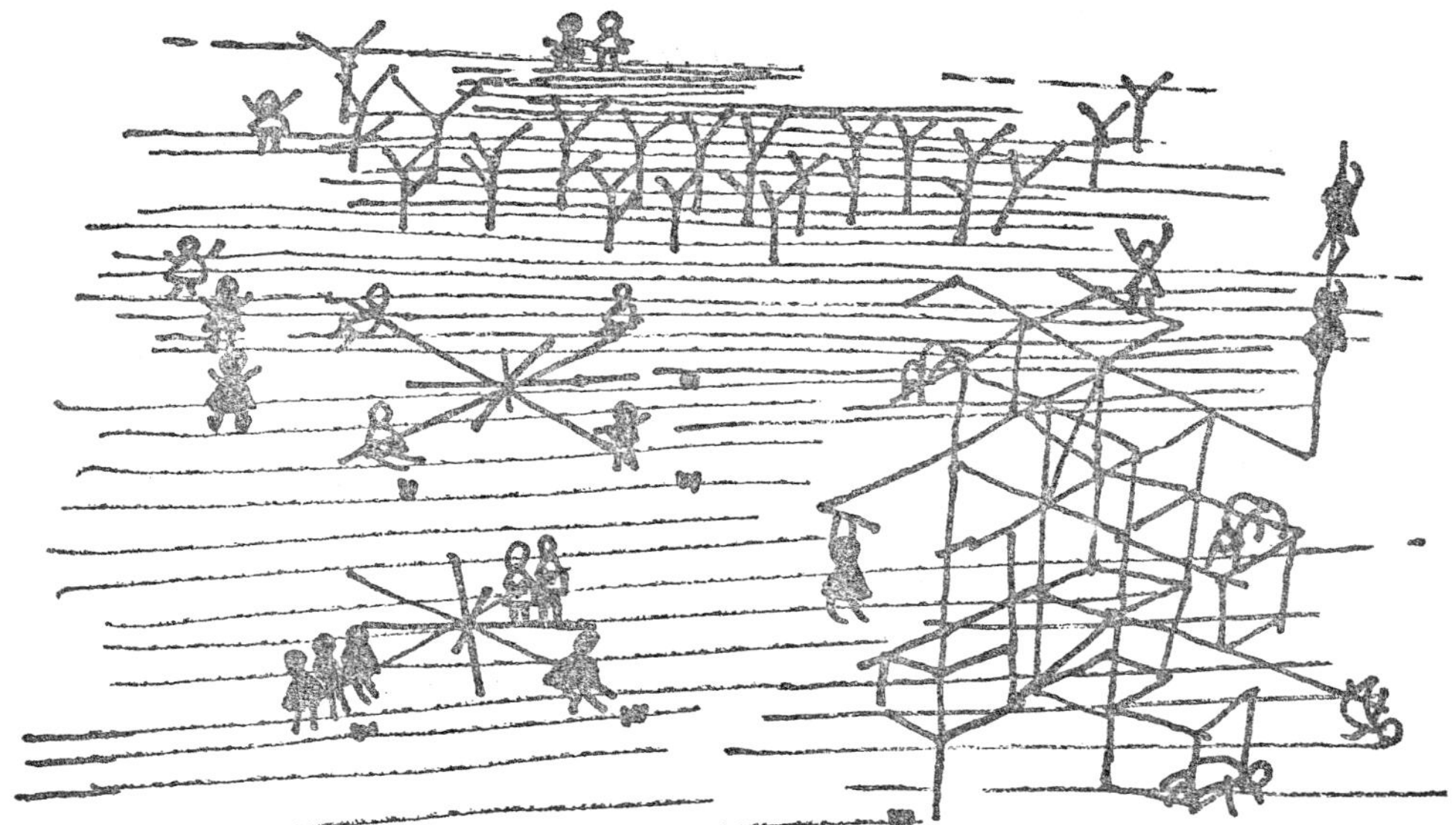

(1) 観察法

1 観察法とは

子どもたちの行動を見て、その気持を推し量ることは、日常しばしば行なわれていることである。

たとえば、物をもらってニコニコしているから「喜んでいるのだろう」とか、物を投げつけたから「不満なのだろう」とかいうように、表面の行動をみて、子どもの心の中の状態を推測している。そして多くのばあい、その推測は当たっている。

そのため、われわれは子どもの行動の理解は容易なことであるとの油断をしがちである。とくに、子どもを扱うことに慣れてしまうと、この傾向はますます強くなり、子どもの行動を安易に類型化して、簡単に割り切ってしまいがちである。

しかし、子どもの問題行動のばあいには、このような油断や安易な考え方は、しばしば大きい誤りを犯しがちである。

たとえば、子どもの「うそ」を、すぐに「悪意」の表現とみて、「泥棒のはじまり」とばかり決めつけてしまいがちである。つまり公式的な見方や解釈を当てはめて、簡単に割り切ってしまいがちである。そのため、子どものうその内容を正しく理解できず、したがってその正しい指導法を誤ってしまうことになりがちである。

ある子どもは、両親が話しているとその間に割りこみ、親の顔を自分のほうにふり向ける行動をする習慣があった。そのことを両親はつぎのように解釈した。「この子は、わたしたち両親が仲のよいのを焼きもちをやいているんですよ」と。

こういう解釈は、おとなの立場からおとなの心理としては納得できるが、幼児の心理としては正しい判断ではなかろう。子どもは両親の仲のよさを焼いているのではなく、自己中心的な特質から「自分が注目されたい」からにほかならない。自分の存在を主張したいために、親の顔を自分のほうにふり向けたと理解するのが正しいであろう。

以上のように考えてみると、子どもの行動（問題行動のばあいはとくに）の外見上をみて、その中身を正しく理解（診断）することは、必ずしも容易ではないことが明らかとなる。

ここに「観察法」の重要さがあるのである。正しく「観《み》て」正しく「推察」するためには、それなりの理論や技術が必要であり、練習や訓練の必要性を痛感する。

観察法の「観」は、見るとは区別される。「見る」は見えるとも使われるように、注意していなくても目に映ずるというばあいに使われる。英語ではSeeに当たる。これに比べて、「観る」は注意深くとか意図をもって、目を凝らしてなどの意欲的な心理が背後に潜んでいる。したがって英語ではobserveに相当する。この比較は、聞こえる（hear）と聴く（listen）にも当てはまる。

「察」とは察すること、推察、推測、推理することである。何を察するかといえば、子どもの問題行動の動機や原因などを察するのである。別のいい方をすれば、表面の行動を起こさせている裏面の「心のからくり」を察するのである。

車の修理工は、どこが故障かをよく「観て」、車のからくりに照らして判断（診断）し、そこに治す働きかけをする。保育におけるばあいも同様で、子どもの性格や行動における問題をよく「観て」どこがどのようになっているかを見つけて、それに即した治療的な働きかけを行なう。

したがって観察法とは、表面の行動や問題を正しく観て正しく判断するための基礎的な方法ということができるが、正しい理解（診断）に達するためには、正しい観察が不可欠といえよう。

2 自然観察法

子どもたちだけでママゴト遊びをしているとき、かげからそっと観察していると、子どもたちの遊びは自由にのびのびと、自然の状態でなめらかに発展していくのをおとなはよく知っている。

ところが、そのときおとなが声をかけたり、はいりこんだりすると、子どもたちは照れたり恥ずかしがったりして、もはや自然の状態はこわれてしまうことは、誰しも経験していることである。

ある子どもは、たったひとりでへやの中で、ひとり言をいいながら遊んでいた。しかし、かれの話しぶりは、あたかも自分の前に友だちがいるかのように話しかけていたのである。いぶかしく思った母親がドアをあけて問いかけたところ、かれは夢からさめたような顔つきをして我にかえり、もはやさきほどの活発な話しや遊びは消え去ってしまった。

この母親はこの様子をみて、「うちの子は頭が変になったのかしら？」と心配になってきた。これはいわゆる「想像の友だち」の現象であって、少しも異常な現象ではない。幼児にはよくみられることである。しかし、友だちが得られないときによく起こるので、現実の友だちを作るくふうを親としてはしなければならない。

このように、子どもの発言、態度、行動などを観察するばあい、子どもに気づかれないことが必要なときがある。それは子どもの自然の状態を妨害しないためである。自然観察法とは、子どものありのままの状態、自然の状態を知るための観察法のことである。

そのために、観察室に子どもを入れて、子どもに気づかれないようにするため、こちらからだけ見えるマジック・ミラーを用いることがある。しかし、何もないへやではかえって子どもが恐怖感をいだいたり警戒心をいだいたりして不自然になるので、子どもの好む砂場や玩具・絵本などを用意して遊ばせる遊戯室のくふうがなされる。

しかし、このような観察室の利用は、臨床の専門家が用いる方法であって、自然観察法は必ずしも観察室内においてだけ行なわれるものではない。園では、園児の自由遊びの時間を利用して、教室の中や職員室の中、あるいは屋上などからこっそり観るのもよい。映画に撮影するときには、隠しカメラでとることも行なわれるし、長時間フィルムを回しっぱなしにして、子どもが慣れて意識しなくなるのを待つという方法もとられる。

いずれにしても、子どもたちの自然の状態を知るための観察法を「自然観察法」と呼ぶわけで、子どもになんの働きかけも、条件も与えずに、ありのままを表現させて、それをとらえようとすることにねらいがある。次に述べる特別の条件下でみる条件観察法や、なんらかの働きかけをして観る実験観察法や、特定の場面で観る場面観察法などと違うのは、まったく自然のままである点である。

一般に子どもは他人から指図されたり強制されたりするときよりも、自分から思いつき、自分で自主的、積極的に行動するときに、その性格をもっともよく現わす。したがって自由遊びがもっとも観察上好つごうである。保育のさいちゅうや指導している場面よりも、自由遊びのときや、登園、退園の途中、その他なんらの束縛や統制のないときが最適時である。

したがって、広場や公園、野原などに子どもを連れ出したときなど、観察者となるばあいの保育者は、できるだけその存在を後退させ、前面に出ることを避けるのがよい。つまり自由度を高め、保育者の側からの人工的操作を少なくすることが、自然の状態を作り、それが自然観察の好条件となるからである。

3 条件観察法

弱虫で泣き虫の子が、いつもいじめられるのが習慣化するようなことがある。その反対に、いじめっ子と呼ばれる特定の子どもが、いつも同じ相手をいじめることがある。

こんなばあい、いじめっ子の心理をよく調べてみると、特に悪質でもなくまた特別の問題児でもないことがある。実際には「相手が泣くからたたいてみる」といった、一種の実験を試みていたにすぎないというようなことがある。

この子は、本質的ないじめっ子ではなく、「たたくと泣く」という因果関係を確かめるためにたたいてみていたのである。

このようなばあい、このいじめっ子は、相手に一つの条件を与えてみて、その反応を観察してみていたので、「条件観察法」ないし「実験観察法」というテクニックを用いていたということができる。

これは自然観察法に対する方法で、人工的になんらかの操作や働きかけを行ない、その条件の下で相手がどう反応しどう行動するか、そのしかたを観察するというやり方である。

ほめてみたらどういう顔をするか、しかってみたら、おどかしてみたら、突きとばしてみたら、暗い部屋に入れてみたら、食物を与えないでおいてみたら、おだててみたら、強制してみたら、知らん顔してみたら、頭をなでてみたら、無言でにらんでみたら……というように、与えてみる条件は無数にある。

一つの条件に対する反応のしかたは、子どもによってまちまちである。たとえば、ほめてやると、てれる子、恥ずかしがる子、かえって悪い態度になる子、お調子にのる子、知らん顔をする子、いやがる子など、子どもにはさまざまな反応の形がある。それは子どもの個性や性格のちがいを現わしているので、その反応のしかたをよく観察することによって、その子の性格をより正確に理解し診断することができる。

条件はどんなものでもよいが、できれば、一定の条件についてのいろいろの反応が調査されているもの（標準化されたもの）を用いると便利である。たとえば、心理的テストのようなものがそれである。

知能テストを実施してみると、それぞれの子どもなりの反応が求められるが、それを同年齢の全国的な標準に照らしてみると、その子どもの特性がより明りょうに浮かび上がってくる。一般には得点という形で結果が処理されることになっているが、観察法という面からみたときには、結果の得点よりももっとたいせつなものがそこにはある。

つまり、子どもの表情、考え方、態度、声の調子、乗り気になっているかどうか、集中しているか注意散漫か、落ち着きがあるかないか、聞きかじりを述べているのか、真に自分のものを述べているのかなど、その子どもについて、いろいろのものがテストの最中に観察できる。これは集団検査では不可能かもしれないが、個別検査なら可能である。

また、子どもに一定の作業をさせてみるのもよい。そのとりかかり方の早さおそさ、あるいは意欲の強弱、興味の深さ、手の動かし方の特徴など、さまざまな個性がそこにみられる。同じことを一定期間の後にふたたび試みると、その間の変化のぐあいがわかる。

このように、一定の条件を何度でも与えてくり返して観察することによって、子どもの変化のようすがよくわかる。これが実験的方法の長所ともいえる。自然的観察では、同じ状態を人工的に作りにくいので、同じことを何度も観察して比較するのに時間がかかる。この点、条件観察法は何度もくり返して行なうことができる点に便利さがある。

園ではこの方法はとりにくいが、時間と場所を見つけて時おり行なうことによって、ひとりの子どもをよりよく理解しえよう。

4 場面観察法

神経質な子どもが、親のはしではさんだ食物をいやがるとか、よごれた衣服をいやがって着ないというような行動をとるときには、その子らしいので理解できる。しかし、同じその子がおもちゃや絵本を散らかし放題にしたり、絵を乱暴に描きなぐったりすると、がてんがいかなくなる。いったいこの子は神経が太いのか細いのか、どっちなんだろうと頭をひねりたくなる。

あるいは内弁慶とよばれる子どもは、家庭ではあばれんぼうで園では借りてきたネコのようにおとなしく静かである。そこで、どちらがその子のほんとうの性格なのだろうかということになる。園でおとなしく気の弱いのは偽りだ、ネコかぶりなので、本質は気が強いのだとよくいわれる。どちらがほんとうでどちらがうそなのだろうか。どちらとも決められないときには「二重人格」だなどという表現で逃げてしまいがちだ。

しかし、二重人格というものは、めったにないことで、日常使われているのは、ほとんどその比喩であるにすぎない。それはともかくとして、家での性格がほんものか園での性格がほんものかの論争はなかなか果てしがないようである。それは、じつは両方とも「ほんもの」と考えるのが妥当であろう。

場面が異なるというのは、条件が異なるということであり、それに応じて子どもの反応が異なることは、必ずしも不思議なことではない。寒い空気の中にいるときと暖かい空気の中にいるときとで、人間の皮膚の反応が変わるように、心理的な圧力の異なるふんい気に応じて子どもの行動が異なっても少しもおかしくはない。いずれが真、いずれが偽と決めてかかる必要はあるまい。

そこで、子どもの行動の変化をよく観察する必要が生じてくる。よく観察するとは、単に表面の差異にだけ目を向けるのではなく、周囲の条件の変化、環境条件との関連を注意深く観察することが肝要となる。なぜ家庭ではあばれ、なぜ園ではおとなしくしているかを、その子どもの心理的状態が環境の変化にどのように反応し即応しているかという面から考察することがたいせつである。

子どもが園でおとなしくしているのは、多くのばあい、周囲の子どもたちの集団がもつ心理的圧力（それは目には見えない）に押されているからであろう。その圧力（ストレッサーという）に対抗するために、かれの心の中にも一種の緊張状態（心理的抵抗）が起こっているに違いない。つまりストレスが起こっているのである。そのストレスのほうにエネルギーを使っていれば、ほかのほう（行動や態度、その他の表現や活動）がおろそかになるのは当然といえよう。

家庭は子どもにとって、慣れた環境、慣れた親子関係であるからストレッサー（外部からの圧力）は感じられないほど小さい。したがって子どもの心の中の緊張は起こっていない（ストレスが小さい）ので、心身の活動が盛んに表現されるのは当然であろう。このあたりを見通す観察が必要となる。これをつぎに図示してみよう。（図Ⅱ―1）

図Ⅱ―1

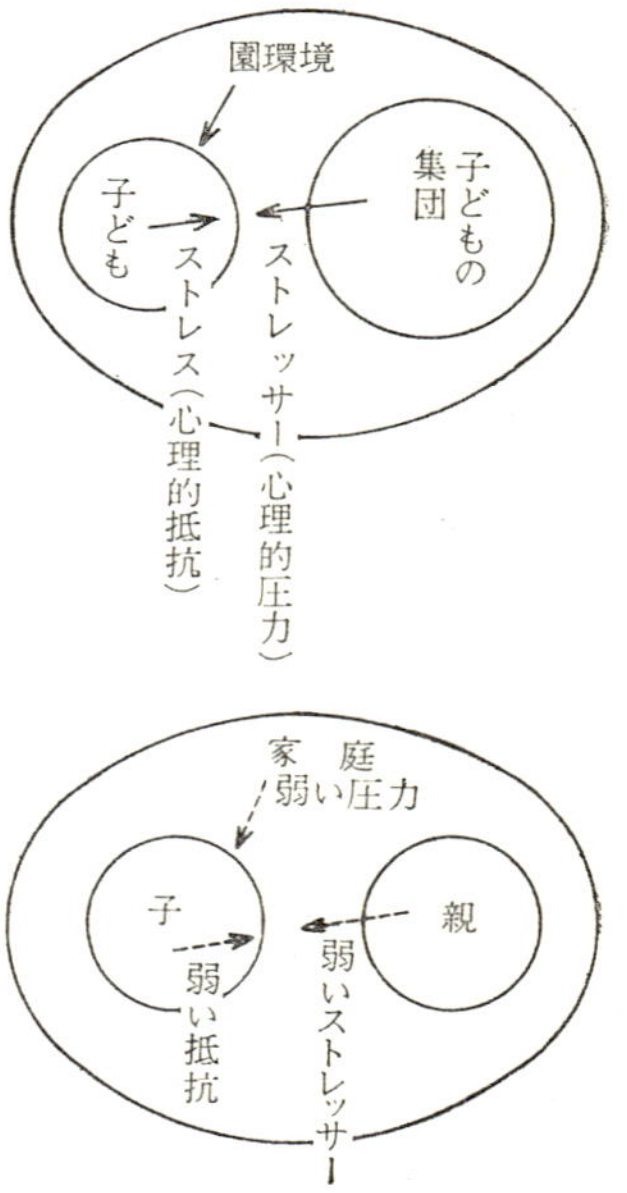

子どもの心の中に強いストレスが起こっていないか、弱いストレスしか起こっていないかを見分けるには、子どもの表情、顔つき、からだの固さなどによって、その「緊張度」をみるのがよい。それによってある程度ストレスの状態がわかる。

もしストレスが強ければ、たとえば「お腹が痛い」というような訴えを始める。あるいは不活動、無言、発汗、顔面そう白、おもらし、頻《ひん》尿、爪かみ、びんぼうゆすりなど、さまざまな徴候が現われる。

一般に子どもは慣れた生活場面（生活環境）から慣れない場面に突然移されたばあいには、ストレスが起こるために異なった特性を現わす。したがって、場面（環境）との関係において観察することがきわめてたいせつとなる。

その意味では、場面観察法のことを「生態的観察法」と呼んでもよいであろう。

これを植物や動物になぞらえてみることができる。植物や動物は周囲の生活環境と密接な相互依存の関係で生活しているから、一つだけ抜き出して観察したのでは真の実態がつかめないことがある。どうしても生態を全体として観察する必要がある。このような、生物をその環境との関係において研究するのが生態学と呼ばれるが、その手法を子どもの観察にもあてはめてみることが肝要である。

子どものばあいには、その心理的安定感をささえているおもなものは家庭環境であるが、それは「親子関係」を中心とする家族の人間関係である。そこで生まれ、そこで育てられてきた家庭という精神的なふんい気は、子どもにとって満足感を味わえる場である。それと園とは根本的に異なる場であるから、その橋渡し（移行）のプロセスが不自然であるばあいには、大きい心理的な葛藤が生ずるのが当然であろう。

子どもに緊張や、違和感を与えている環境や生態の差異を考慮に入れた観察法は、幼児の臨床にとって欠くことのできないものである。

5 臨界観察法

ふだん、たよりないようにみえる子どもでも、いざけんかというようなとき、意外にたくましさを発揮して驚かされることがある。あの子の中に、こんなたくましさ、しっかりしたものがあったのかと、認識を新たにさせられるときがある。

また、ふだんは泣き虫のふがいない子どもが、まい子になっても案外冷静な態度をとり、あわてているのは親のほうであったというようなこともある。その反対に、たくましく強情な子どもが、ちょっとしたときにひどくおびえたりろうばいしたりすることがある。

この「いざ」というとき、つまり一種の危機的な場面ともいうべき、極限の瞬間、俗な表現をすればショックを受けるような場面において、人間がどういう行動をとるかによって、その人柄の地金、本性が露呈することがある。その瞬間をうまくつかむと、よい観察法になると考えられる。これが「臨界観察法」である。

平穏無事のときにはあまり差がみられない人でも、いざ重大事という決断を下さねばならない事態が発生すると、その人の真価がとわれるというようなことは、日常よく話題にされるところである。人は、その苦境にあるときにその本性を現わすともいう。したがって一朝事ある瞬間をのがさず観察できる力を養っておきたい。

たとえば、子どもたちが休憩時間に転落というような事故が起こったとか、母親が急病になったとか、大雨や火事が起こったとか、なんでもよい、なんらかの危機的なできごとが起こったときに、気持ちをすべてそちらにとらわれることなく、一瞬心を持ちこたえて、その場の子どもや周囲の人たちの行動に、観察の眼を向ける心構えを、ふだんから養っておきたいのである。心が動転してしまい、何も見ることができないようでは、この観察法は役だたない。

ふだん眠っている力が、いざというときには驚くべき力を発揮することがあることはよく知られていることである。おとなのばあいであるが、火事のとき、重いタンスを外に持ち出したという話がある。全身の力をふりしぼってみると、ふだんはできないことも可能になる。子どものばあいでも、なにかせっぱつまったばあいには大きい能力を発揮することがあるであろう。そういうときにうまく観察できるように、心のカメラを用意しておくことは、保育者にとって一つの武器となろう。

しかし、ここで問題となるのは、子どもにとって何が危機的な刺激となり、何が特別の意味をもつできごとであるかを知ることである。おとなにとってショックになるようなできごとでも、子どもにとっては、なんらの心理的刺激とはならないかもしれないからである。そしてその逆に、おとなにとってなんでもないことが、子どもにとっては大きいできごとであるかもしれない。むしろ後者のばあいが多いであろう。

たとえば、イヌに追いかけられたとする。おとなにとってそれはたいしたできごとではないかもしれないが、幼い子どもにとってはは大きい「外傷的経験」となるかもしれない。つまり、子どもの心に深い傷を残すようなことになりうるということである。そしてこのようなショックの経験が心の奥底(無意識の世界)に残りつづけて、その子どもの本性ともみられるような反応を起こすかもしれない。

子どもがイヌをひどくこわがるというようなできごとは、このようなケースのばあいには深刻な問題であって、単に笑いごとではすまされない。イヌをこわがるというような事態は、深く子どもの心の奥まで見通すような、鋭い観察が要請されるわけである。このような観察眼をみがき上げることは容易ではないが、常に子どもの気持ちになり、子どもの立場になって観察することを継続している間にある程度可能になるであろう。

したがって、臨界観察法をおとなに適用するばあいには、いわゆる大事件(火事、地震、戦争、不幸など)の際をとらえて観察することを意味するが、幼児のばあいには必ずしもそういう大事件ではなく、むしろ日常生活の中で起こる平凡なできごとの中に、子どもの心理に大きい刺激や影響を与えているものを再発見することがたいせつとなる。

たとえば、外にあまり出たことのない子どもで、母親ばかり相手に生活してきた子どもが、ある日突然入園したというようなときには、何事もないようなことでも、その子どもにとっては大きいショックであろう。したがってその動揺のようす、顔色、目つき、表情、行動のようすなどを、つぶさに観察することが必要となる。そのような本人にとっての大事件は、保育者が目ざとく見つけて、その心を察してやることが、臨床的な扱いの急所となる。

また、過保護で温室育ちにされてきた子どもが、入園当初にいじめっこに手荒い仕打ちをうけたとき、本人がどういう反応をするかを鋭く観察しておく必要がある。弱虫と決めつけて、むやみに励ましてみても、本人の心とちぐはぐなことになるおそれがある。

そして、恐れをいだいているとき、子どもがどういう反応をするか、それは個人によってかなり異なるので、その反応のしかたの特性も承知しておく必要がある。たとえば恐れているために「ほかの子をたたく」という行動に出る子もあれば、恐れているために逃げる子もある。また、恐れているために筋肉が硬直して動けなくなる子もある。そういう反応のしかたを、子どもの心理的なできごとのあるごとに観察しておき、その子どもの特質を日常理解しておくことが必要であり、それを臨界観察法と考えたい。

6 観察法の限界

この目で見たから確かだとよくいわれる。しかし、目のレンズに映じているものと、それを解釈する心とは別ものである。人間の視覚には、誰がみても同一であるという客観的側面と、その人独特の見方という主観的側面の両面があることに留意したい。

たとえば、こうあってほしいという願望が心の中にあるばあいには、とかく事実がそういうニュアンスに染められて見誤られがちである。また、自分の知人の子ども、親しくしている人の子どもの行動は、客観的にはよくないものでも、なんとなく許容的に見のがしたり、またかわいく見えたりしがちである。

このような物事の見え方のことを「力動的知覚」と呼んだり、また「ハロー効果」と呼んだりしている。ハローとは後光がさすという意の語である。むずかしく定義すれば「パーソナリティーの知覚や判断において、対象となる個人の一般的印象によって、その個人の特定の特徴についての判断が影響されることをいう」となる。

したがって、子どもの問題行動が、教師と親との不仲によって、ひどく悪く見えたり評価されたりすることにもなる。

このようにわれわれの観察眼は、心理的な作用によって、そのレンズが変わることがあったり、わい曲されることがあったりするのである。そのことに留意して、できるだけ客観的に事態を観察できるように訓練することが要請される。

しかし、同時に、主観面の効果の面もあることを忘れてはならない。それは、問題行動に関する理論、技術、知識、経験を多くもっているばあいには、子どもの行動をすみやかに、しかも正確に観察したり、その焦点をよりよくつかむことができるということである。

いずれにしても観察法の効果をプラスにし、マイナスを防ぐくふうが必要となる。

(2) 表現法

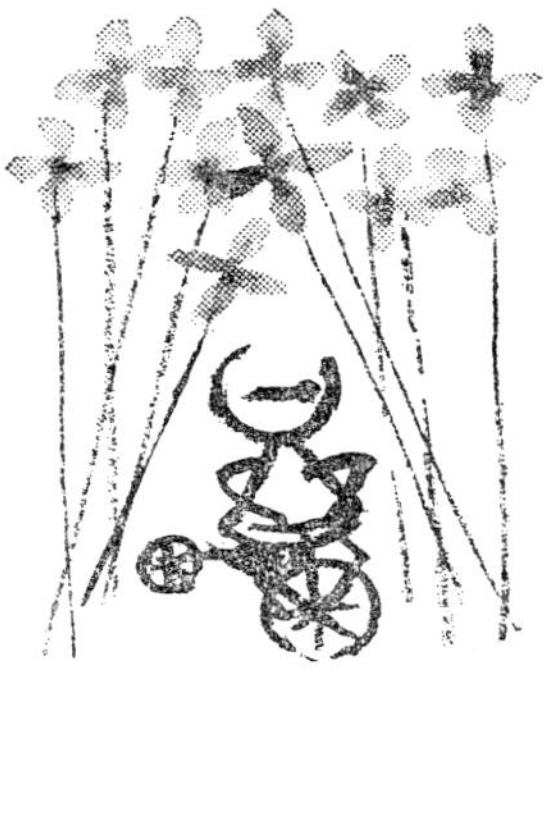

1 表現法とは

子どもは、自らの心を表現しながら毎日を送っている。多くは自ら意識することもなく、ごく自然に自己の感情や考えを、あらゆるルートを通じて表明している。

それを観察することによって、保育者は子どもの個性的表現や発達的表現をとらえて、理解もし診断も行なっている。そのばあい、表現が何を通して、どのような形でなされているか、そのしかたや筋道を明らかにしておくことは、より正確に子どもの心理を理解するうえで有利であろう。いわば観察の、もう一つの着眼点といってよい。

子どもは、その心の表現を、表情、態度、言語、絵画、制作、演劇などを通して行なっている。そのほか音楽リズムや運動、行動などを通しても表現している。しかし、臨床的な観点からすれば、問題心理は比較的前者を通して現われやすいといってよく、診断のためには前者が多く利用されているので、ここでは前者を例に取り上げてみよう。

表現というばあいには、本人が意識し意図して行なうものと、無意識的に自然に行なっているものとがあり、問題心理のばあいには後者が多い。したがって本人に何を表現しようとしたかを質問してみても無意味である。そこで、表現されたものの意味を正しく解釈する技術や理論が必要となる。

また、表現されたものは、子どもの問題心理を直接に端的に現わしているばあいもあるが、多くは擬装の形で象徴的な意味しかもたないものである。そのあたりの区別をつけることが、表現法における困難でもあり、また重要な点でもある。主観やこじつけに陥らないように留意したい。

2 表情表現法

快、不快というような感情は、幼児のばあいただちに表情に現われるのが普通である。色紙をもらってうれしい、しかられて悲しいなどのように、喜びや悲しみは顔の全面に広がるだけでなく、声になり態度になり、行動となって表出される。

しかし、子どもの心の中が表情に明らかに現われずに、たとえば「無表情」という型で現われることがある。そうすると、うれしいのか悲しいのか、さっぱりわからなくなる。診断上困難であり重要なのはこういうときである。

保育のさいちゅうに、子どもの感情が動かず、無表情であるような子どもを発見したら、そういう子どもは特別に機会を設けて、その中にある感情を表出させせなければならない。何も困った行動をしないから保育の妨害にならないという理由で放置してはならない。

無表情ということは、もっとも大きい「問題」を心に内蔵している証拠なのである。その子の心をどこかに奪い去り、とりこにしているほどの重大問題が心の中に潜んでいるために、保育のほうに心が働かず、そのための無表情と解するとよい。したがってこういう子どもがもっとも表情表現法の適用を必要としている子どもといってよい。

保育のさいちゅうに、ポーッとして心がここにあらずといった放心状態の子どももいる。そういう状態のときには概して無表情である。白昼夢と呼ばれている。心がどこかに抜け出して遊行しているのだ。こういう子どもに教師が呼びかけても、一時的に目の覚めたような顔つきになるだけで、感情が表出されるところまではいかない。すぐまたもとの状態、夢の世界にひきずられていく。

こういう子どもは、一対一でないとその心を呼びもどせない。静かに保育者とふたりで向き合ってみよう。そうすれば、自閉症児でないかぎり保育者と対応するはずである。あまり性急に話しかけたり、玩具や絵本でひきつけようとあせらないほうがよい。じっと子どもの顔を見つめていてやろう。冷凍食品を急に暖めようとしないのに似ている。

子どもは、心の奥底の問題と取り組んで、それに疲れはてているにちがいない。いくらもがいてもどうにもならないで、心が小休止をしているための無表情であると解してやりたい。しばらくふたりきりで散歩してみるのもよい。あるいは保育者がひとり言をいって周囲の花などに目を向けてみるのもよい。そのうち、子どもの心がほぐれてくる。子どもは、自分ひとりを相手にしてくれる人には、心を開くものだ。

こういうラポートの状態、心の通じ合いの状態の中で、保育者のほうから表情をみせるのがよい。しかし、その表情は穏やかなのがいい。馬鹿さわぎのようなほがらかさや、明るい表情を急に見せても、子どもはとまどいを感じ違和感を感ずるだけで、かえって表情表出にはなりにくい。

表情は、ごく微妙に、かすかに現われるのを待たなければならない。かすかに唇が動くとか、目の輝きが少し出るとかいったことでよい。それを目ざとく見つけることを訓練する必要がある。そのわずかの表情に対して敏感に答えてやるのがコツ。少しずつ、小出しにしか出てこないがそれでよい。一度に引っぱり出そうとするのは禁物である。

一度に長時間やるよりも、毎日か一日おきに、たびたび触れ合いをつくるとよい。自分が特別に注目されていると感じた子どもの心は、朝陽が照りはじめたようなもので、子どもの心を解きほぐすのに効果があるものと、確信をもって、徐々に接近していこう。こういう思いやりのある人に子どもは心を開くものだ。そして心が開かれないかぎり、感情は表出されない。

3 態度表現法

子どもの心とからだとは、いわば未分化であるから、喜びも悲しみもからだを通して表現される傾向がある。それをここでは態度表現としておこう。

心理学的には、態度とは好きとかきらいとかいう選択的なものをいうのであるが、ここでは日常用語的な一般的なものを含めて考えたい。つまり、身ぶり（ジェスチャー）や行動様式をも含めて態度としておこう。そのように広い意味で子どもの態度をとらえてみると、日常観察場面においても、いろいろの材料が得られ、子どもの心理を理解したり診断したりするのに役だつであろう。

子どもに、好ききらいの質問をしてみると、この面での意識はかなり明りょうに表現されることが多い。たとえば、パパは好き？とかママは好き？ 赤ちゃんは？ というような質問に対しては、幼児もかなりハッキリ答える。しかし、ことばによる表現と実際の態度や行動とが食い違うこともあるし、ことばに表現できなくても態度には現われることも多い。そういうばあいは態度の観察によるほうが有利である。

たとえば子どもの心にしっと心が潜んでいるばあい、子どもはそれを、ことばでは表現できないし、表現しようともしないことがある。このようなばあい、態度や行動には現われる。たとえば弟妹をいじめるとか、弟妹にいじわるをするとか、弟妹に対してけちんぼうになるなどは、その端的な表現である。このように、心の中が直接的に直線的に表現されるばあいには、その理解は容易である。

しかし、心の中の問題は、このような現われ方をするとは限らない。つまり、徴候の現われ方には、さまざまな擬装や変態があることを見のがしてはならない。たとえば、弟妹に対するしっとが、ぐず、のろま、甘えんぼう、爪かみ、夜尿、夜驚、指しゃぶり、落ち着きなさ、白昼夢といった形で表現されるときには、その根本の心理状態の診断が理解しにくくなる。

ある幼児は、赤んぼうに対するしっとが強かったが、表面的には赤んぼうの頭をなでてかわいがっているようにみえたのである。また、母親が赤んぼうのおむつを取り替えるのを手伝いたがったりもした。したがって、このような態度からは、赤んぼうに対するしっとの感情はとうてい考えられなかったのである。

そのかわり、その子どもは幼稚園で毎日、保育のさいちゅうに大便をもらすのであった。家ではどうしても出ないので、しかたなく園に送り出すと、決まったように二時間めになると便が自然に出てくるのであった。これを態度といえるかどうかは別問題であるが、とにかくそういう形の行動でしっとが表現されていたことがあとでわかったのである。

このようなばあいには、しっとの感情とその徴候との間には、普通の意味での関連性はみられない。このようなばあいには、態度や行動の背景に潜む問題の解明がむずかしい。そこで徴候に関する研究と感情や問題の表出に関する理論的研究が必要となる。このケースのばあいには、この子どもに「赤ちゃん願望」があったと解釈できる。赤ちゃんと同じように便をすることによって赤ちゃんの状態に退行し、それによって親の注目や愛情をもう一度とりもどしたいという心理的なからくりであると解される。

この例でもわかるように、子どもの心が態度や行動（徴候）に現われるときには、必ずしも、一本調子で表現されるとは限らないので、態度、行動、徴候の深い意味をさぐることがたいせつとなる。同じようにみえる態度でも、その背後に異なる心理的メカニズムが作用していることを学びたい。

4 言語表現法

子どもでも自分の気持ちをことばで表わすことができるが、それは子どもがおとなのことばを理解するのに比べれば、非常にわずかであるといえよう。

おとなでも自分の気持ちをうまく表現できないことがあるが、子どものばあいには、その程度がさらに著しいといわねばならない。しかし、子どもは自分ではそのことをあまり感じてはいないようである。かれらは自分なりに納得していることばがあり、それで相手に通じたと思っているふしがある。

つまり、おとなからみれば不じゅうぶんな表現であるにもかかわらず、かれらはそれで用が足りていると思っている。そこで、通じなければおとなが悪いと思い、怒ってその理解不足をせめることになる。これが幼児の「自己中心的言語」と呼ばれる。この幼児独特のことばを解読するのがおとなの役であるから、おとなの側の注意深さと忍耐とが要請されるのであるが、特に臨床的な立場にある者にとっては、そのうえにさらに、幼児言語の特異性に対する理解が要求される。

そのためには、幼児のことばを受け止めて、もう一度返してやる必要がある。それは単にオーム返しというのではなく、子どもがいおうとしている気持ちをくんで、できれば子どものことばを補充して、このように了解しているがそれでよいのかといった感じで、ことばを返すのである。あるいは、もっと別の角度からの質問を加えてみるのもよい。いずれにしても、子どもの不じゅうぶんな言語表現をじゅうぶんなものに拡大していく努力が必要である。

そうすることによって、子どもからさらに追加的なことばがひき出せれば、いっそうよい。つまり子どもの心を、いろいろな形で言語表現させてみるのである。しかし、幼児の言語表現には大きい限界があるから、そのままうのみにすることは厳にいましめねばならない。つまり、ことばの表現にだけとらわれてはいけないということである。

幼児はことばで表現するだけでなく、表情や身ぶりや動作でも表現しており、ことばはその中の一部分というように心得ておくと、ことばの意味をより正しく把握できる。子どものことばは必ずしも事実を客観的に述べているとは限らない。むしろ自分の主観的な見方や考え方を述べていることのほうが多いばあいもある。

たとえば、郵便屋さんが小包を運んできたとき、ある子は「サンタさんがきたよ」と母親に報告した。その気持ちは、サンタさんがくることを希望しているということであるかもしれないし、あの郵便屋さんはサンタさんに似ているよという意味であるかもしれない。おとななら、「サンタさんに似た人が品物を運んできたよ」というところかもしれない。

また、子どもはおとなが質問すると、たいした考えもなく「ウン」と答えることが多い。おとなは「ウン」といったら肯定したのであろうと解釈しがちであるが、子どもは必ずしもおとなの使ったことばの内容について肯定したとは限らない。むしろ、おとなの話の途中で腰を折らずに、その話を聞こうという態度の表明であることが多い。ちょうど「なるほど」というのに相当する。したがっておとなが矛盾と解釈するほうが誤っているのである。

このように考察してみると、子どもがことばで表現したものの中には、おとなの標準でいう真実性や客観性は、比較的少ないと覚悟を決めておき、そのうえでの解釈を行なわねばならないことがわかる。いわゆることばじりをとらえるような皮相的な解釈では、子どもの心を理解し診断できないことを留意しながら、しかもその中に宝石のことばを掘り出したい。

5 絵画表現法

ある幼児が、母親の顔を描いたが、その顔には三つの口が描かれていた。教師がその一つ一つを指さしながら「これなあに?」と質問してみたところ、いずれも「口だよ」との返答であった。

そこで教師は、「僕のママ、口が三つあるの?」と聞いてみたところ、その質問には否定の返事が返ってきた。ではいったい、なぜ三つの口を描いたのだろうか。その幼児は言語的にはその説明ができなかった。したがってその子の意図は理解されないままに残された。

教師が母親とその絵の解釈について相談したが、最初母親にもその意味がわからなかった。しかし、母親は子どもとの生活が長いのでやがてわが子の意図を了解するにいたった。つまり、その母親は口数が多く口やかまし屋であったから、口が一つでは描き足りないという子どもの気持ちに到達できたのである。

子どもの心理的な立場からすれば、母親の顔を描こうと思った瞬間、口のところからたくさんのことばが流れ出るイメージがもっとも強烈に印象づけられたのであろう。そこで口を三つ描くという手法が生まれてきたのではあるまいか。

この子どもの絵は、時間的、物量的に吐き出される母親の饒《じょう》舌を、口を三つ描くという空間的技法によって表現したものと考えてよかろう。このような技法は、おとなにはとうてい想像することもできない表現技術といってよかろう。

この例から考えさせられることは、幼児の絵画は、客観的な描写法としては拙劣であっても、そこに含まれる心理的な意味はかなり豊富であるということである。たとえば、まだ形をなさない線画（掻画という）でも、子どもの心の中では電車であり線路でありうるし、また自分が電車に乗っているときの全体験を表現しているのかもしれない。

これは、幼児心理や表現技法の未発達性、すなわち未分化性のためであるといえよう。子どもはじょうずに描くことはできなくても、円形らしきものを描き、それがリンゴであるとかお月さまであると思っている。しかも、単にリンゴを描写しただけでなく、自分がリンゴが好きだとか、食べたいとか、食べておいしかったとかいうことまでその中には含まれているのであろう。

このように考えてみると、子どもの絵に子どもの心の動揺、不安、不満、願望、恐怖、緊張などのさまざまな心理的状態が表現される可能性を予想することができる。したがって、子どもの絵をよく読みとることによって子どもの心の中の問題性が把握されることがある。たとえば、不満をもつときに暗い絵を描くとか、怒りの感情がまっかな火事の絵となることなどが考えられる。

したがって、子どもの絵画表現を通して、その心理診断がある程度可能となるであろう。しかし、その資料は他の諸資料との関連づけにおいて理解され解釈される必要がある。もし描かれているものを機械的に解釈すると、しばしば独断的となるおそれがある。

子どもの心理が絵画に投影されると考えることには、信頼性も妥当性もあるが、逆必ずしも真ではないことを忘れてはならない。たとえば、暗い気持ちのときに、黒や紫色を使用する傾向があることは認められるが、紫色を使用したからただちに問題があるという解釈は、前述の論理に照らして誤りを犯していることになる。

その意味でも、絵画表現法には、独特の妙味とメリットを認めながら、その限界を忘れない心掛けが必要となる。主観的判断によるこじつけは厳にいましめるべきである。

6 制作表現法

粘土や砂、木片、紙や布、なんでもよいから、それを材料にして何かを作成したりすることには、さまざまな教育的意義があるが、同時に子どもの心理を理解し診断することができる効用がある。それは絵画のばあいと同様である。子どもの意図や目的だけでなく、子どもの気持ちがそれを通して表現されるからである。

子どもが粘土細工で小イヌを作ったり小ウマを作り上げていくとき、そこには子どもの感じている動物への親愛の情や、動物への興味や関心、知識や情報などがこめられている。そのほか、子どもがウマに乗りたい願望を含めたり、小イヌを飼いたいとの願望も秘められていることがある。そういう複雑な心理が制作の結果に表わされるだけでなく、その過程で、ずっと動いている。

したがって制作指導のおりには、結果のできばえのよしあしを品評するよりも、作成の最中にいろいろの会話をかわすのがよい。それは理解や診断のためばかりでなく、教育的配慮としても望ましい。子どもの技能は未熟であるから、その結果にウェイトをおいても大きい期待はもてない。結果はむしろ第二次的なものである。その点、制作物と絵画のばあいとではかなりのちがいがある。

制作に際しては、制作の意図、その過程、その結果など、すべてにわたって問答方式を採用するのが、楽しいばかりでなく、子どもの理解につながる。また子どもの側でも、自分が受けいれられた感じで、制作への意欲がわく。

しかし、問題をもつ子どものばあいには、必ずしも制作の意欲は高まらない。とくにじょうずに作るという意欲はまったく起こらないといってもよい。たとえば弟妹に対するしっとを抱いている子どもは、なかなか制作まで気持ちがまわらない。しかし、なんとか皆と同じように制作することになろうが、そのばあいには、たとえば二匹の兄弟イヌを作り上げる。大きいイヌは自分で、小さい方のイヌは弟になぞらえられる。そういうばあいには、完成してから後がむしろたいせつになる。つまり、二匹をけんかさせて、常に小さいほうのイヌが負ける場面を演じたりするのである。

このように、制作物は、それが完成された後にそれをどう扱うかに、子どもの問題心理が表現されることがある。せっかく作った砂場のトンネルを、一瞬のうちに踏みつぶしてしまう子どもがいる。そのようなばあいには、砂場遊びを通してふだんの不満や怒りを爆発的に表現しているとみてよい。つまり攻撃的な気持ちの吐け口としての対象物を作り上げたことになる。

このような制作物の破壊を、ただちに叱責の対象とすることは慎しみたい。その子どもの心理の理解の材料と考えて、そのときの子どもの気持ちを言語表現させてみるとか、子どもとの対話にもっていくようにしたい。そうすることによって、子どもの心に潜む不健康な感情の存在を確かめることができよう。

ある幼児は泥んこをこねて「おはぎ」を作った。そこでママに食べさせようと考えて、泥水のたれるような「おはぎ」を手にして家の中に走りこんだ。

しかし、それをひと目みた母親は「きたない！」と金切声をはり上げて子どもを外に追い出してしまった。せっかく、ママに食べさせてやろうという、そのぼうやの親切心はむざんにも打ち破られてしまったのだ。

幼児の心理からすれば、泥ではなく「おはぎ」なのであって、心理的な側面を見のがしてしまうと、こういう悲しむべき事態になるのである。

制作物の背後にある心理的事実を理解することの重要性を教えられる。

7 劇化表現法

子どもが「ごっこ遊び」をしているときのようすを観察してみるとよい。そこには、まったく自然のままの子どもの心が躍動的に表現されている。そして、その内容をみると、ますます興味深々である。

子どもは、ごっこ遊びにおいておとなの社会的役割の中に自己を投入している。車掌さんごっこを演じているときには、自分が車掌さんになり切っている。そのときの気持ちは車掌さんと自己との同一化であるが、そこには自己の将来への夢が表現されている。この夢は、車掌さんになりたいという単純な職業的な願望だけでなく、さまざまな子どもの空想や願望がこめられている。

台所ごっこ、先生ごっこ、お医者さんごっこ、お店屋さんごっこというように、成人の世界への興味、あこがれ、模倣といったものが、そういう形を通して表現されていると解してよかろう。特に相手を必要とする劇化法においては、対人関係における理解や態度、役割などが演じられるので、場面の想定だけに限定して、いわゆる劇指導的なものはないほうがよい。

たとえば、食事のときとか、お使いに行ったとき、留守番をさせられたとき、パパが朝寝ぼうをしているときなどのように、一つの場面を契機にして自由に劇の内容を自分で創作してよいような自由自己表現の劇（サイコドラマ、心理劇、と呼ばれる）においては、子どもの気持ちがよく現われる。

あらかじめ脚本を記憶する必要もなく、また決められた話の筋道も文句もないと、まったく即席に自由に演ずることができる。そういう劇は「生活劇」とも呼ばれるもので、日常の生活場面がテーマとして取り上げられる。教師の側の指導性は比較的後退して、子どもの自由で自発的な自己表現が尊重される。

このような劇においては、自分の心の中を自由に表現できるので、その中に心の問題がのせられて出てくることも多い。それを手がかりにして子どもの心にわだかまる問題に理解と診断の作業を展開していく、いわば手がかりとなることがある。

子どもが何か破損したとか、何かのトラブルが起こったというようなばあい、その結果にばかりとらわれると、正しい診断ができにくい。そこで、このような結果を招来するにいたったプロセスを、もう一度はじめから演じさせてみるという方法がある。そうすると物事の因果関係をたどることができ、それが保育者にとってだけでなく、子ども自身にも事態を客観的に、しかも経過を見通しうる点で、反省材料ともなって、教育的効果も産むことになろう。

このような自由な即興劇は、子どもの気持ちの表現に役だつだけでなく、子どもの成育している家庭環境や家族関係、親の態度、家庭のふんいきなどまでも表現されることになり、子どもの生態学的理解にも役だつ。その言語的表現、その感情、態度の表現、日常の生活様式や日常習慣、物の考え方、友人関係など、あらゆる分野の特性が総合的に表現される点に劇化法の長所がある。演劇が総合芸術と呼ばれるのに匹敵している。

そういう点でこの方法の長所があるが、その反面、保育者にとっては、あまりにも多面的、多様性の表現となって、つかみどころがわからないという欠点もあろう。とくに流動的に場面が移っていき、川の流れのようで、単に流動し去るとの感が深いであろう。

したがって、劇化法を用いるばあいには、保育者の側であらかじめ問題の子どもについて調査をおこなっておき、その知りたいと思う点を明らかにしておき、そういう方向に場面やテーマを設定することが必要となる。漠然となんでも演じさせればよいというわけではない。このあたりに技巧を必要とする。

(3) ラポート法

[1] ラポート法とは

ラポートとは、保育者と子どもとの間のへだてのない「心の通じ合い」といってよい。あるいは「心の融和状態」とか、心と心の間の「一体感」といってもよかろう。

要するに、人と人との間に、自由に気持ちの表現ができ、相互理解ができやすい心理的なふんい気ができている状態のことである。したがって、これは表現を容易にさせるための方法として、また理解と診断を容易にするための基礎づくりの法ともいえる。どのようにしたら、このような、しっくりとした人間関係ができるか、その作り方の法といってもよい。

子どもとの間によいラポートを作り上げるためには、保育者の人柄が大きいポイントとなる。幼児を愛することのできない人には困難であるし、幼児の心の中に飛びこんでいけない人にもむずかしい。とくに、幼い子どもに対して批判的であったり、支配的であったり、拒否的であったりする人柄では不可能である。

しかし、これは一種の技術であり技法であるから、努力や修練によってかなりの向上ができるので、必ずしも悲観的にばかり考える必要はない。要は、子どもを「人間的」にみて、人間として「受容する」根本精神の問題である。

子どもを外まわりから見て、外まわりを重視する態度からはラポートはつくりえない。たとえば、問題行動が表面化していても、それに目と心を奪われることなく、もっと子どもの心の奥底にはいりこみ、一個の人間として見、受容できるなら、ラポートは成立しよう。したがって「よい子」だけ愛するというような道徳的立場を排して、臨床心理学的な立場、科学的立場に立つことを要請される。

[2] 遊戯法

子どもとともに遊ぶことによる法である、といってしまえば簡単なようにきこえるであろう。しかし、単に子どもと遊ぶだけでは必ずしもラポートができるとはいえない。とくに、心の中に問題をもつ子どものばあい、単に「遊びましょう」と働きかけても乗ってこない。

心に問題をもち、不満や葛藤のある子どもは、遊ぶ気持ちになれない。したがって人の遊ぶのを見ていたり、遊びに誘われても拒否したりしている。普通の子どもなら喜ぶような玩具も遊具も、かれの心には無縁の存在となる。心が空虚であり、不幸であるばあい、こうなるのが、むしろ自然であろう。

そこで、子どもを「遊び」にまで橋渡しをする役目を果たすのがラポートということになるが、それは「人間関係」という心の結びつきによるのである。人間と人間、心と心の緊密な結びつきが橋ともなり船ともなって、子どもの心を運ぶ役目をする。それがラポートである。したがって、遊び方を教えるとか、遊びに誘いこむとか、遊びを奨励するとかいった技法ではない。そのようなやり方は、ラポートを抜きにしたものであるから、子どもの心はほぐれない。

親と子が公園に行くとする。子どもの扱いに慣れていないへたな親は、子どもをすべり台のところへ連れていき、すべることを奨励し、すべることを強制し、すべり方を教えようとするので、かえって子どもはしりごみをする。その結果親はじれったくなり腹を立てて、子どもの不がいなさをこぼす。このようなやり方は、ラポートがないため失敗しているのだ。

その反対に、じょうずな親は公園に連れていったら、しばらくは黙って子どものようすを見ている。あれで遊べ、これで遊べと、催促や指示をしないで、しばらくベンチで編みものでもしながら、それとなく子どもを見守るであろう。しかし、子どもが母親をふり返ってみると、慈愛に満ちた目で子どもを注目したり、微笑をもって反応したりする。そうしている間に、子どもの心に遊び心が動きはじめる。

この例でも明らかなように、ラポートを作るためには、たとえ遊び場であっても、「遊び」そのものに性急に目を向けさせたり、遊びそのものの指導性を発揮してはならないのである。遊びが目的ではなく、「遊び心」を作り上げることが先決である。その遊び心は、人と人との間の精神的交流、人間的受容のふんい気の中で芽ばえるのである。

この要領は、植物の芽を直接引っぱるのでなく、暖かい陽光にあててやるのに似ている。子どもの手を引き、子どもをうしろから押しやって遊具に接近させたり、その技術を教えることではなく、むしろ、子どもの心のささえとなるような暖かいムードを作ってやり、子どもの心の中に「動き」や「意欲」が芽ばえるのを待つのである。

この待つ技法こそ、ラポートづくりの秘訣である。もちろん遊戯法であるから、遊具や玩具、その他の材料を用意することは当然であるが、そのような物的条件を前面に出すのでなく、人間と人間の心のふれあい、通じ合いを重視するのである。遊戯療法が行なわれるばあいの導入がこれであり、その間じゅう、常に人間的ふれあいが重視される。

したがって、子どもが何かに目を向けたら、こちらもそちらへ目を向けて、触れてもよいというような許容的目つきで子どもの目を見てやる。子どもが何かしはじめたら、そばで静かに見てやり、子どもがなにか困っているならそれを手伝ってやってもよいし、何か捜しているなら、ともに捜してやるというような、ソフト・タッチの心づかいをみせるのである。あくまでも、はじめは控えめで、子どもに安心感を与えることがたいせつであり、そのようなふんい気で遊びが続けられるなら、それがラポートといえよう。

3 生活法

子どもに限らず、「同じ釜の飯を食う」というのは昔からいわれてきた生活技法である。起居を共にするとか、同じ屋根の下で暮らすとかいう古い言い方だけでなく、キャンプにいくとかハイキングにいくなどという新しい言い方もある。

保育園では文字どおり生活を共にする時間が長いので、その点ではこの方法がとられているともいえるし、幼稚園でもお弁当を食べたり、付近を散歩したりすることや、行事などは、生活的接近法といえよう。

このような生活場面においては、子どもの緊張がほぐれやすいので、保育者との心の触れ合いが自然に作られやすい。しかし、給食指導という監督的なふんい気の中で食事をし「残さずに全部食べなさい」式のやり方では、保育者と子どもの心の触れ合いはできにくい。

とくに、食の細い子、好ききらいのある子、ゆっくり食べる子、遊びながら食べる子などのばあいには、このようないっせい指導式、催促型の教師とは、ラポートはつきにくい。せっかくの生活場が逆効果になるようでは残念なことである。したがって生活法によるラポートのつけ方は、小人数での偶然的な場を利用するほうがよい。

食べることは、人の心をなごませるのに役だつことと思われがちであるが、それは一般的なことで、食べることに問題をもつ子どものばあいは逆に、心の安らぎが必要である。そのためには人との融和関係が先決なのである。あせったり、緊張したり、恐れたり、悲しんだりといった状態にあるときには、いわゆるストレス状態であるから、胃液も唾液も止まってしまい、食べることは不可能となる。

したがって、食事そのものよりも、それを取りまく精神的環境づくりがもっとも肝要であり、そのためにラポートづくりの必要性が浮き彫りされてくる。その要領は前述の遊びにおけるのと同様である。遊び方が問題でなかったように、食べ方は問題にしないのがよい。全部食べるとか、早く食べるとか、そういう形式的なことには触れず、むしろ食欲が起こるような会話が必要であり、食べることの楽しみを保育者が子どもから引き出すことがたいせつである。そのために、食べ物についての楽しい話題は好ましい。あるいは保育者がおいしそうに食べてみせるのもよい。

生活法とは、食べることに限られるわけではなく、いわゆる衣食住のほか、幼児のばあいには遊びも含まれるし、睡眠や排泄の問題も含まれる。遊びについては前項で触れたので、睡眠を例にとって考えてみよう。

ある保育園で、父母たちが午睡を中止して、その間に文字教育をしてくれるようにと園長に要請したという話がある。この母親たちは、睡眠の生理学的根拠について無理解であるだけでなく、幼児の生活において睡眠というものが、子どもどうしの人間関係や保育者との間柄にどのようなよい効果があるかを無視しているのである。ただし、保育者が「静かに寝なさい」の一点張りで接しているようであると、せっかくの睡眠の場における生活法によるラポートがつくり出せないおそれがある。

また、排泄についても同様のことがいえる。幼い子どもは、いわゆる「つれしょんべん」の現象をよく起こす。だれかひとりが席を立つと、つぎからつぎへと伝染する。このようなばあいの保育者の扱い方いかんによって、子どもとのラポートのつけ方に大きい差異を生ずる。

保育者が室内の統制にばかり心を奪われていると、叱責や禁止にばかり心を使うことになって、学級のふんい気はますます険悪なものとなろう。むしろ、こういうときこそ、暖かい楽しいふんい気づくりに心がけるべきである。なぜなら、緊張が催尿の作用をひき起こすのであるから。ラポートは個人対個人のほか、学級全員をも対象とする。

④ 作業法

作業は仕事であるから、遊びとは異なり、目的があり課題性をもってくる。したがって、何ごとかができ上がることを目標としている。

たとえば、整理・整とん、そうじ、飼育、草花の手入れ、草とりなどがそれであり、実用品を整備したり工夫したりすることもそれに含まれる。精神療法における作業療法では、畑仕事や大工仕事がそれであり、生産活動や奉仕活動をさせるわけである。

幼児のばあい、作業とはいっても、あまり大きい期待ができるわけではないから、目的や結果に重きをおかないよう、日常の保育活動においても心得ておくべきである。とくにここではラポートをつくることに目的があり、作業はその手段、手がかりにすぎないのである。ちょうど作業療法において治療が目的で作業そのものが手段であるのと同様である。ここでの主目的は、ラポートを作り上げることによって、あるいは作業を通して子どもの気持ちをよりよく理解しようというねらいがあるわけである。

おそうじやお片づけをいやがる子どもがいたとする。その子がいやいやながらやっているとき、ラポートをつける保育者のよびかけ方は日常のしつけとは異なったものとなる。たとえば「○○ちゃんのホーキ、だるそうね」といったぐあいである。すると子どもは、自分自身が批判されたのではないから心が軽くなり、ホーキのほうに責任が移る。そして、子どもが「このホーキ、怠けものなんだよ」とか「このホーキはダメなのよ」といった反応を通して、自分の心をホーキに投影できるようなふんい気ができれば、保育者と子どもの間の人間関係は切断されることなく、そうじについての指導の手がかりをつかむこともできよう。

整理・整とんのばあいも同様である。物の片づけそのものに重点をおくのでなく、それを通して保育者の感情表現を行ない、その人間的な心のつながりを通して、子どもの心に整理・整とんのもつ「気持ちのよさ」への意欲、つまり「片づけ心」がわくことをねらいとしたい。そこで、保育者が「楽しそうに、お片づけの歌でも歌いながら片づけてみせる」というような態度が望ましい。そして片づけが終わったとき、つくづくとながめながら「ああ！いい気持ち！」と感慨をこめて、表情豊かに演技をしてみせたい。

このような保育者の顔色、態度に、子どもがひきつけられるなら、それはラポートができた証拠であり、それを通して子どもの心に「片づけ心」がつちかわれることが本来の作業のねらいとなる。そのとき子どもがいきいきとできるかどうかを観察することによって、他の面での保育効果も判定できるであろう。つまり、ラポート法は、子どもの心を知るだけでなく、子どもの心を育てる技法と直結するわけである。

動物飼育は、一般には、動物への理解を深めるという自然観察的保育のねらいをもつものであろう。それは、一つの教育的観点であり、それはそれでよい。

しかし、動物飼育の際に、子どもそのものを保育者が観察することもたいせつなことであり、子どもの心情の状態を子どもの心に育てることも大きい保育のねらいであるはず。とくに動物に関心を示さない子、動物を恐れる子、動物に不潔感をもつ子、動物を虐待する子などのように、なんらかの問題をもつ子どもがいたばあいには、それを一つの治療保育への導入として用いなければならない。

このばあい、子どもと動物との関係の中に、保育者が仲介役をして、まず子どもとの人間的触れ合いをつくり、それを通して動物への問題心理をつかみ、さらにそれを通して動物への愛情や興味を育てたい。

5 同一化法

子どもと「遊んでやる」ことは、必ずしもむずかしいことではない。しかし子どもと「遊ぶ」ことは困難なことである。子どもの心とおとなの心とが同じ状態になり、一つに溶けこんで遊ぶということは、おとなにはむずかしい。

この極地を実行したのが良寛和尚であり、それが凡人にはできにくいのでかれが有名なのであろう。良寛の心境こそまさに同一化の心理の最も典型的なものといってよい。しかし、これは普通の人にはできないので、せめてそれに近づく努力をしてみたいものである。

もちろん、臨床心理学の方法としてこれを取り入れようというのであり、子どもの心理を理解し診断しようとの意図をもってのことであるから、良寛と同じ状態になってしまっても困るのである。それに近い状態を子どもとの間に作り上げることができたら、ほんとによく子どもの心理をつかむことができるであろうという願いなのである。

子どもにとっては、おとなとの同一化はさほど困難ではなく、しばしばみられることである。子どもが母親になり切ったり、車掌になり切ったりというごっこ遊びの場面はその一例である。子どもはおとなに対して、一種のあこがれや尊敬の念をいだいているから、おとなのすることをまねしてみたいのだ。

しかし、模倣と同一化とは同じではない。模倣は同一化への入口であるといえよう。おとなのまねをしている間に、いつの間にかおとなの役割に没入するということである。しかし、子どものばあいには、相手の立場になって相手を理解するというようなものではないから、ここで問題としているおとなの側からの子どもへの同一化とは、やや性質の異なるものであるといえよう。

また、子どもが大人のサンプルをモデルにして、おとなのやり方の影響を受けて、しだいに一つの性格形成が行なわれるばあいのように、おとなを自分の中に取り入れていく過程としての「モデリング」と同一化とも多少の違いがある。また、モデリングは模倣と似ているところがあるが、模倣とも異なる。模倣はいわば一時的なものであるし、やや皮相的なところがある。その意味では同一化とモデリングのほうが接近している。

しかし、ここでの同一化とは、おとなが子どもを理解し、診断する方法としてのものであるから、前述のように良寛とも異なってくる。そこで同一化法を具体的に適用したらどうなるであろうか。

　たとえば、子どもが、年上の子にいじわるされて泣いているとする。そういう場面で保育者が、自分が子どものときに泣かされたときの話をもち出して、自分の体験を話しながら子どものばあいをきいてみる。先生はこうやってたき返してやったが、何ちゃんはどうやったかというわけで、サイコドラマのように、そのときのようすを再現する。このようにして子どもの立場にはいりこんでいくことによって、その子どもが、どういう場面でどのようなことが起こり、どう感じ、どうしたかというようなことについて、いわば「共感的理解」に到達する。

　子どもの行なった問題行動のばあいでも、単に「石を投げてはいけません、人に当たると痛いでしょう」というような、外側から見た立場でなく、怒って、逃げる子どもに石を投げたくなったときの気持ちをむしろ再現してみることのほうが、より真実味をもち、よりよく子どもを理解しえよう。なぜ園のガラスがわれたかの真相も判明しよう。

　問題行動の背後には、さまざまな要因が隠れているが、それを内側から理解し診断しようと思うばあいには、その子ども、そのときの気持ちになってみることが、一つの大きいプラスとなろう。そのためのおとなの側の心構えとして、この方法の真意を身につける訓練を日常心がけたい。

6 対話法

幼児と対談することはむずかしい。ことばだけによる方法では限界があるからである。しかし、子どものことばの陰にある意味をさぐったり、子どもの経験をよく理解できれば、そのことばの意味もよりよく理解できる。

　おとなが子どもと対話することにも、一つの大きい障壁がある。それは年齢、経験、思考などの大きい隔たりがあるからだ。とくに保育者や親は、子どもを指導する役割をもっているので、とかく上から下への心の働きが表に出て、対等な話し合いとしての対話はむずかしい。

　多数の子どもを一室に集めて行なわれている園の保育形態の中でも、対話の行ないにくい条件がある。しかし、いっせいの扱い、多数をひとりで扱うことに困難点があるのではなく、むしろ一方通行的な上から下への学校教育的、授業的な、教えこむというやり方の中に問題性があるといってよかろう。

　つまり、対話は必ずしも一対一の個別面接に限られることなく、一対多数の保育場面でも、必ずしも不可能ではないということである。それは物理的な障害によって困難になるのではなく、保育者のやり方や心構えの中にそれを困難にするものがあるということである。すなわち「一方通行的」であることを避ければ、この方法の可能性が芽ばえるということである。

　そこで、どのようにして一方通行的な流れを食い止めるかであるが、要するに子どもの感想や意見をきくという構えと、それに応ずる態度をとることである。相互のやりとりにこそ重要なポイントがあり、相互のやりとりによって相互理解の場を作り、そこから子どもの問題心理を理解し、診断することが肝要である。

つまり、対話とは、単なる話し合いでもなく意見の交換ということでもなく、実際は心と心の通じ合いである。そこに最大のウェイトをおくことがラポート法の中心課題であり、それによって理解が深まり、診断が正確さを増すのである。とくに幼児を対象とするばあいの対話においてこのことがよくあてはまる。

カウンセリング法というのがあるが、そのおもな媒介は「ことば」であるから、青年期や成人を相手にするばあいにはこの有効性が大きいのである。しかし幼児を対象とするばあい、もしことばに中心をおきすぎると、おとなの側の主観的判断がはいりすぎて、客観性を失うおそれが生ずる。子どもの心理や性格を熟知し、特定の子どもの性格や生活をよく知っている保育者のばあいには、そのことばの裏に潜む心理まで見通すことが可能なばあいがある。

そこで、対話法といっても、話し合いだけをおもな媒介にするカウンセリングと異なり、他の方法、たとえば生活性、遊戯法、作業法などと併用することを考える必要がある。たとえば生活法を例にしてみよう。日常の生活を通して「指導」する構えをはずして、ときには子どもとの「対話」に切りかえて、子どもの心の中にあるものを引き出す構えになってみるのである。「何ちゃんはどうしてあんなことをするのでしょう」というようなことをきっかけとして、子どもの心を表現させるといった表現法を用い、それを媒介にして話を盛り上げていくのである。

そして、子どもと他の子どもとの話し合いも大いに利用するに価する。子どもとの複数的対話は日常行なわれているわけであるが、このとき、特定の子どもに焦点を合わせて、その言動を観察することは、本人に意識させないという利点がある。

対話というと、とかく一対一のばあいが中心になりやすいが、グループ・カウンセリングのように、グループとの対話、グループ内での対話というものもあるわけである。グループの中でのふんいきが、当人にどういう話をさせるか、いわばグループ・ダイナミックス法の取り入れともなる。

7 絵本法

絵本法とは、絵本を媒体に使って保育者と子どもの間の人間的交流をはかる法のことである。

したがって絵本の内容を子どもに理解させるとか、絵本によって知識・情報を与えたり、教養を高めるとかいう、一般の絵本の役割とは異なる扱いをするのである。つまり、保育者と子どもの人間理解を深め、とくに子どもの心理を理解し診断することをねらいにして、絵本を手段媒介とするのである。

このやり方では、絵本そのものにも特殊なくふうがなされると便利である。たとえば絵が多くて文字を制限するとか、物語りの筋よりも場面の内容を豊富にし、暗示的にするとかというように、子どもの心を誘うような刺激となるものがよい。(例、チャイルド社刊『幼児期』)この方法では、絵本は何かを子どもに教えこむのが目的ではなく、むしろ子どもとの対話を引き出すための誘導的役割を果たすことに主目的がおかれている。したがって、いっせい保育においても用いられる。

絵本を各自が持って、同じページを全員でまずながめる。そして感想でもなんでもよいから自由に表現させていき、それに対して保育者が反応していく。多少断片的なやりとりの併列となるが、できればそこで話のやりとりにもっていく。

そうすると、ひとりの子どもの反応と別の子どもの反応とが結びつき、一つの関連が生じて、対話はグループとの対話となっていく。そのときには話の内容上、同一のところへ落ち着くこともあるが、それを指導の目標とするのでなく、あくまで子どもとの精神的交流に主眼をおく。そして話題は絵本を離れてしまうこともあるが、それでもよい。なぜなら絵本はむしろ導入的役目を果たせばそれでもよいからである。

むしろ、絵本を離れて子どもの生活や体験が自由に述べられるようになれば、そのほうがその子ども自身をよりよく物語ってくれるのであろう。したがってこの方法は絵本媒介法と呼ぶべきかもしれない。

もちろん保育用の絵本であるから、純粋に診断用に作成されてはいないから、その内容に道徳的なものや知識情報的なもの、つまり狭義の教育的意図が含まれる。それが出てくるところが、後述する検査法と異なるところである。この方法は検査法とくに投影法とよく似ているが、そのちがいはこの教育的内容だけでなく、保育者と子どもとの相互関係、相互交流という点で異なっている。

投影法のばあいには、検査者は表に出ることはなく、むしろ子どもの側の表現が一方的に取り扱われるのである。その点が純粋な診断法の特質といってよかろう。絵本法のばあいは、投影法的性質を強くもたせながら、しかもこの材料に密着しなくてもよいという自由度が高い。診断にもなり、教育にもなるという形で、しかも相互の人間交流を目的とする点で、一方通行性がなくなる。その意味でラポート法の中に含められることになる。

また、絵本からの離脱性は、生活法、対話法、作業法、遊戯法、などとの結びつきを生むことになる。たとえば、ある子どもは絵本を通じて工作へと刺激されたし、別の子は自分の体験の逸話に発展したし、他の子は自分の身辺を思い起こして、下駄箱に自分のくつが正しくしまわれているかどうかを確かめにいったりもした。

つまり、絵本の世界を媒体として、子どもの現実の感情や思考へと作用が波及して、そこに子どもの本性を露呈するというようなことが可能となったのである。この方法は、いわゆる統制本位の学級経営的立場からすれば、特定内容をいっせいに教えこむことの妨害と解されるであろう。しかし、それをラポート確立の手段方法として生かすことも可能である。

(4) 生育史法

1 生育史法とは

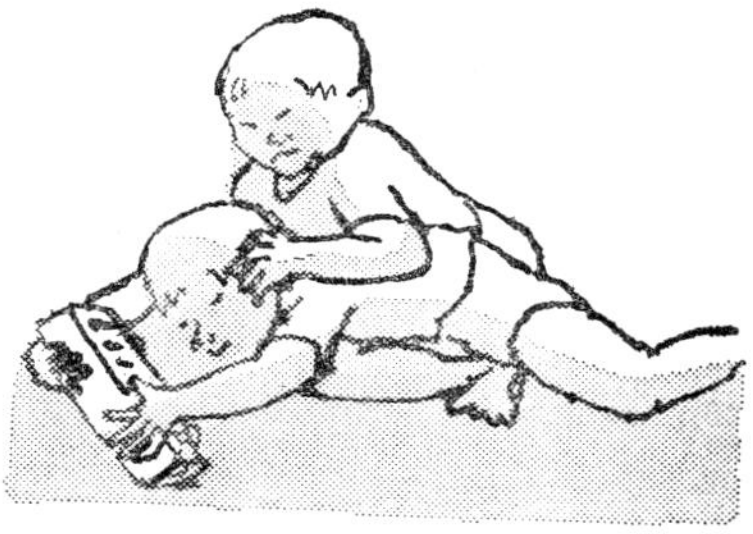

入園テストの際に、口もきかぬ、動作もしないというふたりの子どもがいた。ふたりとも泣きはしないが、黙ってほかの子どもたちのすることをながめているだけであった。

入園後、二、三ヵ月間はふたりともそんな状態が続いたが、片方の子はそのころからしだいに変化を見せはじめた。そのきっかけは、親切でやさしいおねえさん的な役割を果たしてくれる友だちの保護と世話によって心がほぐれてきたためであった。

しかし、もうひとりの子は、そういう働きかけをしてくれる友がいても、少しもそのようすに変化が見られない。いつまでたっても入園当初と同じような状態が続いた。

このふたりの生育の歴史をたどってみると、そのちがいの原因がハッキリした。前の子は祖父母の過保護によって育てられたひとりっ子で、祖父母に代わるおねえさん的友だちの助けで、比較的容易に安定感をとりもどしたようであった。つまり、この子は過去の生育の歴史において、独立心がじゅうぶん育たない条件の下で成長したことが、入園当初の行動の原因であったようである。

もうひとりの子の生育の歴史を調べてみると、その子は二歳年の違う弟とふたりきょうだいの姉として育てられた。しかも弟は病弱で手のかかる子であったので、姉であるその子は放任的な扱いの中で育ってきた。しかも友だちが遠いので、ひとりで留守番をさせられることが多かったため、想像上の友だちと遊ぶ習慣がついてしまった。

したがって、この子は現実の友だちの中にはいると、まごついてしまってどうしようもなく、心が停止した状態となるのだった。園では心が止まり、家へ帰ると想像的活動や空想が盛んになって、ひとりでよくしゃべった。

このようなふたりのちがいは、入園当初のようすからは区別できないほど似ていても、やがてハッキリしたちがいを見せはじめる。同じ指導でも結果が違うのは、生育歴の差からである。

一般に、子どもの不適応や問題行動、その他の異常などに当面して、その原因をさぐり、その源流をたどっていくと成長の過程に問題のあったことを発見することが多い。

つまり、順調な発達を妨害している条件が見出されるのである。そのような過去にこだわってみてもなんにもならないという見解もあるが、過去のつまずきを発見してその点について補充的な働きかけをすることによって、発達を軌道に乗せてやり、それによって問題が治ることが、幼児のばあいには多いのである。

早期に問題の原因を発見して、早期に軌道修正ができ、子どもの人格形成の土台を補修しておけば、その後の問題の予防となり、円満で健康な心づくりの基礎づくりとして、いかに大きい貢献をするかはかりしれない。

もちろん、妨害条件の中にはどうすることもできないようなものもあるし、それがわかってもどう手の打ちようもないようなものもあるが、その後の心がけ次第でどうにもなるものも多いのである。たとえば脳性マヒを患ったというような不幸なできごとによって心身の障害を受けたようなばあい、これを園の扱いだけで治すことは不可能かもしれない。しかし、親の過保護や過干渉というような育て方に問題のあったばあいには、それを補うような対策はとることができる。

生育史法とは、このような子どもの過去の人格形成の要因をさぐる方法である。子どもの心身がどのように発達してきたか、その発達の歴史をたぐることでもある。発達課題を無事に通過しているかを確かめる法ともいえよう。

2 発達課題の点検

発達にアンバランスの子どもがある。たとえば口が達者でおとなのような話しぶりをするのに、その行動はまったく幼稚であるというような「おとな子ども」の問題は園でもよく見かける例である。

その反対に、行動のほうは不自由はないが、ことばが遅れていて意志を自由に伝えられないために、トラブルが起こるというような子もいる。そのほか、知的な面ではなんら問題はなさそうでも、情緒的に不安定であるとか未成熟であるとかいうような子どももいる。

このように、発達のアンバランスがあると、とかく全体としての精神活動や生活面に障害が起こりやすい。その反対に、なんらかの問題行動があるばあい、よく調べてみると精神発達や身体発達、あるいは両者の間にアンバランスがみられるというようなこともある。いずれにしても発達のアンバランスは注目する必要がある。

一般に発達には一定の順序がありコースがあって、発達をとび越えることはできない。一定の段階における一定の特徴があって、それが一つの関門となっている。これが発達課題である。この課題を一つずつ通過していくわけであるが、アンバランスとは、ある面の発達課題がまだ通過できずに遅れていることを示している。

そこで、どの面(コース)では、どこまで発達課題を通過しているかを、常時確かめていくのがよいのであるが、臨床的立場からすれば、いつどの課題が果たせずにいたかという、過去の状態にさかのぼって調べること、したがって現在のアンバランスがその結果として残っていることをさぐるのである。これは一種の発達診断であるが、生育史法としては、過去の状態の診断ということになる。

過去の発達の状態を診断することによって現在の問題の原因を追求し、それに対する対応策を練り、発達の調整を行なうための資料とするわけである。そして発達課題がまだ果たされていない領域について、重点的に治療的保育を施こすこととなる。そして、発達の遅れている分野の補充ができれば、それによって発達の調和を回復し、それによって問題が解決することをめざすのである。

過去のできごとや経験の中には、あとになってどうすることもできないようなものもある。たとえば過去に高熱に見舞われて、それがもとで、大脳になんらかの障害を残したというようなばあいである。そのこと自体はどうすることもできないかもしれないが、そのために起こった発達上の障害を、少しでも補うことを考えるのが人格治療である。

また、過去において、子どもが近隣にいないために、友人との遊びの機会が奪われ、そのために社会性の発達が遅れたというようなばあい、その要因を補うような経験を与えることによって、発達上のアンバランスを補う努力をすることが、治療的保育のねらいとなる。このばあい、社会性の発達がどのような条件によって妨害されたかを、過去にさかのぼって詳しく調べることが生育史法的方法といえる。つまり、現在のアンバランスの原因を過去に求めるときの方法といえる。

もちろん、現在の状況は現在の条件から規定されていることもありうるわけで、そのばあいの調査法は生育史法とはいわれない。生育史法における発達課題の点検とは、あくまでも子どもの生育過程をたどることがその特徴といえる。しかし、過去を単なる過去として調べるのでなく、それがどのような因果関係をたどって現在に至っているか、その流れをつかむことに大きいねらいがある。そうでなければ、現在の治療法とつながらないからである。現在につながる発達過程の調査こそ、この方法のねらいである。

3 からだの発育史

二歳代の子どもは、たえず動きまわり、家の中の物をひっかきまわし、いじり、こわし、そのいたずらぶりは親を悩ます。その身体的エネルギーはもてあますほどである。

しかし、もしその反対に、二歳代の子どもがおとなしく静かであったらどういう結果になるであろうか。たとえば、成長して知能に欠陥があったために静かであったというようなことが判明する。そのほか、おとなしくて少しも親を困らせなかった、いわゆる「いい子」が、あとになってほんとうに親を嘆かせる子どもに成長する例も珍しくない。

この例からも明らかなように、身体的発育というばあいには、必ずしも運動機能の障害に限定せず、精神発達と関連して生育史を考察することがこの方法のねらいである。心の健康の土台としての身体的健康が考えられ、またその反対に、心の健康がからだの健康に影響するという観点でとらえることが肝要である。

身体的発育というばあいには、生理的、感覚的、運動的というように、領域が広い。食事や排泄その他体重、身長というような、からだそのものの発育ももちろん重要であるが、それを子どもの精神的発達と結びつけて考察するとよい。たとえば神経質という体質の問題が子どもの性格と関連する。

感覚の領域もいろいろで、視覚、聴覚をはじめ触覚、運動感覚、方向感覚など、心の働きと関連をもつ。視覚も大小の弁別、色彩感覚など、とくに心と関連が深い。音感なども生まれつきよりも音感の経験や訓練によって育ち方が変わってくる。音楽をきく経験も幼児期では非常にたいせつで、早期にその経験をもつかどうかはその後の音楽教育の効果を左右する。

したがって、リズムや運動機能についても同様のことがいえる。それが育つような経験を与えるか与えないかによって、その後の教育に大きく影響する。しかし、これは必ずしもいわゆる「早教育」

を奨励するということではない。必要な刺激を与えるか与えないかの問題で、詰めこみ式のドリルが必ずしもよいというのではない。

さて、からだの発育は子どもの遊びや、知能の発育とも関連性が大きい。また身のまわりの生活習慣の確立とも大きく関係する。身体的発達が順調ならば、走ったり、投げたり、友だちと遊んだり、身のまわりを自分で処理したり、道具を使ったり、人のまねをしたりというような精神発達に必要な活動を行なうことができ、その反対ならば、心の発達を阻害しやすい。

とくに、エネルギーの発散と身体的発育とが大きく結びつき、からだのエネルギーが発揮されないと不満が発出して、問題の行動として出ることが多い。そのほか、ぐず、のろま、爪かみ、びんぼうゆすりなどの漏電的現象を伴うことにもなりやすい。

精神発達の程度をみるのに、身体的発達とくに運動機能の吟味から始めることが多い。たとえば歩行開始時期を調べてみる。おそすぎれば精神発達との関連性を暗示しているかもしれない。手指の運動、平衡感覚、スキップ、舌の運動など、すべて知能との関連において調べる。

また、精神的エネルギーが身体運動を通して表現されることがあるので、知能検査においても言語性と動作性を区別して測定することが行なわれている。目に訴え手に訴える、つまり感覚運動媒体を通して知的エネルギーがどう発揮されるかによって、その子どもの性格や生活、つまり人格診断がなされるのである。

以上のように、身体的条件の吟味や調査、とくに幼児期以来の積み重ねは、現在の精神的問題と深いかかわりをもつもので、そういう観点でのからだの生育歴を重視したい。

4 情緒の成熟史

心の育児書ともいうべき本を書いたダドソンは、つぎのようなことを述べている。

子どもが四、五歳になっておもらしや夜尿が始まったというようなケース、つまり排尿便のしつけが既に完成した後に始まるこのような問題は、一、二歳のころの無理なトイレの訓練に対する復讐《しゅう》から起こっているのだという。

一、二歳のころに親のつごうで早くおむつを取り除こうとして、子どもに大きい心理的圧力を加えたため、子どもの情緒的不満が形成されて、それが解消されずにくすぶり続けて、四、五歳になって「復讐」という形で現われている。ということは、その子どもの情緒の発育や成熟が強制的なトイレのしつけによって妨害されて、しこりが残ったということであろう。

また、左利きを強制的に矯正すると、子どもがかんしゃくもちになったり、イライラしたり、どもりが始まったりするが、それも情緒的な不満が形をかえて現われたものとみてよい。

これらの例は、情緒的不満が情緒の正しい成熟を妨害して、身体的な問題として表現されたことを示しているが、情緒の未成熟はこのほかあらゆる種類の問題行動の源となっている。

たとえば極端な自己中心性、反抗、非協調性、反社会性などを調べてみると、その大部分は、子どもの情緒的未成熟に起因していることがわかる。

一般に、子どもの心の歴史は情緒に始まる。心の緊張と弛緩、快と不快といった状態から始まる。それは初めは生理的機能と密接に関連しているが、しだいに親との人間関係に結びつくにしたがって「愛情」や「依存」の感情として育っていく。

それとともに、安定感、満足感、信頼感、適応感などとして育つが、それと同時に不満、怒り、興奮、沈静、不安、恐怖などの情緒も育っていく。それらのバランスは、もっぱら親や周囲の人との関係を中心にして育つ。子どもの要求（生理的、情緒的、人格的、社会的など）の満足によって、喜び、楽しみ、幸福感などの望ましい情緒が育ち、不満によって憎しみ、怒り、劣等感、不安定感など、さまざまなマイナスの情緒が発生する。

このような感情（とくに情緒）は、幼い子どもの心の中心をなすもので、それが正しく育つかどうかによって子どもの性格の中核となり、将来の人格形成の中枢的なものとなる。とくに心の健康、不健康という角度からすれば、情緒の成熟にすべてがかかっているといっても過言ではない。

したがって、子どもの問題行動の源である情緒が、どのようにしてつちかわれてきたか、どのようにして、成熟を妨害されてきたかを、歴史的にたどってみて、この妨害条件を取り除くことが、的を射た治療的指導となろう。そして情緒が除々に成熟していくように指導することが治療であり、教育である。

たとえば、家庭でわがままが通りすぎて、園で集団の規律に従えず、わがままいっぱいの行動をとる子どもがいる。こういう子どもは自己統制力が養われず、我慢するという感情抑制の不足であるから、徐々に我慢することを指導の目標とする。急激にすると逆効果となる。

このような指導をするばあい、これまでのやり方なり、これまでの情緒の発達度を押えておかないと、指導の手加減を誤ることになる。したがって情緒の歴史を調べることは、現在の治療に指針を与えるものといってもよい。

5 社会性の発達史

家庭では普通にしゃべり歌い行動する子どもが、園では何もしゃべらない、歌わない、遊ばないというような例は、どこの園にもある。つまり、本人の実力が園にくると凍結してしまって少しも発揮されないという種類の問題である。これは非社会性の問題と呼ばれる。

別の子どもは、家庭ではすなおで協調的であるのに、園にくるとあばれたり、いじわるをしたり、人に迷惑をかけるようなことばかりする子もいる。総称して反社会性の問題と呼ばれる。

このほか、たよりない子がいる。友だちから赤ちゃんなどと呼ばれて、何をするにも人をたより、自分では自分のことができず、遊び方も幼稚なら、社会常識もないという種類の問題をもつ子どもがいる。総称して社会性欠如の問題、いわゆる世間知らずである。

これらの問題の根本をひと言でいえば、社会性の未成熟、未発達ということであるが、非社会性のばあいは、対人関係における「抵抗力」の欠如、反社会性のばあいは対人関係における「協調性」の欠如、第三のばあいは「社会的経験」や「常識」の欠如といってよい。

したがって、それぞれの子どもが、これまでの家庭生活において、どの面でどのような問題点があったかを明らかにすることによって、その原因が明らかになる。

たとえば非社会性のばあいには、対人的抵抗力が養われるチャンスに欠けていたというようなことが判明する。とくに同年の友だちと接していないために、同年の友に対して緊張や警戒心が強く、そのために能力が発揮できないのであろう。このようなばあいには、友だちが強すぎないこと、心のやすらぎの感じられるような相手を少数見つけてやることが肝要となる。

社会的抵抗力は、突然大きい集団の中に子どもを押しこむと、逆効果になることが多い。一対一からはじめて、徐々に抵抗力を養うことが肝要で、それは園では不可能で、家庭近隣で行なうべきである。これをさせずに、突然入園させることに大きい問題点があり、これによってこじらせたケースは案外多い。親や教師が、こういう子どもを心理的に追いつめることのないよう留意したい。

反社会性のばあいは、家庭での自己抑制の不足が一つの原因となる。このばあいには家庭におけるしつけ方の徐々な改善が要請される。もう一つの原因は、同年の子どもと遊び慣れていないため、人の扱い方を知らないとか、珍しいので興奮してむやみに働きかけるという現象である。いずれのばあいにも、同じ年ごろの子どもに慣れるという成熟のための時間を必要とする。突然に罰や禁止によって強圧的に押えるやり方は逆効果となることが多い。子どもにとって自然的な順序が必要である。急激な変化を期待しないためにも、その子どもの社会的協調性の発達経路をたどってみることが役にたつ。

子どもの世間知らず、経験不足は、近隣や園などについての見聞や経験を与えるという以外にはない。園での模倣もよい経験であり学習となるが、これも家庭における経験による補充が重要である。ただし、これは社会的学習の問題であるので、子どもの知能とも大きく関係してくるので、単に経験を与えても、その子どもの吸収力に依存することは避けられない。しかし、親の過保護がしばしば子どもを「赤ちゃん」に仕立てていることがあるので、その点についての生育史は詳しく調べる必要がある。

要するに、社会性がどのように成長してきたか、そのための養育や経験がどのようになされてきたかを調べることによって、現在の治療的指導の出発点を知ることができ、治療のポイントを押えるのに役だつ。

6 知能の発育史

知能に障害がある子どもは、四、五歳になるころまでにハッキリと識別できるようになる。たとえばことばが遅れるとか、友だちとの遊びが幼稚であるとか、動作がうまくできないとか、絵や工作などが幼稚であるなどによってそれを知ることができる。とくに五、六歳になってほかの子どもが物語りや文字に興味を示しても、その子はなんらの興味を示さないというようなときに、いっそう区別がつきやすくなる。

とくに知能検査を実施すれば、いっそう明りょうにその程度を把握することができる。日常の観察ではとらえがたい点まで厳密にとらえることができるのであるが、しろうとには実施できにくい。そこでどうしても日常の観察にたよることになるのであるが、前述のように、四、五歳をすぎるころまで気づかずにいることが多い。そこで、できるだけ早めに知能のようすを知る必要が生ずる。そのために知的な角度から子どもの発育史をたどってみることが行なわれる。

たとえば、ことばのはじまりや歩行開始などはそれである。一般に知恵おくれの子どもは、ことばの発語や発音に遅れや不明りょうさがみられたり、歩行開始に遅れがみられる。そのほか、玩具に対する興味、人の働きかけに対する反応、周囲の物に対する関心や働きかけなどに活発さや意欲の程度が低い。そういうことが一つの着眼点になる。

それらの点について母親からきき出すわけであるが、もし母親自身に関心や記憶が薄いと、この方法は効力を発揮しにくくなる。そこで質問のしかたにくふうを凝らす必要がある。たとえば、一、二歳のころに、動きまわったり、家の中のものをひっくり返して、親が手こずったか、それともおとなしくもの静かにしていて手がかからなかったかというようなきき方をすれば、子どもの過去の状態が比較的思い出されやすい。

知能は、精神的エネルギーであるから、それが豊かな子どものばあいには、あらゆる方面に発揮される。そこで、発揮された状態から判定していけば、過去の状態もつかみやすい。知能の高い子どもは、ごく幼いうちから、外界に対する観察の目が鋭く、理解の度が高いので、たとえばおとなの働きかけをよく理解して、行動をとる。ことばは使えなくてもおとなのいうことばの内容を理解する。したがっておとなの指示にしたがって行動をすることができるかどうかは、たいせつな着眼点となる。

また、知的エネルギーは、自己の要求や意志の表現という形で現われる。そこで口はきけなくても、ハッキリと自分のほしい物、してほしいことについての要求を強く打ち出す。その反対に知的エネルギーの少ない子どもは、一見従順で、おとなのいうとおりになる。自己主張は、二、三歳のころに第一反抗期として現われるが、それが強く明りょうに現われるようなら安心してよいわけである。

また、環境に対する探求は早くからめざめるので、知的エネルギーが手先を通して環境物をいじりまわすという形で表現される。何にでも手を出していじりまわすことは、知能の芽ばえとしてとらえられる。紙をじょうずに破ることができるかどうかも、また根気づよく物の蓋をあけようとする好奇心なども、知的エネルギーの発揮としてとらえることができる。

このように、知能の芽ばえは、〇歳台においてすでにハッキリととらえられる形で表現されているので、それらをたぐっていくと、その子どもの知的発達が順調であったかどうかたどることができる。

もちろん、知能が順調に伸びるためには、周囲の条件もたいせつで、おとなとの接触が少なかったり、遊具その他の環境物の有無なども大きい影響を与えるから、その面から調べることも一つのアプローチである。

7 生育環境の吟味

子どもの知能の発育については、素質的なものと環境的なものの両面がある。もし環境条件が著しく悪いと、せっかくの素質も伸びることができない。そして、環境の中のどのような欠陥が知能の発達にどのような障害を及ぼすかも吟味すべきテーマである。

たとえば、乳児のころから乳児院で育てられて、もし人手不足などによって話しかけや愛情に不足があると、この赤んぼうは後にことばそのものだけでなく、ことばを媒介にした抽象的な知能の面におくれが現われ、文字学習や抽象的推理などに欠陥が現われる。しかし、その後、身のまわりのことを自分でしなければならなくなり、自分で手やからだを通して行動する面、つまり実践的、具体的な知能は障害を受ける程度が少なくてすむことがある。

これらの現象は、いわゆるホスピタリズムと呼ばれるが、愛情の欠如は、全般的な精神的エネルギーの発揮を妨害し、子どもの生命力さえ弱めることがある。そして無表情、無感動といった情緒面や対人関係の社会性の面にも悪影響を与えることがあるので、それらが、ひいては知能の発達にも波及することになる。つまり、放任的環境の与える影響の一例である。

これに反して、おとながひとりの子どもを取り囲み、多くのことばをかけ、多くのおとなの刺激の中で育てられた子どもは、言語的刺激を多く受けるために、言語的、抽象的な面の知能が伸びることになる。しかし、もし過保護的な状態で育てられると、子どもが自分の目で見、自分の手で行なうという行動面、動作面での訓練不足となって、具体的、実践的、社会的な面の知能が伸び悩むことになる。

これら、環境、とくに養育者との人間関係や養育態度と知能との関係をみたのであるが、その他の環境条件、家庭、近隣の諸条件を分析、吟味することによって、現状の原因を明らかにすることが可能である。

(5) 検査法

1 検査法とは

心理学的な検査法をひと言で定義すれば、「心理測定をするための標準尺度」といってよかろう。つまり、子どもの心理を数量的にとらえるために作られたメジャー（物さし）であり、全国的な一般的基準が統計学的に算出され、その内容が心理学的に吟味されているものをいう。

したがって、このような専門的な吟味や検討の行なわれていないものは、たとえテストの名称で呼ばれていても、すべて心理検査ではない。たとえば「知能テスト」という名称がついていても、雑誌の付録についていたり、書店に陳列して市販されているようなものは、いっさい心理検査《テスト》とは別ものである。

本格的な心理検査は、子どものあるがままの心理を知ることが目的であるから、その問題を練習してしまったら使いものにならない。したがってむやみに市販したり、だれの手にでもはいらないように配慮されているのである。子どもの目に容易にふれて練習できるようなものは心理検査ではなく、練習用、ドリル用のワークと同じである。

さて、心理検査はその内容、機能、構成、操作などによって、いろいろに分類することができる。たとえば、知能検査、学力検査、適性検査、人格検査などは内容上の分類によるものである。機能的な分け方をすれば、質問紙法と投影法とに分類できるし、構成からすればペーパーテスト、作業検査などに分類できるし、操作上からは個別検査、集団検査というように分けることができる。

また、目的による分け方もできる。たとえば一般的傾向を知るためのものと診断をねらいとするものに分けられる。前者は調査的検査、後者は診断検査と呼ばれる。

2 知能検査の解釈

子どもの心理の中には知的な働きが含まれているので、その面を主としてとらえようとしたものが知能検査であるが、テストの得点は、知的機能以外のものも含まれていることを忘れてはならない。たとえば、子どもが精神を集中してテストを受けたかどうか、すなわちその注意集中力も結果の得点に含まれている。また、すばやく記入できるか、のろのろ記入するかといったスピード能力も含まれている。そのほか、図形などをどう見るか、その見方や考え方の背景には、子どもの性格や経験なども横たわっている。

知能検査の結果は、簡単な数字で表わされているために、とかく身長や体重のようにみなされてしまいがちである。あの子はＩＱいくつの子、高い子、低い子、りこうな子、馬鹿な子、上の子、中の子、下の子といったように簡単にレッテルをはって片づけられてしまいがちである。しかし、それではせっかくの知能検査も意味がなくなる。

知能検査はあくまでも子どもの心理を理解したり診断したりするためのものであるから、たとえ知能検査といえども、知能だけでなく、それを通して子どもの心の特徴全体の理解に拡大していくことが望ましい。

このように考えてみると、知能検査の結果の解釈はかなり複雑であり、困難な面があることがわかる。その意味では、検査はその作成においてだけでなく、利用の面においても専門的な素養を必要とすることが明らかとなる。同じ得点でも、それを解釈する角度によって三色にも四色にも見えてくるので、そうなると知能検査利用のおもしろみが出てくるのである。

単におもしろみとか妙味とかいうことだけでなく、正しい利用ができるということもたいせつな点である。知能検査の結果を正しく解釈できることがその正しい利用法といえよう。そのためには、もちろん知能検査の内容、構成、特質などについて熟知することが肝要であるが、ここでは一般的な留意点を考察しておこう。

まず、子どもの検査結果の数字を見たとき、それは子どものもっている能力の最低と考えることである。それだけで決めてしまわずに、まだ出しきれない能力が潜んでいるであろうと考えることである。ただし、出ている点の能力は必ずあるわけで、あの子がこんな能力があるはずはないというような解釈はしないことである。

また、得点を身長や体重のように固定的に考えすぎないことである。精神測定のばあいには、多少の動揺のあるのは当然のことであり、とくに幼児のばあいには注意の集中度によってかなり異なる成績の出ることもあるので、得点には、かなりの幅のあることを忘れてはならない。IQの得点の一点、二点をあまり問題にしすぎないことである。したがって幅をもって段階的にとらえるのがよい。一点差で中の上となるか優となるかなどと迷う必要はなく、そのあたりと考えればよい。

つぎに、検査の種類によっては、子どもによりかなりの得点差が出ることがあることも銘記しておきたい。たとえば、A式（言語式）とB式（非言語式）の検査は、問題の内容の材料が著しく異なるので、子どもによっては検査によって得点に差が出てくる。そのようなばあい、どちらを信用すればよいかという考え方ではなく、どちらもその子どもの心理的な特性の表われと考えるほうが、より正しい診断になる。

このように、知能検査の結果の解釈においては、柔軟に幅広く、多角的に子どもの人格全般にわたって検討することがたいせつで、そうすることによって、検査の利用価値が著しく高まることを忘れないようにしたい。

3 知能診断の実際

知能検査を用いての知能診断法には、つぎの二つのポイントがある。一つは知能水準の診断であり、あと一つは知能構造の診断である。

・知能水準の診断

知能の発達程度、そのレベルの診断であり、発達のスピードの診断といってもよい。つまり、統計的に、相対的に、その子どもの知能の発達がどの段階にあるかをみるのである。

そのとき忘れてならないことは、特定の発達段階に属する子どもが、全人口の何パーセントぐらいいるかという統計的背景である。たとえば「劣」（境界線）の段階といわれたばあい、その出現率は約六パーセント程度ということ、しかも、最劣（精神薄弱級・約一パーセントないし二パーセント）と中下（約二四パーセント）の中間にあるという位置づけをも明確にしておくことである（ただし、検査法によって、分類が異なっているので注意）。

また、精神薄弱というとき、単にＩＱだけでは不明なばあいがあるので留意したい。たとえば田中ビネー式知能検査法とＷＩＳＣ《ウィスク》知能診断検査法とでは、ＩＱ別の段階はそれぞれつぎの得点ときめてある。高知能者の水準診断においても同様である。図Ⅱ—２を参照されたい。

図Ⅱ—２

	集団検査のＳＳ知能偏差値	田中ビネー式ＩＱ	ＷＩＳＣ ＩＱ
最優	75以上	141 以上	130 以上
優	65〜74	125〜140	120〜129
中上	55〜64	109〜124	110〜119
中	45〜54	93〜108	90〜109
中下	35〜44	71〜 92	80〜 89
劣	25〜34	61〜 70	70〜 79
最劣	24以下	60 以下	69 以下

ＩＱとＳＳをまちがえないようにすることはいうまでもない。

・知能構造の診断

得点がどの問題ですぐれどの面で劣るかを診断する法である。得意・不得意という個人内差異をみるのである。それによって知的エネルギーの発揮できやすい面とできにくい面とを識別するのである。

たとえば、田中ビネー式検査において、ことばで説明する問題と図形を用いる問題とで、どちらに失敗が多いかを計算してみると、子どもの得意・不得意の面が明らかになる。数が材料に用いられると不得意であるとか、鉛筆で描かせると不得意とか、不合理点を推理させると不得意とかいうように、特定の問題群において失敗が多いというようなことで、その知能の働きの特質を判断することができる。

このような構造診断は、いわゆるプロフィール診断と呼ばれるもので、問題群別にその得点をプロフィール曲線で示すように考案されているものがある。たとえば、ＷＩＳＣがその好例である。ＷＩＳＣでは、全体の問題を一二〇下位検査群にまとめ、さらにそれを言語性検査と動作性検査の二つに大別している。そして、言語性ＩＱ、動作性ＩＱ、さらに全検査ＩＱというようにひとりの子どもについて三種のＩＱを算出し、さらに一二の下位検査についてプロフィールを出すように構成され、診断の便宜が用意されている。

つぎに五歳二カ月の知能の遅れているＨ君の例によって診断の実際を示そう。

・診断事例

この子の結果はつぎの図Ⅱ—３に示すとおりで、言語性ＩＱ五八で精神薄弱級であり、動作性ＩＱ七八で境界線級、全体ではＩＱ六四で精神薄弱級となっている。言語性検査は言語を媒介にしているので、抽象的な推理思考面を測定しているのに対して、動作性検査は、視覚と手の運動に訴えているので、具体的、実践的、行動的な目的にかなう行動力や環境をうまく操作する面の能力を測定している。

そこで、この子は抽象思考面では劣るが、具体的な行動面や生活

図II－3　H児WISC　プロフィール　（5歳2ケ月）

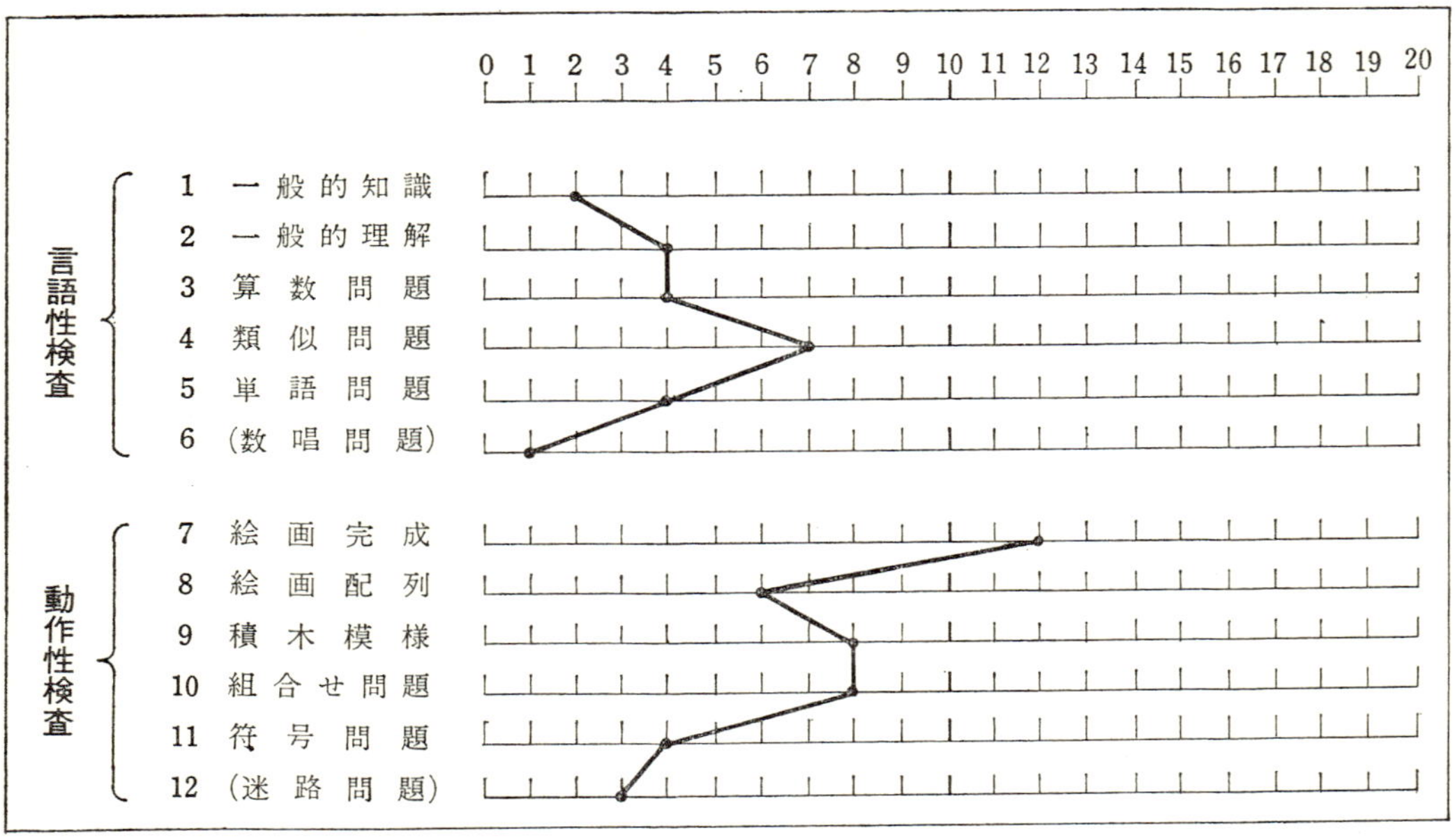

言語性ＩＱ 58（最劣）　動作性ＩＱ 78（劣）　全検査ＩＱ 64（最劣）

面では必ずしも精神薄弱的ではないことを示している。とくに、動作性検査の中では、絵画完成（欠所発見の問題）で12点を取っており、平均点10点を越えている。したがって全体の知能水準診断では低いとしても、特定の面では普通児以上の能力を発揮できる面をもっているという知能構造診断がなされるわけである。

この子は目下二年保育に通っているが、集団内での生活や学習活動の能力が低いので、年長の組には編入しにくいというわけである。そして遊びも同年の者と対等にできず、年下の三歳五ヵ月の子どもとふたりきりで離れて遊んでいるという。それは検査結果の全体の水準診断からも当然に予測されることである。

この子はことばがしゃべれないわけではないが、その内容が知的なものになると思考がおいつけないので、抽象的思考面の言語性が落ちているのである。

4 社会成熟度検査

子どもの社会性の発達程度を測定する試みをはじめて発表したのは、アメリカのヴァインランドの精神薄弱児施設の学者ドルであり、そのテストは「ヴァインランド・社会成熟度尺度」と呼ばれている。

この検査は知能検査のような考え方で、社会成熟度年齢（ＳＡ）を算出し、さらに社会成熟度指数（ＳＱ）を算出している。そして検査領域として次の八項目をあげている。

① 一般的自立

② 食事の自立

③ 着脱衣の自立
④ 自己指示力
⑤ 作業能力
⑥ 意志疎通（コミュニケーション）
⑦ 移動能力
⑧ 社会化

この検査が知能検査と異なる点は、内容だけでなく、検査を受ける対象が子どもをよく知っている両親とか教師であり、直接に子どもを対象としたテストではないことである。

わが国では、ドルの考え方やり方に基づいて、多くの人が、社会成熟度の検査を手がけている。幼児を対象としたものでは、愛育会編の「社会生活能力検査」があり、六領域六五問題からなっている（一歳〜一〇歳）。このほか、三木安正らの「社会生活能力検査」があり、六領域一二五問である。このほか、鈴木清ら編の「田研式・社会成熟度診断検査」（三歳から小学校一年生まで九領域一八〇問）がある。

次に田研式の社会成熟度検査を用いたケースを紹介しよう。（図Ⅱ—４）第一部社会生活能力、第二部基本的習慣に分けられ、前者は発達年齢プロフィールで、後者はABCの三段階で結果が表わされる。第一表は五歳三カ月の男児で、知能が約一年程度遅れており、歩行開始も一年一〇カ月、よだれが出るなどの問題がある。

この子どもの社会成熟年齢は三歳九カ月であり、したがってSQ（社会成熟指数）は七一となり、発達程度としては劣の段階にはいる。しかし、領域別にみると、必ずしも全面的に遅れているわけで

図Ⅱ－４ 田研式社会成熟度診断プロフィール

小学校／(幼稚園) 2 年 保育 組 氏名 A

領域		粗点	発達年令（DA）
第一部社会生活能力	1. 仕事の能力	13.5	5：3
	2. からだのこなし	14.5	4：5
	3. ことば	10	3：4
	4. 集団への参加	10.5	3：5
	5. 自発性（自主性）	15.5	5：5
	6. 自己統制	16	5：10
第二部基本的習慣	7. 清潔	8	A (B) C
	7. 排泄	9	A (B) C
	8. 着衣	8	A (B) C
	8. 睡眠	6.5	A B (C)
	9. 食事	10	A B (C)
粗点総合計（1〜9）		121.5	
社会成熟年齢（SA）		3：9	
社会成熟度指数（SQ）＝SA/CA×100		71	

生活年令（CA） 5：3

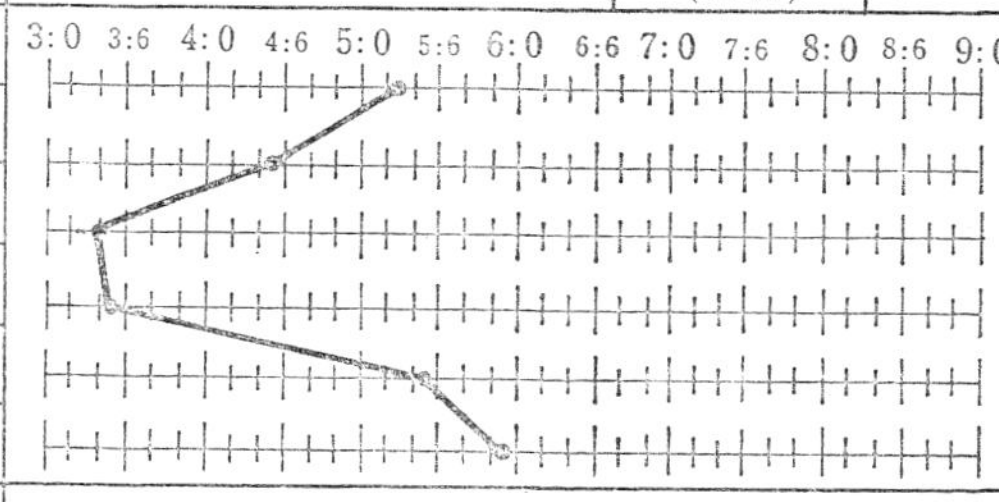

第２部粗点合計	41.5
A　B　(C)	

3:0 3:6 4:0 4:6 5:0 5:6 6:0 6:6 7:0 7:6 8:0 8:6 9:0

〜75	76〜92	93〜108	109〜124	125〜
(劣)	中の下	中	中の上	優

診断グラフ(幼児版)

実施　年　月　日　園名

氏名　B

年齢　6　男 女

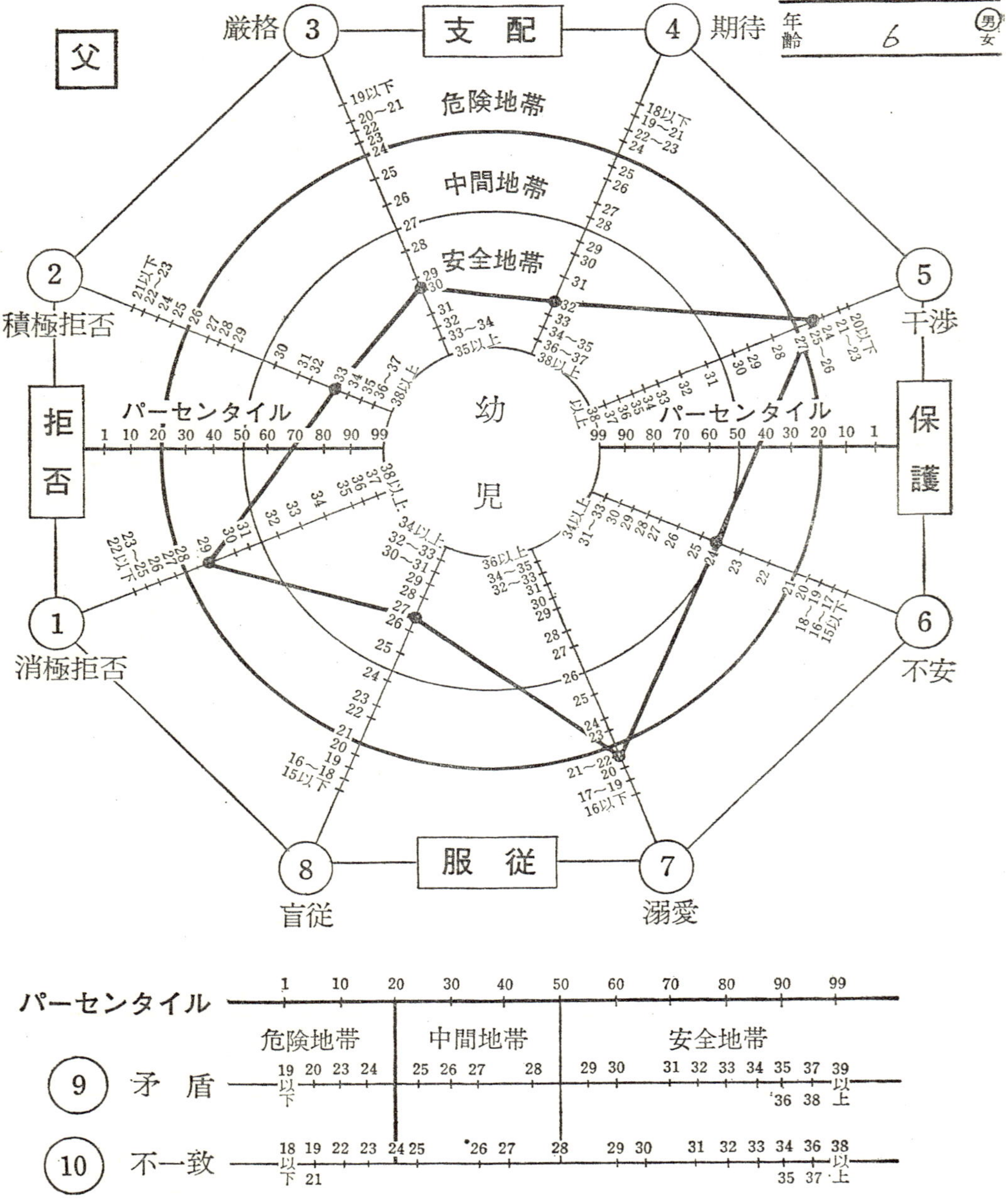

図II－5

田研・PAT(幼)　田研・両親態度診断検査

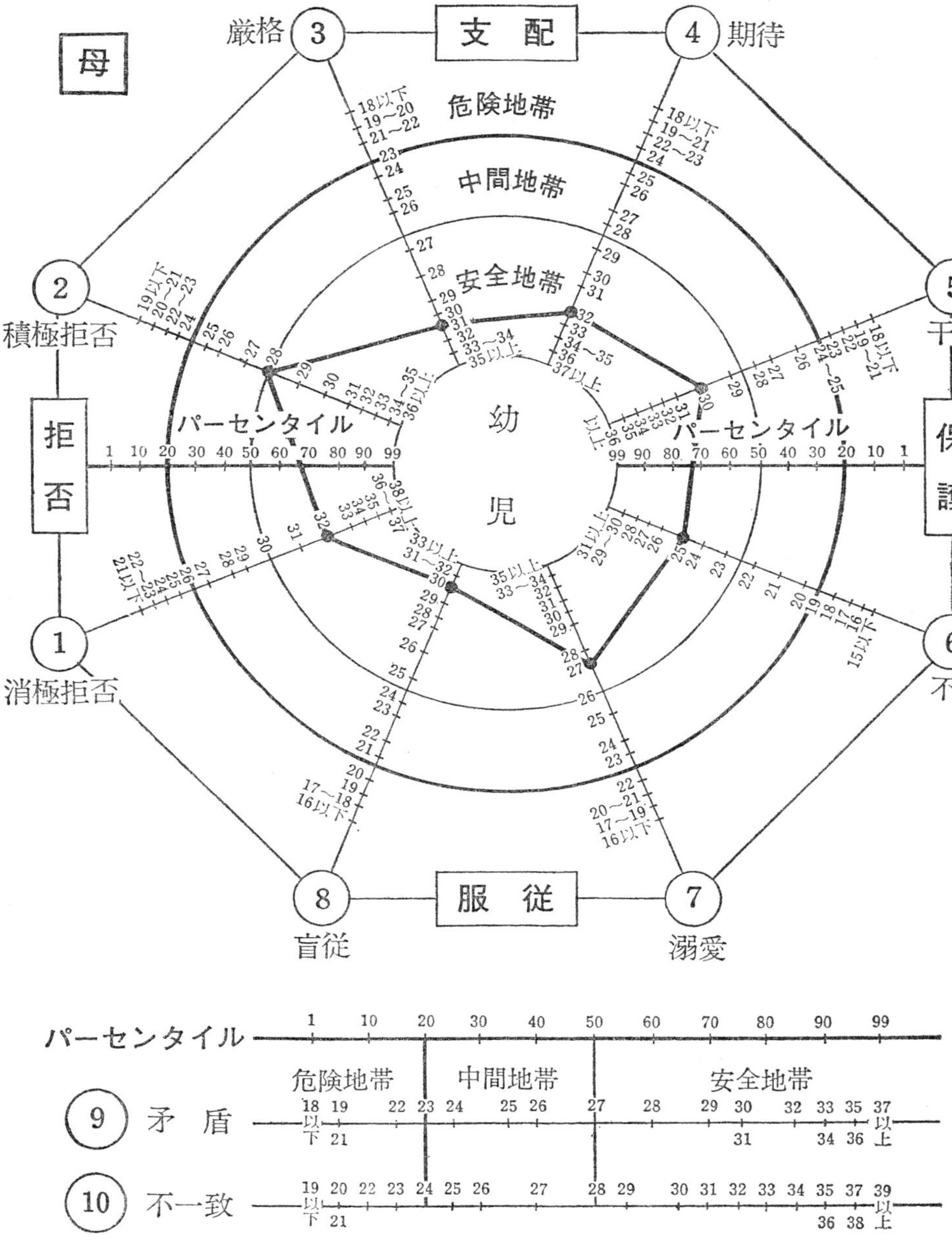

はなく、ことばと集団参加だけがとくに遅れているので、仕事の能力、自発性、自己統制などは生活年齢と比較して劣ってはいない。生活習慣の面でも、睡眠、食事の面だけが遅れているだけである。

この子どもは病弱の理由もあって幼いころから友人との接触の経験が不足してきたので、幼稚園に通園しているが、友人との関係や遊びが未熟である。この検査結果からみても、ことばと集団参加が低いので、友人関係の改善に治療的指導の重点をおくべきことがわかる。それは家庭における近隣の似たような子どもとの、少数相手の遊びから始めるのがよかろう。

5 両親態度診断検査

子どもの性格形成が親の養育態度によって大きく影響されることは、常識的にも学問的にも広く一般に認められている事実である。

しかし、単にひとりっ子であるとか、過保護であるとか、祖父母が甘やかしたとかいう、漠然とした条件からは、子どもの問題性格を診断することはむずかしい。やはり具体的に親がどのような態度で子どもに接し、どのような考え方でしつけを行なってきたかを吟味することが肝要である。

そのために考案されたのが「田研式・両親態度診断検査」である。これは幼児をもつ親のためのもので、日常のやり方について具体的に質問項目が一〇項目、それに問題が一〇問ずつ、会計一〇〇の質問がついている。それに記入したものを計算して、結果をグラフに表わし、安全地帯、中間地帯、危険地帯を診断することができる。

この検査は、親の態度を支配、服従と拒否、保護の二軸に分け、それに二つずつの型が分かれて、計八項目が相対する関係に配列されている。このほかに両親の矛盾と不一致という傾向を別に付加している。この考え方の基本的構想はサイモンズによっているが、この検査では分析項目がさらに追加されている。

この検査は、親が自らの態度について自己評価の形で記入するのであるから、そこに主観的な自己評価が含められる。したがって、自己に批判的である人は結果がややきびしく出、自己に甘い人は点が高く出る傾向が多少ある。したがって、問題はできるだけ具体的な場面を取り上げてある。

この検査は、子どもの問題の原因となる親の態度を、保育者が調査し診断するという目的もあるが、同時に親自身を鏡に映してみて自己を見つめるためのものでもあるので、正直にあるがままを記入するほうが本人のためになることを強調して検査用紙を手渡すとよい。

つぎに田研式・両親態度診断検査の実例を示そう。(図II—5)父親と母親と別々に結果が出る。この両親は六歳一ヵ月の男児をもっている。子どもは八ヵ月の早産児であり、成長発達の遅れもみられるので、小学校入学を一年延期して、特別指導が行なわれている。

この子どもは集団生活に溶けこめず、対人関係のコミュニケーションがやや困難である。知的な理解は必ずしも低くはなく、とくに人名や地名を覚えることには特殊の才能を発揮するというように、やや自閉症的傾向がみられる。

この子の両親はたいへん教育に熱心で、とくに、父親は熱心である。この検査の結果にも父親が干渉、溺愛の二次項目において度が強く表われている。しかし、この子どもの特質からみて、この父親の熱心さは必ずしも不適当とはいわれないであろう。

6 両親意見診断検査

親のものの見方や考え方、とくに家庭教育や育児についての考え方（意見）は、子どものしつけ方を左右し、したがって子どもの性格形成に大きい影響がある。

そこで、両親がいかなる考え方や意見をもっているかについて作成されたのが、「田研式・両親意見診断検査」である。これも両親が用紙に記入をし、それを全国的基準に照らしてプロフィール診断をする形式のものである。そして検査は七項目に分かれ、全体で二〇の小項目の質問からなっている。

この検査のもとになるものは、「PARI《パリー》スケール」と呼ばれ、広く世界各地で使われているアメリカのテストであるが、これを参考にしてわが国の実情に合致するよう改善されている。

この検査の結果の解釈において一つだけ留意すべき点がある。それは親の考えや意見であるから、実際に実行していることとの合致度について、本人に照会して確かめる必要があることである。たとえば、実際にきびしくしすぎているので、後悔してその反対にすべきであるという意見となってテストに表われているかもしれないからである。田研式・両親意見診断検査の実際について例示してみよう（図Ⅱ—6）。前項の両親態度診断検査の六歳の幼児をもつ親と同じケースである。

7 投影検査法

投影法とは、絵とか人形などの材料を子どもに見せて、それについて自由に感情を投入、投影させる方法の総称である。

たとえば、ＣＡＴ（幼児用絵画統覚検査）は、子どもに自由にお話を作らせることによって、その話の内容や形式などを分析し、子どもの心理の奥に潜むものを解釈しようとする。

また、幼児にはあまり使用しないが、ロールシャッハ検査のように、インクのしみを見せて、それがどう見えるかをいわせて、その反応を分析するのもある。いずれにしても、かなり専門的な技法や解釈を必要とするので、主として専門家の間で使用されている。

家族人形や箱庭材料などを与えて、自由に遊ばせたり、組み合わさせたりすることにより、そこに表現されている子どもの感情を理解しようとするものもある。そのほか、ほしいものをいわせるとか、木、人、家を自由に描かせるというようなやり方もある。

いずれにしても、あまり明りょうな質問項目などなく、むしろ、漠然とした刺激を与えて、これに自由に自己を投影することによって心を表現させてとらえようとするものである。この方法は実施そのものは容易でも、分析法が細かく、しかも解釈が機械的にいきにくいので、しろうとには使いにくい面が多い。しかし、あらかじめ質問が決められていないので、自由に心を投影することができる点に、心の奥に潜む感情のようすを知るのには大いに役だつ方法である。

子どもの氏名	B	6才	保護者の氏名	父	————	才
				母	– – – –	才

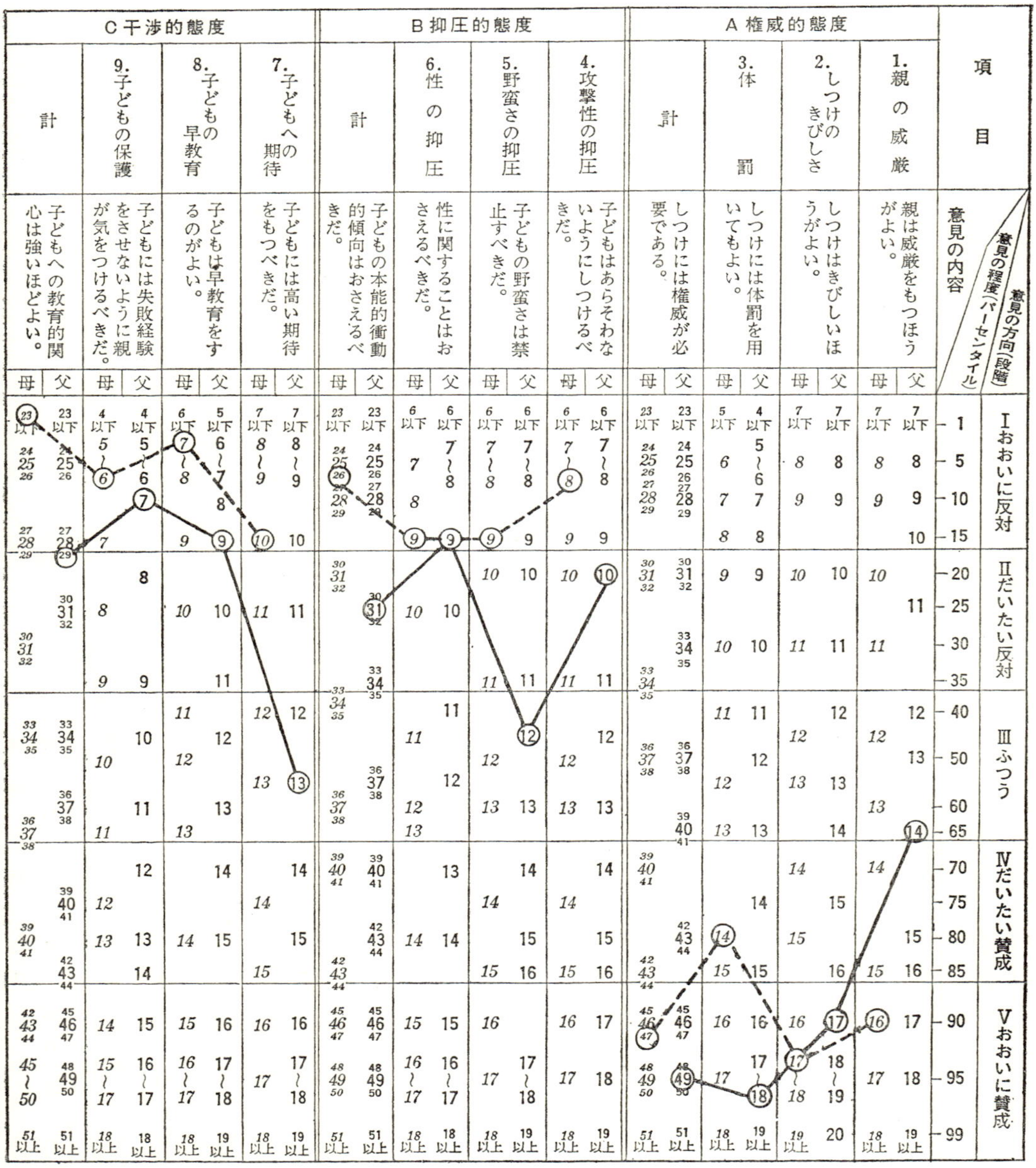
項目
A 権威的態度
1. 親の威厳
親は威厳をもつほうがよい。
2. しつけのきびしさ
しつけはきびしいほうがよい。
3. 体罰
しつけには体罰を用いてもよい。
計
しつけには権威が必要である。
B 抑圧的態度
4. 攻撃性の抑圧
子どもはあらそわないようにしつけるべきだ。
5. 野蛮さの抑圧
子どもの野蛮さは禁止すべきだ。
6. 性の抑圧
性に関することはおさえるべきだ。
計
子どもの本能的衝動的傾向はおさえるべきだ。
C 干渉的態度
7. 子どもへの期待
子どもには高い期待をもつべきだ。
8. 子どもの早教育
子どもは早教育をするのがよい。
9. 子どもの保護
子どもには失敗経験をさせないように親が気をつけるべきだ。
計
子どもへの教育的関心は強いほどよい。
意見の内容
意見の程度（パーセンタイル）
意見の方向（段階）
父 母
1 5 10 15 20 25 30 35 40 50 60 65 70 75 80 85 90 95 99
Ⅰおおいに反対
Ⅱだいたい反対
Ⅲふつう
Ⅳだいたい賛成
Ⅴおおいに賛成

図Ⅱ－6　　TK式POT

家庭教育のための 両親意見診断検査　診断表（幼児版）

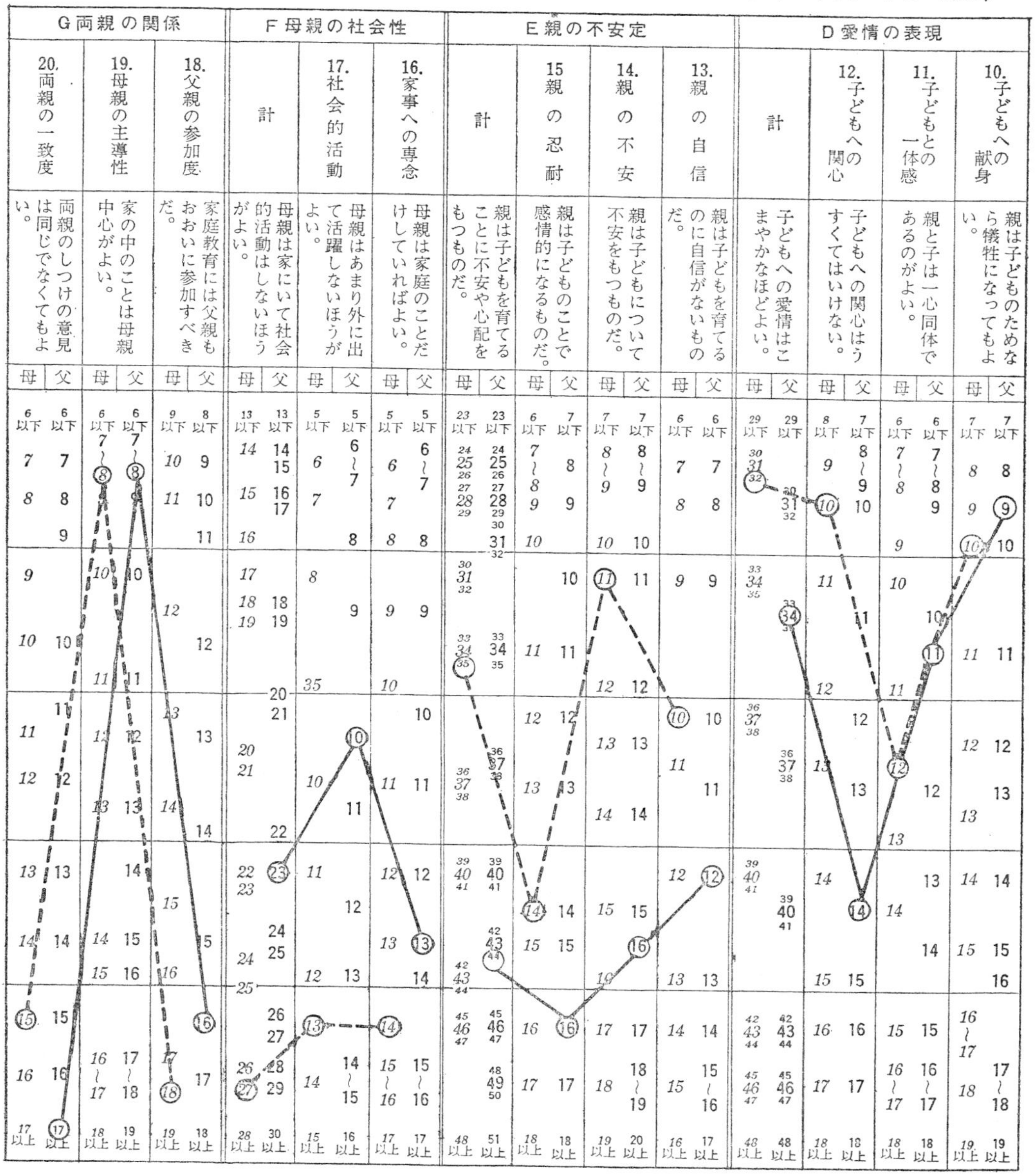

用　語　解　説

＊SA、SQ

SAは社会成熟年齢であり、SQは社会成熟指数のことである。子どもの社会成熟度を年齢の基準で表わしたものが前者である。これと生活年齢との比率を求めたのがSQである。知能年齢と知能指数の関係と同様である。

＊PARI

パリー・スケール（尺度）と呼ばれているもの。アメリカのテストで、両親の態度を診断する尺度である。

その原名はParental Attitude Research Instrumentで、直訳すれば両親態度研究用具となるが、その頭文字をとった略称である。わが国では、幼児版として『両親態度診断検査』（明治図書）がある。

＊CAT

幼児用絵画統覚検査と呼ばれる。投影法と呼ばれる人格検査の一種で、一般にはTAT（絵画統覚検査）と呼ばれ、その幼児版がCATである。Children's Apperception Test の頭文字をとった略称である。日本版としては金子書房版がある。

＊外傷的経験

精神分析学の用語の一つで、幼いころに受けた心に傷となるような経験のこと。その心の深い傷は意識の世界からは消えても（忘れても）、心の深層部、つまり無意識の世界に残りつづけて、人間の心の病の源となるというのである。

＊退　行

一定の精神発達を遂げた後に、再び低い発達段階へと逆もどりする現象のこと。

たとえば、すでに言語の発達が上達してから、オカチ、チンブンといったり、歩ける子がはいはいをはじめたり、トイレの習慣が確立して後に、おもらしや失禁をする状態のことである。

＊受　容

人間的受容ともいい、あるがままの人間として受けいれ容認することである。たとえば、欠点や問題があっても、その点にこだわらずに、人間として受けいれて愛情を与えることである。昔からの諺にいう「罪を憎んで人を憎まず」というばあいのことである。

＊モデリング

モデルつまり模範の語からきているもので、乳児や幼児が育っていく過程において、親やきょうだい、教師などを見習い、そのように自分を同一させていく現象のことをいう。

模倣や同一視の現象とも似ているが、最近は学習理論の立場から新しく名づけられ研究されている。

＊ホスピタリズム

病院（ホスピタル）からきた語で、直訳すれば「病院病」であるが、通常「施設病」と訳されている。乳児が病院や施設に預けられて育つうちに、人間関係の不足から精神的・肉体的に発達に遅退の起こる現象をいう。たとえば言語の遅れ、知恵遅れなどが起こる。

＊A式、B式

集団式の知能検査で、検査の内容（材料）が文章で書かれている形式のものを、A式（言語式）と呼び、図形、記号、数字などを用いているものをB式、（非言語式）と呼んでいる。統計的には同じように標準化されているが、個人によっては、その個性によって両検査の間に差が生ずることがある。

＊WISC

ウイスクと通称されている。ウェックスラー式の個別式知能診断検査の略称である。原名は、Wechsler Intelligence Scale for Childrenであり、その頭文字をとって略称としたものである。ひとりの子どもについて、言語性、全検査の三つのIQが算出されるのが特徴である。

III 幼児理解の方法と考え方

──事例研究の留意点と検討のポイント──

一般論としての知識だけでは、実際に子どもを扱うための幼児理解に結びつかない。毎日起こってくるさまざまの行動に即応してゆくための具体的な方法としては、事例研究会を開くことが、もっとも効果がある。

(1) 事例研究

臨床心理学にとって、事例研究は必須の方法であるといってよいであろう。

おそらく、児童心理学とか、発達心理学という書物によって学んだ知識というものは、保育の基礎となるにはちがいないが、それはあくまでも、一般論であって、目の前で生きた幼児を扱うときの、具体的な方策をささえてはくれないであろう。

発達心理学の本を開いてみると、四歳児であれば、語いは〇〇ぐらいであるが、五歳児であれば〇〇ぐらいになるであろうという意味のことが書かれている。あるいはまた、四歳の子どもの六〇パーセントは衣服の脱着ができるが、五歳児になると八〇パーセントの子どもができるといった意味のことが書いてある。

しかし、それらのことは、ほとんど、すべて横断的な研究の集積に過ぎないといえるであろう。その内容を調べたときの四歳児と五歳児とは、違う子どもである。したがって、四歳のときに脱着衣ができた子どもが、五歳になってもできるかどうかはわからないし、四歳のときにできなかった子どもも、五歳になれば必ずできるとはいえない。

また、語いが少なく、脱着衣ができない子どもは、発達が遅れているとはいえない。人間の成長をはかる観点というものは、無限にあるのであって、そんな子どもでも友だちを作ることや、ゲームをすることには人並みすぐれた能力を示しているかもしれない。

実際の子どもの成長というものは、う余曲折しながら伸びているもので、あるときできたことでも、急にできなくなることもあり、ある点については、ある年齢から急に二段階も、三段階も成長することもありうる。

要するに、単なる一般論を導き出すような計数的なデーターによっては、うかがい知ることのできないぐらい、明りょうな個性あるいは個人差があるということに気づかなくてはならない。

そういう点では、ゲゼルの『乳幼児の心理学』(家政教育社)は注目に価いする研究であるといえる。参考にされることをすすめたい。しかし、それにしても、目の前にしているA男・B子といった具体的な子どもの実際の保育に役だてるためには、ほど遠いものであるといえる。

まして、「ヘルバルトいわく……」「ルソーいわく……」などという知識をいくらもっていても、保育の実際には役だたないであろう。目の前の子どもを研究対象として研さんしてゆく必要があるといわれるゆえんはここにあるといえる。

残念ながら、現在の保育者養成機関においては、この種の、具体的な子どもをどのように見るか、どのように理解するかについてはほとんど指導されてはいないようである。このことは、直接子どもと接しながら、自分を修練させていくより方法はない。事例研究の目的はここにあるといってよい。

幼児を理解しようとするとき、つぎの三つの方法が考えられる

（別項に詳しく述べられているが）。

① 発達心理学・児童心理学を学ぶという方法

これはすでに述べてきたように、保育者の基本的な教養といった程度のものにとどまるであろう。

② テストによって理解しようとする方法

幼児を理解するとき、主観的な理解をしてはならない、客観的に冷静に理解すべきであるといわれる。しかし、「客観的な理解」即「テストを実施すること」と考えられているのには、問題があるといわなければならない。

いろいろな種類のテストがあるが、そのなかでももっとも信頼されているのは、知能検査であるといわれている。たしかに、現在では、この知能検査以上に正確さを期することができるものがないため、一応の参考としての資料を得ることができる。

しかし、かなり精細に作られている知能検査ですら、ほんとうに知的な能力を測定しているとはいえない。

知能とは何か、というテーマは、心理学者の永遠のテーマであり、いまだに解明されてはいない。

まして、幼児というものは、感情的にうつろいやすい特性をもっている。同じ幼児でも、調子のよいときと悪いときとでは、その言動や能力に格段の違いをみせることは、注意深い観察者なら容易に知ることができる。その知能検査を受けたときの心理的な状態によって、成績上かなり大きな差が見いだされることは当然である。

知能検査の結果を万能と考えることは明らかにまちがっている。かりに知能検査の結果が正確に本人の知能程度を表わしているとしても、子どもたちのもっている心理的な要素は社会性、意欲、情操、情緒、……と、無限にあるといえる。

もっとも信頼されているといわれる知能検査ですら、右のように考えなければならないとすれば、その他の検査については、さらに慎重に扱わなくてはなるまい。検査を否定するものではない。ただその検査のもっている意味を知って扱うべきである。そして、その子どものある断面を見ているにすぎないという限界を知っておくべきである。

③ 事例研究によって理解する方法

生命の通ったひとりの幼児というものは、一冊の児童心理学の内容や、一つの検査では、うかがい知ることのできない複雑さをもっているものである。

どんなに多くのスケールをあてはめてみても、それからはみ出してしまう子どもたちである。そして語いがいくらあるかということや、知能検査の結果がいくらあるか、ということを知っていても、日常の生活の中で、どう扱うべきかという判断の材料とはならないことが少なくない。それを補う方法としてAならA、BならBという子どもそのものを研究対象として扱ってみる方法、すなわち、事例研究という方法があるのである。

1 事例研究会

事例研究をするばあい、もちろん、個人的に記録をつけ、観察をしていく方法もあるが、それは、ともすると、主観的な判断に陥る危険性がなくもない。その個人の判断が、少なくとも数人の保育者に同意されれば、それは、ある意味では、客観的な見方がされたといえる。しかも、児童心理学の書物に表わされているような没個性的な一般的な意味のものでもないし、テストの結果のような部分的であり、成長の一断面的なものを意味するようなものでもない。

現実に血の通った、毎日成長をとげてやまない子どもを直接とらえ、それらが客観視されたわけであるから、前二者の客観性とは、はるかに違った意味をもつといえる。

グループで、事例研究会を開いて検討することが、保育を実践するのにもっともよい示唆を与えられる方法といえるであろう。

事例研究会をすることに対して、反論もある。

その第一は、「自分たちは三十名なり、四十名の幼児を扱っている。その中のひとりについて、精細なことがわかっても、あとの二十九名、三十九名は放置されていることになる」といった論理がそれである。

事例研究会というものは、そこで取り上げる幼児の扱い方についての具体的な方法を見いだすための会であることはまちがいない。しかし、それだけであると考えるから、30－1＝29, 40－1＝39といった小学校の算数のような論理が生まれてくるということができる。

事例研究会のもつもう一つの意味は、保育者自身の成長の場であるということである。

つまり、Xという幼児について、直接扱っている保育者Aはαと判断していた。しかしBという保育者はβと判断していたとする。もちろん、AとBの性格の違いからそういう差が生ずることもあるが、幼児自身が、Aにはαの面を、Bにはβの面を見せていたのかもしれない。

ここで注意すべきは、直接扱っている担当者がもっとも長い時間ふれているのであるから、Aの判断のほうが正しいという考え方をすることである。これは必ずしも正しいとはいえない。もしこれが正しいとするならば、保育者は、母親にアドバイスはできないはずである。なぜなら、母親は保育者よりはるかに多くの時間、子どもと接しているはずであるからである。

保育者が母親に対してアドバイスができるというのは、立場の違いがあるからである。

Aという保育者とBという保育者の関係にもまったく同じことがいえるであろう。

そのときAが「なるほどXにはβの面もあるのか」とそれを取り入れたとする。そのとき、何が変わったのであろうか。

Xそのものは、Aがβを取り入れようと、取り入れまいと、まったく変わったとは考えられない。変わったのは明らかにA自身の子どもの見方である。

事例研究会は、話題となった子どもの扱い方について考える会であると同時に、保育者自身の成長の場であるという言い方の意味は、ここにあるといえる。

また、そのことを、別の角度から解説してみると、図Ⅲ―1のようになる。

保育者はA・B・C・D……の子どもと接しているとする。そのABCD……の子どもは底辺のほうでは、かなり共通した土台をもっているはずである。同時に、はっきりした個性をもっている。そ

図III−1

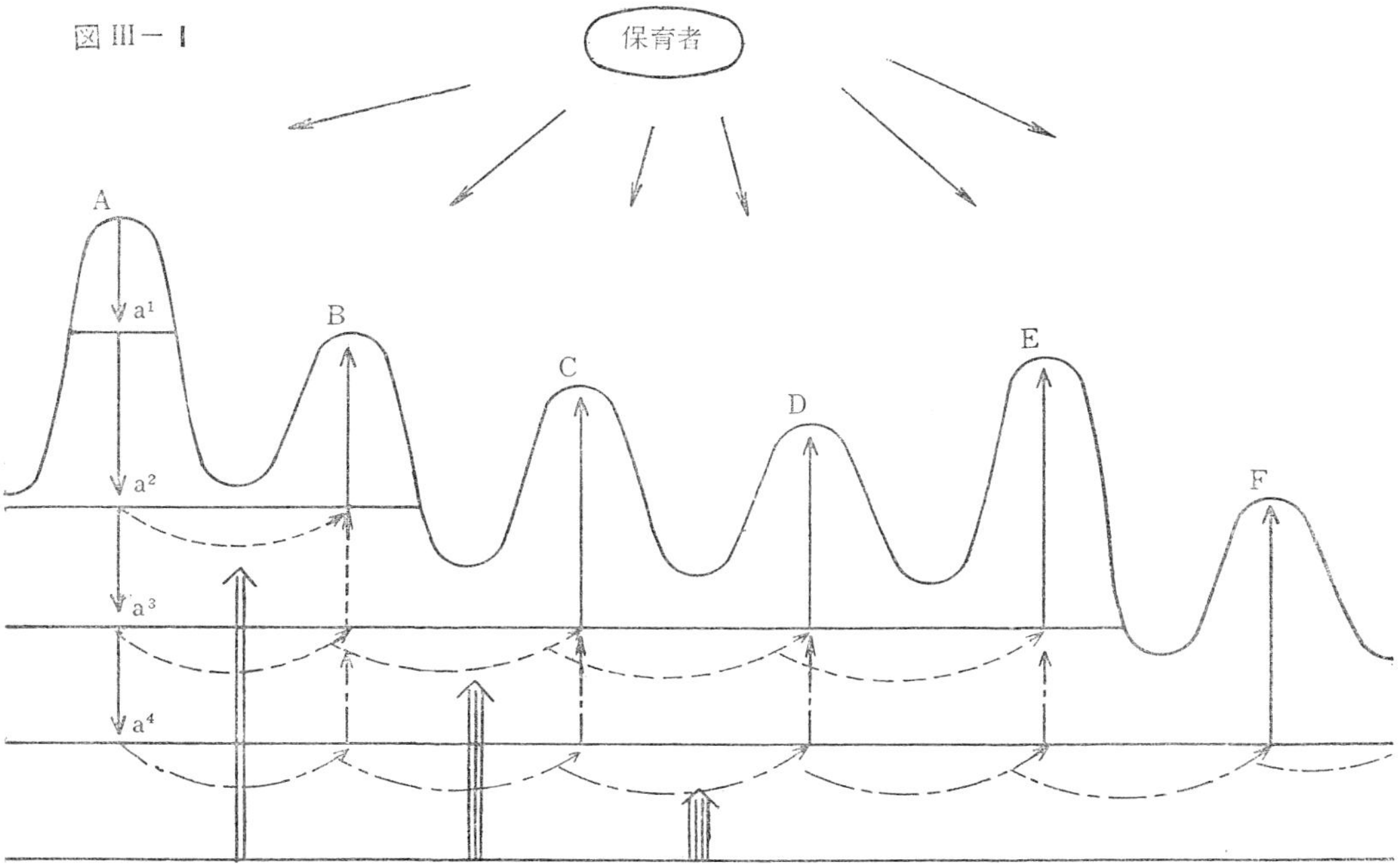

一　般　論（発達心理学、児童心理学など）

れを、上の波型の線で表わしてみる。『心理学や教育学で学んだ知識、すなわち、「四歳児は、カクカクの特徴がある」といったことがらは、その土台部分にあたることを認識させてはくれる。しかし、その個性的な言語、行動については、ほとんど得るものはないであろう。それは、あくまでも一般論であるからである。

かりにA児について、事例研究をやってみるとすると、はじめは（a^1のレベルまでは）A児のことしかわからない。

しかし、もしその理解が、a^2のところまで到達すると、霧が晴れるような感じで、Bのことが、裏側からわかってくるのである。

たとえていえば、A児が盗みをする子どもであり、B児がうそをつく子どもであったとしよう。盗みをするという心と、うそをつくという心との共通の意味がわかってくるといってもよいであろう。

さらにa^3のところまで理解できると、それは、B児の心がさらに深くわかると同時に、落ち着きのないC児、乱暴なD児、反抗的な行動をするE児といった子どものことがわかってくる。

さらにa^4の深さまで到達すれば、それぞれB・C・D・Eについての理解をさらに深くすると同時に、友だちのない F児をはじめ、内気な子、話をしない子、甘える子……などというその他の子どもの理解が可能になってくるといえる。

しかも、深い理解に到達すればするほど、一般論として知っていた知識が、その理解をより強く支援することになるから、その理解の範囲と深さは、幾何級数的に広がると考えてよい。

こうして保育者としての児童理解の深さは、A児というたったひとりの子どもの理解を深めることによっても、可能なことであるといってよい。

もはやいうまでもないことではあるが、この際、変わったのは、子どもではなくて保育者自身である。そのように成長した保育者は、自分の保育対象であるすべての子どもに影響せざるを得ないであろう。そうなると、あとの三十九人をどうするのかという、小学校の算数的な論理は、論外であるといえよう。

2 事例研究会での留意事項

事例研究会というものは、保育者が集まって、一つのケースについて討論をかわす場である。ただ一般論を交換するだけではなく、各人が自分の見方や考え方を交換する会である。いたずらに、気どりや、気負いを表現したり、理想を開陳しても何もならない。かといって、雑談を交わすような会になっても意味がない。

そこにはそれなりに留意すべきことがある。それらを解説しておきたい。

① 秘密会であることを確認する

秘密会ということばは、何か秘密裏に会合を開いて、不正を相談し合うような感じで受け取られるむきもあるかもしれないが、ここで言う意味は、当事者かぎりのものにしておくという意味である。

たとえば、きょうの職員会で話し合われたことが、帰宅途上に洋品屋に立ち寄ってみるとそこの人が知っていた、といったことが起こってはならない。

もし、会議での内容が簡単に漏れると、うっかりしたことはしゃべれないからである。第三者に伝えられるときには、必ず、なんらかのわい曲が起こるし、前後のいきさつを抜きにして、そのことばだけが伝えられれば、意識しないでも、結果としてわい曲されてしまうから、とんでもない誤解を招くおそれがあるといえよう。

そういう意味では、出席しなかった同僚にも話してはならないといえる。もし、その内容が知りたければ、出席すべきである。

この事例研究会では、プライバシーの問題、たとえば、家庭事情といったものまで言及されることが多いから、その点からも厳に留意する必要があるといえる。

もし、あなたのかかりつけの医者が、あなたのからだのことについて、他人に一言半句でも漏らしたということがわかったとすれば（医者は法律で禁じられているが）、どんなに名医であっても、あなたはその医者を信頼しなくなるであろう。たとえ、それが「あの人のからだは理想的に健康なからだですよ」といった肯定的なことでも、同じ感じを受けるであろう。したがって、事例研究会での内容がたとえ、肯定的な内容、たとえば「あの家庭は理想的な家庭である」といったことであっても漏らしてはならないといえる。

長い年月保育をしていると、姉も扱った、妹も扱ったということで父兄と親しくなるものである。親しくなるということと、右のような内容をしゃべるということとは区別するべきであろう。従来、このようなプロとしての保育者の倫理がいいかげんに扱われてために、信頼を失ってしまった保育者が少なくない。それは、自分の首を締めているのと同じであるといったことを、事例研究会を始めるにあたって、お互いに確認すべきである。

もしこの点について出席者のひとりでも異論を唱える者がいた

ら、その会は開くべきではない。なぜなら、そこにかわされる意見は、ていさいのよい、美辞麗句であるか、観念的なことばであるかにすぎないから、なんの役にもたたない。時間のロスに終わるであろう。

② 出席者は五、六名が限度である

出席者の数は、意外におろそかに考えられているようであるが、かなり重要な因子になるものである。

よく、事例研究会を全職員でやる場面があるが、それではほとんど事例研究の意味をなさないようである。

なぜなら、十人以上の会であると、ひとりが三分、五分ずつ意見を出しても、たちまち一時間、二時間の時間がたってしまうからである。しかも、多くの場合は能弁な二、三人の保育者だけが意見を述べるだけで、ほかの人たちはただ聞き役になってしまう。

また、その意見も、あたかも一方通行のように開陳されるだけに終わるおそれがある。

すなわち、多くの人数が集まると、話の交流が起こらないで、ただ一、二の意見が出て、それに反論するか、賛成するといった平板な内容になってしまって、深まらないものである。

会議とは、意見の交流が起こらなければなんにもならない。まして、子どもという複雑で微妙な生きた人間の問題が、一、二の意見で結論がでるはずもないし、前にも述べたように、その意見にみんなが従ったということは、その当人の主観的な意見にとらわれた、ということになるから、事例研究会の意味は皆無になってしまうといえよう。経験的に確かめられたところでは、話の交流が起こるためには出席者の数は五、六名が限度である。

③ 自己主張をする会ではないことを確認するべきである

よく職員会議と混同して、自分の意見を主張する人がいるものであるが、事例研究会は自己主張して他人を説得するのが目的ではない。

かりに、A先生が自分の経験を強く主張して、B先生を説得したとしよう。そうなると、B先生は、A先生のやり方を模倣して自分の扱い方を変えることになる。しかしそこでは、第一に、A先生とB先生自身のパーソナリティの違いを計算に入れていないことになる。

たとえば、園に来たがらない子どもに対して、A先生がきびしく扱って成功したとしよう。しかしA先生が竹を割ったような、頭の切り換えのよい先生だったら、次の瞬間には、気軽にその子に話しかけられるであろう。B先生が気の弱いものごとにこだわりやすい人物であれば、同じように扱っても、自分のやったことの結果を恐れて、よそよそしい態度になってしまうかもしれない。そのようなばあいはほとんど効果はないどころか、別の問題が生じてしまうであろう。

まして幼稚園に来たがらない子とひと口にいっても、その心理的な内容や、背後にある条件はみな違っているといってよい。

こんな簡単なことすら計算することのできないA先生の意見などというものは、とるに足らない、おそまつな意見というべきであろう。意見を出す者は、相手の個性、子どもの固有の条件を考慮に入れながら語るべきであるし、きくほうも同様のことを考えながらき

くべきであろう。

④　担任を批判する会ではないことを確認する必要がある

われわれは、相手の立場に立って考えるということが不得手のようである。相手の立場に立てないから、ただ勇ましく批判をしたり、あるいは、自分にはやれそうもない理想論を述べることに終わるようである。

批判されても、ほとんど行動の変化には結びつかないものである。つねに、自分がその当事者になったときにどのような言動をするであろうか、という考え方の中から意見が出てこなくてはならないといえる。

したがって、事例研究会というものはいっしょに考えるための会であるし、知恵を出しあう会であるということがいえる。

⑤　担任を助ける会であることを認識しておく必要がある

自分の経験や意見はあってもよいし、おおいに述べてよいのであるが、それを採用したり、参考にしたりするのは、あくまでも当事者自身であるといえる。

別のいい方をすれば、そこで表現される意見というものは、ほとんど参考意見であるといってもよい。

こうした会のリーダーの感想の中に「事例研究会をやっても意見が一致しないので困る」という訴えがあるが、ここでは、意見の一致をみる必要はほとんどない。あるいはどちらかが絶対的に正しいとか、正しくないといった問題でもない。

意見の食い違いがあってよい。むしろ簡単に一致を見た意見というものは、どちらかが妥協したものであるか、表面的に賛成するだけで、内面的には納得できていないばあいが多い。また実行できても、それは単なるものまねであって、実効は上がらないものである。

また、子どもの行動というものは、ことばで語りつくせない複雑さをもっているものである。言外の問題、たとえば、前述した保育者自身のパーソナリティの違い、同じような問題をもっていても、その子ども相互のパーソナリティの違い、家庭の違い、生育歴の違いなどが問題となる。さらには、きのう、きょう、あすの具体的、連続的な生活の中で、何が起こっているか、といったことによって、保育者の扱いには微妙な差が生ずるのは当然であるといえる。

きょうの事例研究会で語られたことは、保育担当者の心の中にしみこんで、自分のやり方の中に重なりあって出てきたときに、本当の方法になり得るはずで、それはかなりの時日を必要とするであろうし、それをどの程度取り入れたかは、他人はもとより、自分にもわからない形で具現されるものである。

⑥　観念論を避けるべきである

保育者の会議というものは、ともすると、美辞麗句のら列に終わるおそれがないとはいえない。あるいは自分でもやれそうもない理想論か、タテマエ論が現われるものである。たとえば、

「それは愛情が足りないのではないか」
「誠意をもってやれば、なんとかなるはずである」
「人間として、それではいけないのではないか」

などというものがそれである。

愛情ということばを使う以上、その人のいっている愛情というものは何であるか、どうすることが、愛情をわからせることになる

か、などといった具体的なことがが明らかになる必要がある。

それはあくまでも、自分を飾ってみせようとするだけ（つまり、自分は愛情豊かであるから、そうした問題を起こさないのであるということをいおうとしているにすぎない）であって、相手の保育担当者のために役だとうとする基本的な姿勢にかけているといってもよいであろう。

観念的なことばはできるだけ避けたいものである。それはいうならば「ことばだけであって、意味のないことばである」といえるからである。

観念論でもっとも警戒すべきは、つぎのような考え方である。「この子の問題は、家庭的な問題が原因である。われわれ保育者は家庭の中を動かすことはできない。だからこの子はなおらない」。こうしたいい方は、自分の保育の責任を放棄したに等しい。なぜなら少なくとも一日の生活時間の中で、三時間なり四時間は保育者が扱っているはずであるからである。「治せるか治せないか」を論ずべきではなくてどうすれば少しでもよくなるかを考えるべきである。

同じような意味で、

⑦ 診断をする会ではないことを確認しておく必要がある

一時、心理診断ということばが使われるようになったためか、事例研究会というものが、診断名をつけるための会であると誤解されているばあいが少なくない。

診断ということばは、医学的な用語である。医学では、診断名がつけば、すぐにそれに応ずる治療法が導き出せる。

たとえば、腸チフスと診断されれば、そのことはまず、他人から隔離すべきであり、殺菌防疫処置が必要であり、さらに本人には、A・B・Cの薬品を投与すべきであり、そしてD・Eの注射をすべきである、といったことがただちに導き出せる。

しかし、心理的な問題は違う。たとえば、精神薄弱児であると名づけられても、その取り扱い方は千差万別である。家庭の事情、父兄の考え方、そして本人の具体的な行動などは千差万別であって、ばあいによってはまったく逆の方法をとらなければならないこともある。

むしろ、カクカクのことができない、カクカクのことが理解できないという事実について、その父兄に何をすべきか、本人にどんな態度で接するべきか、友だちであるAなりBなりとどういう関係を保てればよいか……などということが話題になるべきである。

診断ということばを使うとすれば、むしろ診断した後の、具体的な方法、保育者のとるべき態度が話題にならなければならないといえる。

⑧ 現実の行動を中心に考えるべきである

精神薄弱を例にとるならば、ケース・ヒストリーとして、出産時の障害や、乳幼児期の障害などという過去の事実が話題になることが多いであろう。

そうしたケース・ヒストリーを知っている必要はあるが、その違いによって、取り扱い方が違うというばあいはあまり考えられない。

たとえばA児については出産時にかん子分娩《べん》をしたことが障害になったらしいという事実があり、B児は幼児期に自動車事故を起こしたという事実がわかったとして、それによって取り扱いを変える理由は何もないといってもよい。

むしろ、A児は、グループの子どもの中にはいろうとしない、B児は、体がリズミカルに動かせない、という現実の事実に対して何をするかを考えなければなるまい。

同様に、家庭の問題や友人関係といった、その子どもの背後にある問題を知っておく必要はあるが、しかしあくまでも扱い方を考えるばあいには現実の問題を中心に考えるべきであろう。同じような意味で、

⑨ **テストの結果にこだわるな**

この点については、すでに述べたが、要するにテストの結果というものは、
○その子どものある部分を見ているに過ぎない。それも意外にせまい部分であることが多い。
○子どもというものは、絶えず発展をしている。その生きた子どもの横断面をみるにすぎない。
といっておけば足りるであろう。

要するに、参考にすることはよいことであるが、テストの結果を出発点として考えるのは誤った判断に陥りやすいといえよう。

むしろ事例研究会が先にあって、そこでどうしても必要性を感じられたときに、テストが実施されて客観的な判断の材料を得るというのが本来のやり方であろう。

⑩ **事例研究会は一回で終わる必要はない**

事例研究会は、なるべく、具体的な問題で具体的な話し合いをしたいものである。したがって話題が抽象化されたり、観念論が出たりする状態は、あまりよい状態ではない。

もしそうした状態になったら、むしろ、ただちに打ち切って、日を改めて実行するほうがよい。

先生というものは、たえず子どもを観察する機会があるし、子どもに直接接する機会も少なくない。特定の子どもを指定して、改めて観察をしたり、接してみたうえでもう一度取り上げてみると、比較的、具体的な話題が出てくるものである。

⑪ **事例研究会は処置を決定するための会ではない。したがって、主任、園長の意見といえども、対等な関係での一つの意見であるにすぎない**

もちろん、主任、園長の権限で、処置、処理をせざるを得ないばあいはあり得る。それは別の会議であって、少なくとも、事例研究会というものは、担任者に参考になるような意見を提示したり、アイデアを出し合ったりする会であるから、園長、主任の意見も一つの意見にすぎないといえる。

以上のような留意事項を頭において、自由で活発な意見交換が行なわれる必要がある。むしろできるだけ形式的なことは避けるべきであるし、基本的なもので共通の理解を助けるためのものであれば別であるが、多くの印刷物を作る必要はない。そうした準備にエネルギーが使われるために、かえって手軽に開かれなくなるからである。

むしろ職員室で語られる子どもについての話題を、やや組織的にしたものであると考えるほうがよい。

以下、代表的な問題について、語りあうべき観点、内容、あるいは対策上の留意事項について、例を示しながら解説してみたい。

(2) 登園拒否児

〈実例1〉

電話がかかってくる。

「……けさは、どうしても幼稚園へ行くのがいやだ、というものですから、おそれいりますが、ちょっと休ませたいと思いますが……。」

「どうしたんでしょう。」

「四、五日前からときどき、こういうことをいい出しました。むりに行かせようとすると泣き出すものですから、困ってしまいます。聞いてみると、ぼくはいじめられるというのです。隣にいる○○ちゃんや××くんにいじめられる、というんです。ちょっと席でも変えていただければと思うんですが……。」

「席を変えることは、たやすいことですが……○○ちゃんや××くんは、むしろおとなしい子ですから、いじめるなどということは考えられませんけれど……とにかくきょうは休ませてください。こんど出てこられたら、それとなく見てみましょう。」

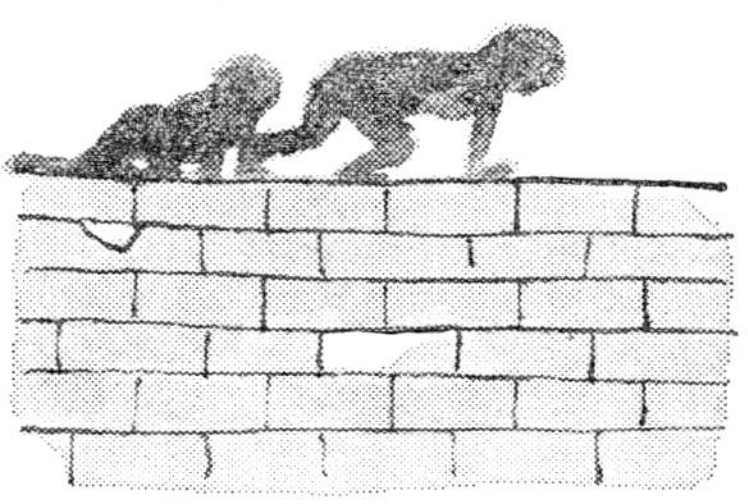

〈実例2〉

「……先生、またなんですよ。きのうもそうだったんですが、玄関のところにお友だちが迎えに来てくださっているのに、わたしのそでにすがって動こうとしません。無理に行かせようとすると、悲しそうに泣き出してしまいます。どうしたらよいでしょうか。

無理に行かせて、途中でいやになったり、この前のように一日じゅう泣いていたりするようでは、先生にご迷惑をかけるような気がしますので、きょうは休ませようと思うのですが、いかがでしょうか。」

「わたしどもは、まったく迷惑などということは思ってもいません。むしろこんなことが毎朝続くと、幼稚園へ来れなくなってしまうのではないかと心配なのですが。」

「そうなんです。わたしも迷っているんです。」

「いかがでしょうか。今からでもよいですからおかあさんといっしょに、園においでになりませんか。ご本人が落ち着いたところで、お帰りになってはいかがでしょうか。」

まもなく、母親が子どもを連れて登園してくる。

幼稚園へ来るまでは、メソメソしていたが、園にはいったとたんに、あきらめてしまったのか意外にあっさりと園舎の中にはいる。

先生は目顔で、すぐに帰るようにいって戸を閉めてしまう。

母親はしばらくはたたずんでいたが、すぐにきびすを返して園庭に出る。

門のところまでくると、その柱に隠れてじっとわが子のはいっていった保育室の戸のところを見ている。

「それでも、泣きながら、とび出してくるのではないか。」

五分、十分、戸は開く気配もない。

やがて、家の方へ歩きはじめる。ほっとした安心と、先生に対して少しばかりのしっとのようなものを感じながら……。

・本実例の考え方・扱い方

幼稚園へ行きたがらない事例について検討するばあい、いちばん問題になるのは、その登園したがらない理由がどういうものであるかという点である。

ふつう、子どもにそれを問い正しても、なかなか、口にすることができないから、保育者が直接聞くより、母親にそれとなく聞かせるほうがよい。

もちろん、一つ一つの事例について、精細に検討してみると、おのおの違った理由が見いだせるであろうが、大別すると実例1、実例2に示したようなタイプに別けられる。

すなわち、社会性の成長が、じゅうぶんでないために起こってきた登園拒否と、情緒の未成熟もしくは、成長のアンバランスな状態がバックにあって、そこから生じた登園拒否である。むしろ親子の分離不安による登園拒否といってもよい。

この二つのタイプによって、その扱い方は大きな差があるから、まず、その点を明らかにする必要がある。

実例1が起きる条件——判断の材料として——

社会性が不足している実例1のばあいに注意すべきは、「ぼくはいじめられる」といった表現をするばあいが多いことである。

ふつうの子どもが社会性を育ててゆくばあい、いじめられたり、いじめたりするようなことを必ず経験しているはずである。

たとえば、ふつうの子どもは一歳半ぐらいで、外へ出て遊ぼうとするが、玄関から出た子どもが、まず隣のA子ちゃんと遊ぶきっかけを作るのは、たいてい、チョッカイを出す、といった行動からである。A子ちゃんの持っているスコップをパッと取り上げたり、髪の毛を引っぱったり、そのときは泣き出したり、つかみあいのけんかになったりするかもしれない。しかし、二、三時間後には、ケロッとして遊んでいるという状態がしばしばくり返えされるはずである。

ふつうの子どもであれば、こうしたことを左隣のBくん、向かいのC子ちゃんと、たびたび経験しているはずである。

つまり、こうした突っかかりあうこと、チョッカイを出すということは、「遊ぼうよ」と話しかけていると同じことなのである。

ふつうの子どもは、幼稚園へ来る年齢になる前に、たびたびこういうことを経験しているから、ある子どもから、この種の刺激を受けると、やり返したり、ニコッとすることによって応ずることができるし、そのことによって友だちを作るキッカケにしていくものである。

なんらかの理由で、家の中でおとなとばかり過ごしていた子どもには、この種の経験はまったくないから、最初にそうした刺激を受けると、すぐに「いじめられる」ととってしまうのである。

このような社会性の不足は、家庭の養育態度によって作られているばあいが多いようである。つぎのような条件があるかどうかを調べることも、この種のタイプであると判断するためのよい材料といえるであろう。

① 乳児期から幼児期にかけて、病身であったばあい。

これは家庭調査票などによって調べることができる。とくに一過性の病気であれば、それほど強い要因になっているとは思えないが、大病でなくても、風邪をひきやすいとか、ぜんそくがあったとか、扁桃腺をはらせやすいといった、病弱といわれるような子どもには注意を要する。

風邪をひきやすいとか、ぜんそくのような持続的かつ体質的なものが関係しているばあい、すなわち虚弱児童であると、当然母親は、戸外に出そうとしないから、子どもと接する機会が少なくなるはずである。したがって、右のような経験は乏しいと考えるべきであろう。

② 二、三歳ごろから、五、六歳ごろまでの間に転宅した家のばあい。

幼児期の転宅は、社会性の成長に大きな影響をもっているようである。前にも述べたように、子どもは一歳半ごろから、近所の向こう三軒両隣の子どもたちとの関係をもつのが普通である。その関係は、さまざまなう余曲折を経て成長してくる。しかし、それは、まだ、あくまでも、右隣のA子、左隣のB夫、向かいのC子との関係ができたにすぎない。

つまり、その関係のもち方は、まだ一般化してはいない。したがって転宅した先のD夫、E子、F夫などという子どもとの関係には応用ができない。

積極的な子どもであれば、改めてさまざまな方法を試行錯誤的に試みて、新しい方法を見いだしてゆくであろうが、少し消極的な傾向をもっていると、A子やB夫とのやり方をD夫、E子らに応用してみて、うまくゆかないと、すぐにあきらめて、家の中でだけの生活を始めることになってしまうようである。

子どもが小学生であると、それほど大きな影響はないばあいが多い。

③ 遠距離通園児であるかどうかも、同様の意味で注意する必要がある。とくに、家の近所にも幼稚園があって、まわりの子どものほとんどが、そこに通い、本人だけが遠い園に通っているばあいは、社会性に支障をきたしやすい。

子どもの仲間意識というものは、想像以上に強いものである。近所の子どもの大部分が、A園に通っていて、ある子どもだけがB園に通い始めると、その日を境にして遊ばなくなるものである。

つまり、近所での仲間関係がそのまま、幼稚園での関係になるときは、その関係はかなり強いものであるが、それが切れると、強い不安定な状態を起こす。

B園には、当然B園の近くの子どもが通っているから、その子どもどうしの結びつきは、家へ帰ってからも続いているはずである。だから、たとえば、

「きのうの怪獣ごっこおもしろかったね。きょう帰ったら、またやろうよ。」

などという話題が出ても、遠くから通っている子どもはその中にはいってゆけなくなるであろう。

自分の家の近所の子どもはみんなA園へ通っているから、その関係は当然切れてしまっているし、園でも仲間にはいれないとすると、この遠距離通園児はつねに孤立してしまっている。きわめて不

安定になることは火を見るより明らかなことであるし、社会性の成長が妨げられることも当然である。

④　交通事故を防ぐため、あるいは、ゆうかい事件などを気にするあまり、子どもを外に出さないようにしたばあいも社会性の成長が妨げられる。

臆病でつねにものごとを過大視して、しかも消極的な解決方法しか取ろうとしない母親は少なくない。

子どもをつねに自分のそばで育てたいという願いがあって、事故防止というもっともらしい理由を掲げているものもある。「万が一のことがあったらどうしよう」という感情的な判断が先行する。考えてみると万に一つ（交通事故はそれ以下の率である）の危険を防止しようとし、安全第一を守ろうとするなら、家の中に閉じ込めておいて、外へ出すべきではない。幼稚園へ通園させるということは、考えてみると危険きわまりない話である。

「万が一のことがあったら……」という考え方が感情的な判断であるというのはこの点からもいえることである。

いずれにしても、おとなばかりとの生活をしているから、右に述べたような、一見いじめられるような経験は、ほとんどしていないといえる。

⑤　家が広くて、しかも手が余っているような家庭のばあい。家の中で遊んでいれば、絶対に安全であるし、おとなの手が余っているから、子どもと接する必要がない。

おとなとばかり接していると、生活のテンポはおそいし、まず危険なことは未然に防がれることが多い。

いじめられたり、いじめたりする経験も少ないはずである。しかも、まったく子どもの世界を知らないから、幼稚園でのカン高い物音や、ドタドタと走りまわる音、うっかりすると物が飛んできたり、からだがぶつかり合ったりする経験は皆無であるといえる。

まず幼稚園へ一歩はいったときから、強い恐怖心にかられるであろうし、不安定な感情になることは当然である。

⑥　けいことや塾に通わせることに夢中になっているばあい。

現在のわが国では家庭の子どもの数は平均ふたり前後であるといわれている。しかも、経済的に豊かになってきたせいか、他人に委託して、子どもの成長をはかろうとする不自然で、人工的な育児をする家庭がふえている。

けいことや塾へ行くと、近所の仲間との遊ぶ時間が絶対的に少なくなるから、社会性が乏しくなるのは当然の帰結である。

なかには「社会性をつけるために、けいことに通わせている」と称する母親もいるが、そのようにおとなが人為的にしつらえた環境では、社会性は育つものではない。なぜなら、自然に起こってくる競争場面や、動きの激しい場面が起こりにくいからである。

社会性が育つのは、近所の子どもとの自然で自由な遊びの中でこそ育てられるものであることを知らないといえよう。

だいたい以上のような条件が伴っていれば、実例1のタイプであるとみてもよい。

もちろん、これらの条件はあい重なり合っているものである。たとえば、子どもの事故を過大視する親は、必要以上に子どもの養育に熱心であるから、他人の庭がよくみえるという心理にかられて、遠距離通園をさせるのであろう。また、おとなの手がかかりすぎているから友だちとの遊びの関係を切ってしまっているであろう。

あるいは、けいこごとに通わせること以外には、なるべく外へ出さないようにしているかもしれないし、過剰に保護する結果、病身にしてしまって、その結果ますます外へ出さないようにしているかもしれない。

・対策のポイント

まず、母親といっしょに、右の条件を中心に、その状態が起こってきた筋道を考えてゆく必要があろう。

「いじめられる」という子どものことばをきくと、母親のほうに「被害者意識」が働いて、わが子がみじめな目に会っていると解釈してしまうおそれがあるから、前述したように、その内容は、じつは社会性の育つきっかけになるものであることをまず伝える必要があるかもしれない。

つぎになぜ「いじめられる」ととってしまうか、ということについて考えさせる必要がある。それぞれの背後にある条件（①から⑥まで）のもっている心理的な働きについて指摘する。

たとえば、遠距離通園者であれば、遠距離であることそのものが強い影響をもっていることを知らせる必要があるし、けいこごとが多すぎるとすれば、そのマイナス点について指摘すべきである。

是正する点があれば、まずできるだけ是正をさせる必要がある。けいこごとをやめさせること、遠距離通園であれば、近くの幼稚園に変えさせるといったことは比較的簡単なことである。あるいは外へ出すことをすすめることはすぐにでもできることである。

しかし、この種の子どもをもつ母親というものは、客観的な見方ができず、自分のやっていることに固執する傾向、たとえば外へ出せといわれても、交通が激しくて外へ出せません、といった消極的な態度しかとれないものである。

そうしたばあい、積極的な解決方法がないかを考えさせる必要があろう。

たとえば、交通が激しいからといって、家の中に閉じ込めておけば、運動量が少なくなるから、いわゆる運動神経の訓練の機会が少なくなる。したがって、危険を察知して、身をよけるといった機敏な行動ができなくなる。だから、よけいに事故を起こしかねない子になってしまうという悪循環の中に落ちこんでしまっていることを知らせると同時に、その悪循環から抜け出すためには、まず本人に運動を奨励する必要があるといえる。

つまり他の家より交通が激しい地域に住んでいるならば、他の家の子どもより、よけいに運動させて、他の家の子どもより、巧みな機敏性を養おうとする積極的な方法をとる必要がある。

どんなにりっぱにバイオリンがひけても、社会性と取り替えることがプラスになることかどうか、ピアノでどんなに名曲がひけても幼稚園、小学校へ行けなくなっては本末転倒というべきである。

ここで、欲を出して、何もかもうまくやろう、つまりけいこごともやりながら、社会性も育てようというふうに考えがちであるが、何をまず重視しなければならないかという比較上の判断を、アドバイスする必要性もあろう。

またこの種の母親は、一方でわざわざ社会性の成長を妨げるような条件をそのままにしておいて、自分の努力で変化を与えようとはしないで、幼稚園へあげて社会性をつけてもらおうとする、委託加工をしようとするような心理が働いているばあいが多い。

そのようなばあいは、子どもの成長には、順序があることを指摘する必要がある。

長年、家の中だけで生活していた母親自身を、動きの激しい、変化に富んだ、スポーツクラブへ入れたとき、母親はなにを感ずるであろうか。いきなり幼稚園へ入れられた子どもは同じとまどいを感ずるはずである。三十人、四十人の中に入れる前に、近所となりの四、五人の子どもの世界での生活を経験させるべきである。とくに三年保育児の中には、じゅうぶんに近所の子どもとの関係をもたないまま入園している例もあるから、まずそれを経験させることを強調すべきであろう。

そうはいっても、過去のできごとであって、今さらどうすることもできない条件もある。たとえば、転宅したということは既成の事実であって、今さら是正できることではない。

しかし、同じように転宅していても、「いじめられる」とはいっていない子どもも現実にはいる。それは、母親自身の考え方や態度によることが多い。

つまり、母親が必要以上に憶病であるばあい、万が一の危険を恐れて、積極的に外へ出そうとしなかったということと転宅したという事実とが重なっているとみるべきである。

こうした母親を指導することはむずかしいことであるが、多くのばあいは、たびたび指摘したように、感情的な判断、もしくは気分を中心とした判断（万が一の危険というものを恐れていたら、幼稚園へも出せないはずである。その点では自分の考えをつごうよく曲げている）をしていることが多いから、その点を是正するようアドバイスする必要がある。

また、母親自身の非社会性によることも多い。つまり、自分自身が近所の家庭との交際を断ってしまっているばあいである。

このような母親には、保育者がＰＴＡ懇談会などを利用して、近くの母親を紹介するようなことを実践したいものである。

ただし、そのばあいつぎの二つの条件を満たす相手である必要がある。

① 近所の子どもの母親であること。

地理的に離れていると、訪問しあうにしても、よそよそしい関係になってしまう。日常生活の、いうならば、カッポウ着のつきあいこそが重要なのである。またせっかく家どうしが近づいても、子どもの行動半経外にあれば、なんの効果も期待はできない。

② 同じような性格をもった子どもの親である必要がある。

よく内気な子どもなら、活発で元気のよい子どもを近づければ、効果があがるであろうと考えがちであるが、じつはマイナスのばあいが少なくない。つまりその元気さにけおされてしまったり、いつもその子どもの陰で安定してしまって、よけいに内気になるものである。

まずは、母親だけが深い交際をするだけでよい。効をあせって不自然な形で子どもを呼んできて、「遊んでやってよね」というやり方は、逆効果であることも指摘しておきたい。

家の中で遊ぶことになると、相手はその家の母親を意識するし、わが子はホームグランドであるから、おもちゃも「貸してあげる」という意識で遊ぶ。したがってわが子のほうが、無意識のうちに優位にたって遊ぶようになってしまう。相手のほうは遠慮している。ところが外へ出ると、その優劣の関係が反動的に逆転する。これがくり返されると、その差は大きくなるばかりである。したがって、わが子は外へ出なくなり、ますます、家の中で遊ぼうとするようになるという傾向が生まれやすい。

ある程度母親どうしの関係が深まってきたら、つぎのようなことを実行することもすすめてみたい。

土曜日とか夏休みなどに、お互いに泊まりっこをさせる。同じ食事をし、同じ寝床に寝るというのは、関係を深めるのに役にたつはずである。とくに、裸になって風呂にはいるなどというのは効果がある。

また夏休みなどは、家族旅行が計画されるが、そのようなときに相手を必ず連れてゆくようなことを実行すれば、たくまずしていっしょに食事し、いっしょに風呂にはいるということが起こってくるはずである。

ただし、こうしたことを実行するためには家どうし、母親どうしが、遠慮なくつきあうことができるというのが前提である。なぜなら、そうした基礎がなしに実行することは不自然なことであるから、お互いに遠慮しあうといったことが起こってしまうからである。

以上のことは、主として母親に対するアドバイスとして考えてみるべきことである。

園として何をすべきかという問題について考えてみよう。

第一にチョッカイを出す子の扱いの問題である、前述したように、それは一種のあいさつである。多くのばあいは「遊ぼうよ」といっているのであって、「いじめて」いるわけではないので、基本的にはあまり気にとめる必要はないといえる。

しかし、相手が応じないと、そのチョッカイは強く激しくなっていくし、またいわゆる「じれったく」なって、ときにはひどい行動に出ることがある。

ただでも、そのチョッカイは、相手にとっては強すぎるのであるから、それを緩和させるように指導すべきであろう。

「服を引っぱるより、肩をトントンとやって『はいってますか』といってごらん」とか「○○ちゃんのリボンきれいね。ちょっとさわらせてもらおうよ」、「○○ちゃんのくつは黄色よ。見つけてあげてちょうだい」

といった、ノーマルな接し方に誘導する必要があるかもしれない。

あまり明りょうに禁止すると、保護者の見ていないところで、いじめたりすることになるので、ほどほどにしておきたいものである。

またチョッカイを出される子どもに対しても、ただ避けさせるだけではなく、「あそぼうよといっているのよ」とか「○○ちゃんも△△ちゃんの上ばきを見せてもらってごらん」、「○○ちゃんもトントンして『はいってますか』といってごらん、返事するかもしれないよ」というようないい方で、応ずるやり方を教えてみるのもよい。

これは、本人がいっている「いじめられる」という感情に対する直接的な対策といえるが、こうした方法をとっても、必ずしもうまく行かないばあいも少なくないであろう。

ということは、前にも書いたように、どのように誘導しようと、その相手の行動は本人にとって刺激の強すぎるものであるから、なんといわれようと、まだまだ、すなおに応じきれないところがあるであろう。

そこで第二の方策が必要になる。

それは、本人にとってそれほど強くない相手を見つけてあげるということである。つまり、本人と似たような性格（すなわち、同じように弱気で、社会性があまり伸びていない子である）をもった子どもを近づけてやるという方法である。

できることなら、同じ方向から通ってくる子ども、あるいは家が近くにある子どもがよい（男女はどちらでもよい）。先に書いたように、母親に紹介する相手と一致すればなおよい。

こうした子どもといつも結びついていれば、前の子どものような乱暴なチョッカイを出すことは少ないから、本人も安心して登園することができるであろう。

内気で社会性の乏しい子どもを見つけると、外向性で活発な子どもを近づければ、それをまねて活発になるのではないかと考えがちであるが、多くのばあい失敗するようである。というのは、その外向的な子どもが、いろいろな場面ででしゃばることになる。たとえば、「〇〇ちゃん、おしっこへ行きたいんだって」、「〇〇ちゃんはまだ紙をもらわないんだって」といったふうに、本人のやるべきことまで、代わってやってしまうことになるので、本人はその子の保護の下で安住してしまって、いよいよ消極的な態度に固定してしまうおそれがないとはいえない。

どういう子どもを近づければよいか、ということについては、具体的にはなかなか判断がしにくいと思われるが、そこは試行錯誤的に試みてみるほかはない。Aを近づけてみたりBを近づけてみるといったやり方がそれである。

要するに「うまが合う子」を見つけてやることだが、このことは人為的にあれこれ考えても、うまくいかないことも少なくない。子どもの心というものは、それほど微妙なものである。

そんなときは、先生が頭の中で考えるより、子ども自身に選ばせてみるのもよい。

しかし、「誰と並びたい？」などといっても、子どもはなかなか判断できないものである。むしろ自由時間のときなどに、それとなく観察していると、なんとなくわかってくるばあいも少なくない。

第三に留意すべきは、直接その子を扱うばあいであるが、あまり強く子どもの世界に引っぱりこまないほうがよい。

むしろ、長い時間、傍観者にさせておくことである。むしろこんなときには呼びかけたり、誘ったりしないで、無視しているような態度をとって、ゆっくりと見させておくことである。こうした子どもは、ある意味では、感受性が鋭いし、どこか憶病なところのある子どもであるから、いろいろな現象を確かめて、安全と思えば少しずつ参加の姿勢をとってくるものである。それまで待つという気持もたいせつである。

タイミングをはかるということもたいせつである。本人の能動的動き、すなわち「やってみよう」といった気持ちが現われたとき、たとえば俗にいう目が輝いてきたとき、息をころして見ているとき、からだが前かがみになってきたとき、思わず手が出たとき、といったときをみはからって、乗せてしまうという扱いが必要であろう。

それは、あたかも、上下している波の上限でヒョイと舟をもちあげるときのような扱いに似ているといってもよい。

本人の側でいうと、思わず手をつないでしまった、気がついたときにはみんなといっしょに走り出していた、といった状態になれば成功したといえるであろう。

第四番目には、この種の子どもは、大勢の子どもの中での生活に、過剰に脅え、不安にかられているのであるから、いちおうは、先生の保護下においてみるのもよい。

本人に、先生のペットなのだという気持ち、あるいは、とくにかわいがってくれるといった気持ちをもたせることによって、まず安心させることである。

先生の忘れものをとってきてもらう役目、先生のオルガンのふたをあける役目などというたあいのないことでもよい。しかしあまり大勢の子どもに目立つことをやらせると、かえって引っこんでしまうこともあるから、一対一の関係の中でやる必要があるかもしれない。

廊下や、登下園のときに、とくに声をかけるのもよい。この点では、園の他の先生の協力を得るのも一つの方法であろう。すなわち、園の先生全体に知っておいてもらって、それぞれの先生にいつも声をかけてもらうというのも一つの方法であろう。

とくにからだにふれてやる回数を多くするとか、みんなに話をしたあとで、耳もとでナイショ話をチョッとしてやるというのも、一つの方法かもしれない。

父兄と連絡をしておいて、手紙をもたせたり、もってこさせたりする（中味は白紙であってもよい）のも一つの方法であろう。

先生との関係がある程度できたら、こんどは身を引くタイミングを、たえず考えている必要があろう。というのは、他の子どもに○○ちゃんは特別扱いをしているという印象が強くなると、かえって先生の見ていないところでは、ひどい扱いを受けることになるおそれがあるからである。

第五番目に、休みはじめたばあいの処理であるが、あまりすすめられる方法ではないが、強引に引っぱり出すことによって成功するばあいもあるので、一度は試みてみるのもよい。

たいせつなことは、連れ出したあとの処置である。むしろあまり注目しないで、無視していて、それとなく一から四までの方法を試みてみる必要があろう。

先生が家庭訪問をしていっしょに連れ出すという方法も、一度や二度はよいが、何度も続けるとそれに甘えてしまうか、あるいは、先生が訪問すればするほど蔭に引っ込んでしまうばあいもある。

むしろ子どもに誘わせるほうが効果的であるかもしれない。できることならば、前記の、性格的に「うまの合う子ども」に誘わせることである。外で誘わせるだけでなく、二、三十分早く行かせて、しばらく家の中で遊んでから、登園させるという方法をとるほうがよいばあいもある。

しかし、ここで留意すべきは、あくまでも母親の態度が問題になるということである。すなわち、母親が先生に紹介を受けたその「うまの合う子」の母親と親しくつきあうようになってからでないと、この方法も効果はない。

そういう意味でも、園での扱い方を考える前に、母親へのアドバイスをしっかりしておく必要があるといえる。

この種の母親の多くは、自分ではなんの努力もしないで、ひたすら園でのやり方や、先生の指導にすがろうとするから、以上の点を納得させておく必要がある。

すなわち、誘いに行く子どもが、その本人の家に上がって遊んでから登園するということが、スムーズに行なわれるためには、少なくとも母親が、その子の母親と行ったり来たり、おすそわけをしたりされたりするような間柄でなければ、子どもも自然には誘いには行けないはずである。

・実例2の討論のポンイント

実例2のばあいは、むしろ、親子の分離不安による登園拒否であるといってよい。

子どものほうが分離不安を感じているばあい。それは子どもが未成熟であるといえるようである。つまり情緒の発達がじゅうぶんでないために、つねに母親というささえがないところでは、不安で、どのように行動してよいかわからないといった状態になってしまうからであろう。

この傾向は別の見方をすれば、社会性の未発達に帰することもできる。ふつうの子どもなら、二歳、三歳ごろから母親のもとを離れて、戸外で近所の子どもとつきあいはじめる。そして、母親のいないところでのいろいろな経験が、子どもの世界で起こってくる事態に、ある程度対応できるようになっているはずである。

なんらかの理由で、家の中にだけ閉じ込められていた子どもは、この点が成熟してこないから、母親のいないところでは不安定な心理状態になってしまう。

この種の傾向が濃厚に認められたら、「前述した社会性が乏しいために起こった登園拒否のばあい」の対策を立てる必要があるといえる。

しかし、多くのばあい分離不安な傾向を示すのは、実は母親のほうに不安があることが多い。

母親が子どもと離れることを恐れ、それに不安を感じてしまうと、そのことが登園時の子どもの心に感染してしまうということもじゅうぶん考えられる。

実例2の母親がそれである。ことばの上では、自分はなんとか幼稚園へやろうとしているといっているが、それはタテマエの上でのいい方であって、内心には子どもを登園させることにブレーキをかける要因がありそうである。

その証拠に、先生があっさり子どもを引きとり、子どももあっさりと先生の手のうちにはいってしまうと、ひどくもの足りないような感じを持ち、先生に対するしっとすら感ずるようになる。

この母親は、子どもが離れるときに泣いてくれれば、むしろ安心したのであろうが、そうでないと裏切られたような感じをすらもつものである。「泣きながら飛び出してくるのではないか」と期待しているのは、じつは半分はそうしてくれることを望んでいるような節もないわけではない。

こうした母親は、自分自身の行動の中にもいろいろな徴候を現わすものである。

① 何かの理由をつけて、しょっちゅう園に来て、子どもの行動を見ている。

家にいても、一日じゅう、子どもが園で何をしているか、先生に注意を受けていないか、泣いているのではないか、と心配でいても立ってもおれないといった心情になるようである。朝でかけるとき、きげんが悪かったとか、寝起きがよくなかった、といったことを理由にして、園に出向いてしまう。一見非難されるべき行動ではないから、遠慮なく園に出入りしてしまう。

② 遠足などのつきそいに行っても、ぴったりとつきそっていて、他の子どもの面倒をみるといったことが少ない。

「自分だけよければよい」と思っているわけではないが、行動そのものは、そのようにみえる。

むしろ、自分と自分の子どものことでせい一杯で、ほかの子どもにまで目を向ける余裕がないといってもよいかもしれない。

③ ひどく子どもっぽい扱いをする。服装なども、幼児的であったり、男の子なのに女の子のような服装をさせたりする。

子どもが成長して、反抗したり、自立したりするのを、むしろ恐れているようである。したがって、いつも「赤んぼうのような子ども」であってほしいと願う。

④ 保育参観にきても、だらだらと最後まで保育室にしがみついている。みんなが保育室を離れても、まだ何人か残っていると、あたかも損したような気分になって、また引きかえしたりする。

⑤ 先生は、三十人、四十人の園児を扱っていることを理解することができず、自分の子どもに限って、母親である自分と同じぐらいの濃度で扱ってほしいという要求をすることもある。

この種の母親は、母親自身が未成熟であるといえよう。つまり、つねにものごとを考えるばあいに、感情や気分で考えるだけで、合理的、客観的な見方ができない母親であるといえるからである。

母親自身がいわゆる深窓に育っていたり、子どもの時代から、過保護な環境の中で育ったとも考えられる。

また、現実に家庭生活で不幸であるばあい、すなわち、主人との間に不和な状態が続いたり「愛されていない」と感じているというのがそれである。いきおい、子どもだけが生きがいであると考えてしまうし、子どもを見ているときだけが、精神的な負担を忘れられるときであるといったことも起こっているかもしれない。

また、その他の不幸がそうさせることもある。たとえば大きな借金を負ってしまったとか、家族の中に死亡者が出たといったことが動機になるばあいである。

そういう意味では、兄弟を死亡させたとか、大病をさせたり、大けがをさせてしまったといったばあいは、それがどれだけの期間続くかは別として、大なり、小なり分離不安になるばあいがある。母親自身がじゅうぶん成熟していれば、そうしたことを乗りこえるのに、それほどの時間はかからないが、未成熟だとそれが固定してしまうようである。

また幼稚園そのものや、先生が信頼できないために、幼稚園にやることに不安を感ずるばあいもあるであろう。

「あの先生はひいきをしているのではないか」と思わせたり、「いつも園長先生が助けているのはあの先生で、頼りないからにちがいない」と思わせたりするのがそれである。

一回の保育参観によって園に対する不信感が生まれてくるばあいもある。ふつう、先生は一年間に千時間近い時間を子どもとふれているはずである。その間にいろいろなことが起こるはずであるのに、たまたま、参観した時間に「うちの子どもだけ声をかけてくれなかった」と思った母親は、四六時中、先生は自分の子どもに声をかけてくれないものだと、錯覚してしまうようである。

保育参観のあり方にもくふうをする必要があろう。

・対策のポイント

子どもが、母親との分離不安をもっていると判断されるばあいは、要するに幼稚園での生活、友だちとの生活が楽しく愉快なものであるということがわかれば、自然に解消してゆくはずである。

したがって、実例1において述べた方法を使ってみることが有効である。

しかし、前述したように、分離不安のもとは、むしろ母親の無意識的な行動として起こることのほうが多いから、このばあいの対策の中心は、母親に向けられるべきである。

もちろん、子どもに分離不安がなくなって、幼稚園で活躍しはじめると、そのことによって、母親のそれも解消されてゆくばあいがあるが、子どもが母親から離れて独立しはじめると、よけいに強くかかえこもうとする傾向が出てくるばあいもある。

ある母親は、つぎのように述べている。

「毎日、幼稚園へ送って行きました。先生に子どもを渡して離れようとすると、子どもが追ってこようとします。先生が両手に子どもをかかえて『早く帰りなさい』と目顔で知らせてくれるので、背中を向けて歩き出します。廊下の角を曲がって、姿が見えなくなったとたんに歩度をゆるめて聞き耳を立てるのです。子どもがワッと泣き出すとほっとして引き返すのです」

この述懐は、母親の分離不安の微妙な心理をよく現わしているといってよい。

意識のうえでは、子どもを幼稚園にやらなければならないと考えている。しかし心情のうえでは、何とか自分に頼ってほしい。離れたくないといってほしいと願っている。

子どものことを一生懸命に考えているように思えるが、その子どもの扱い方は、幼児時代の着せ替え人形やぬいぐるみの人形を扱うような、自己中心的な扱い方をしているものである。自分さえいれば、子どもは安全に成長するものであると考えている。

むしろ、そうすることによって子どもの成長がいかに阻害されてゆくものであるか、ということを例をひきながら話してやることがまず必要である。また、子どもというものは、経験を通して成長するものであり、そのためには子ども相互の影響が、いかにたいせつなものであるかも理解させる必要がある。

前述したように、こうした母親は、自己中心的な考え方をし、判断の基準がきわめて主観的であるので、園の中での生活でも、保育者が集団としての子どもを扱っているのであるということが理解できず、保育者も、母親である自分と同じ濃度で扱ってほしいと願っている。

したがって、そんなところから園への不信感をいだきやすい傾向を持っている。

それには幼稚園への信頼感を強くいだかせる必要がある。いろいろ心配なことを訴えてきても、園での生活については自分に任せてほしいという意味のことを伝えるべきであろう。園の中での問題を母親に訴えるようなことをしてはならない。園では母親のように密着した生活はできないが、じゅうぶん気を配っているのであるということを印象づける必要がある。

この種の母親は、チョットしたことにも神経質になるものである。ことばにも気をつけたいものである。

すなわち、子どものことを話すばあい、否定的なことばをできるだけ避けて、肯定的なことばを使うべきである。たとえば、「ぐずですね」といういい方の代わりに「おっとりしていますね」、「乱暴ですね」といういい方より「元気がありますね」、「注意散慢です」といい方をしないで「いろいろなことに興味があるんですね」といったいい方をしたいものである。

保育参観などでは、とくに気を配る必要がある。子どもと一心同体の心情が働いているから、子どもの失敗を自分の失敗と感じてしまったり、子どもの悩みを自分の悩みとして感じてしまうようなところがあるし、見るものきくものすべて不安の種になるといったことがあるから、参観をするたびにやはり自分がそばにいないとだめなのだと考え、いよいよ分離不安の傾向を強めてしまう。

とくに発言することも少ないだろうから、積極的に「きょうは黙っていましたが、いつもは元気に話してくれますよ」といったいい方でささえる必要がある。

つぎはある保育者のことばである。

「たえず、贈り物をもってくるのです。受け取らないと『お気に召さなかったのでしょうか』といって別の物をもってくるのです。ことばの上では『とくに手をかけていただいているお礼です』といっているのですが、じつは『とくに手をかけていただきたい』といっているのではないかと思います。」

この種の母親は、自分の努力で解決しようとしないで、たえず、だれかにたよろうとし、たえずだれかに依頼して解決してもらおうとする心情が働いているといってよい。

このようなばあいには、そのような方法では問題を解決することはできないということを伝えて、自分の問題として考える態度をとらせる必要がある。

またこの種の分離不安を持つ母親は、ひとりっ子の母親であることが圧倒的に多い。だから下に子どもが生まれると、自然に解消する例が多い。下に乳幼児を持っていれば、そこである程度の満足が得られるからでもあるが、また、多忙さにまぎれて、それどころではないといった状況におかれるからでもある。

子どもが幼稚園に行っている時間でも、ある程度、責任のある仕事をもってみるようにすすめることも、一つの有効なアドバイスであるといえる。

PTAの仕事をやってもらったりするのも一つの方法であるが、用心しないと、前述のようにいよいよ不安の種を植えることにもなりかねないので、あまりすすめられる方法ではない。

要するに、母親として成長をすることが子どもの成長に役だつものであるということを理解させることである。そういう意味では、実例1のところで述べた方法によって、母親自身の社会性の成長をはかることも一つの方法といえる。

この種の母親は、家庭的に不幸であると感じているばあいが少なくない。「自分は夫に愛されていない」「不本意な結婚をしてしまった」などという心情にこだわっていたり、姑《しゅうと》との間のトラブルに悩まされていたりする。もちろん事実としてそういう場に立たされているばあいも少なくないであろうが、前述したように、自分自身が未成熟なために、その問題を努力によって解決しようとせず、つねに自分を犠牲にするとか、他人にたよるといった消極的な方法をとることが、その問題を悪化させている例も少なくない。

その結果として、子どもを唯一のささえとし、子どもによりすがって生きようとする態度が生まれてしまっているようである。

もちろん、保育者としては、そうした家庭的な問題にまで立ち入ることはできないが、できるだけ時間をさいて、話をきいてあげる機会があれば効果的である。

もし、手に余るようなことがあれば、教育相談所や、児童相談所のようなところを紹介するのもよい。

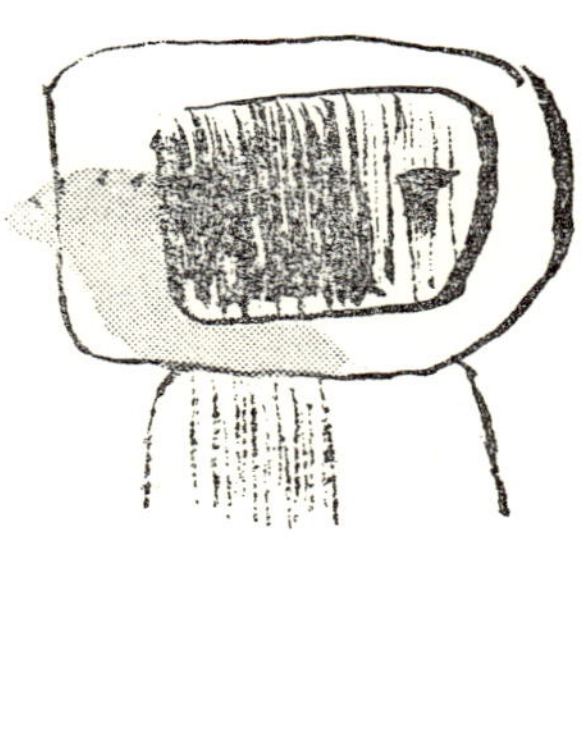

(3) ぐずな子

〈実例〉

門のところから、斜めに園庭を横切っていく親子がある。

母親の顔は、ある種の緊張にひきつっているようである。子どもはとても母親の歩度に合わせることができなくて、走るように歩いている。母の手にしっかりと握られた手がたえず引っぱられて、転びそうになりながら斜めについて行く。

またA子ちゃんが遅れたらしい。

園の保育室に着くと恐縮したようにそっと戸を開けて、先生の出てくるのを待つ。母親は、子どもの手を握りなおして、にらみつけている。

「すみません。また遅れてしまって、いつものように、ぐずぐずするものですから……。」

先生はいつもの慣れた調子で保育室に誘い入れる。

母親は、万策つきたとでもいいたげに、先生に訴えようとする。

「先生、いったいどうすればいいんでしょうか………。」

先生が保育中であることも忘れて、クドクドいいわけや、グチをこぼしはじめるのがこのA子の母親のくせである。

「今保育中ですから、三時ごろに一度来てください。そこでお話をうかがいましょう。」

軽くたしなめて、先生は保育室の中へ。

この種の母親の訴えは、際限なく続いて、時間を忘れてしまう。はじめに一時間だけと断わっておいたのに、とっくにその時間は越えているのに、とどまるところを知らない。

「……てっきり、顔を洗ったものだと思っていましたら、まだトイレにはいっているんですよ。台所から声をかけても返事がないので行ってみると、洗面台の前でボーッとしているんですよ。ほんとに腹が立つといったらないんですよ。そばへいって、大きな声をすると、そのときになってはじめて、水道の栓をひねるんですからね……。」

「もういいだろうと思って台所へ行っていましても、何分たってもごはんを食べにこないんですよ。なにしているのかしらと思って行ってみると、水道の水をじーっとながめているんです。わたしは……とうとうぶってしまいました……。」

・討論のポイント

ぐずな子どもの問題を考えるばあい、まず考えておかなくてはならないことは、幼児のほとんどが「ぐずである」ということである。

幼児の母親に、

「今、家庭でいちばん困っていることは何ですか。」

という意味の質問をしてみると、およそ、七〇パーセントの母親が、「ぐずで困ります」と答えるものであるという事実がある。

つまり、ぐずであるということは、幼児の一般的な傾向であるのかもしれない。つまり発達途上に起こってくることであって、むしろ幼児の特徴といってもよいかもしれない。

しかし、幼児の中には、行動も判断もテキパキしていて、じつに敏しょうな子どもがいることも事実である。朝起こされると反射的に起きて、手順よく服を着がえ、洗面、排尿なども短時間にやってしまう。

こう考えてくると、「ぐずな子」というのは幼児には多いが、また一つの個性的なものであるかもしれないといえる。だとすると、短時間の間に「ぐずな子」を敏しょうな子どもにしようということはできない相談ともいえる。むしろ、もって生まれた個性、特徴と考えるべきかもしれないからである。

しかし、ぐずな子の、ぐずの程度を少しは緩知させる方法はないだろうか。

この問題を考えるばあい、まずこの種の子どもの特徴を明らかにしておく必要があるといえよう。

特徴1　寝起きがあまりよくないという傾向をもっている。

朝起こされても、ボーッと天井をながめていて、無為な時間を過ごす。服に着がえるときでも、片そでに手をつっこんでボーッと何か考えているような様子である。

おそらく、目はさめているのであろうが、からだのほうがまださめていないようである。だから、何をするのにもからだが動いてくれないのである。つまり血液の循環がよくなるのにひどく時間がかかる。それを待ってからでないと行動に移せないというところがある。

それを外から見ていると、ひどくぐずに見えてくるようである。

特徴2　夜は遅くまで起きていて、寝つきが悪く、朝になって熟睡する傾向がある。

寝起きのよい子どもは、「起きなさい」というひと声でさっと目をさますが、この種の子どもは何度も起こさないと起きないという特徴をもっている。起こされる瞬間まで、深い眠りにはいっているようである。

寝起きのよい子どもは、むしろ実際に目をさます前に、からだのほうが先に起きているようにみえる。つまり、朝はかなり早くから眠りが浅くなっていて、寝返えりを打ったり伸びをしたりして、いわゆるウォーミングアップを無意識にやってから、起こされるので、すぐに行動ができるようである。それに対して「ぐずな子」というのは、朝の眠りが深く、まったくウォーミングアップなしに起きるから、特徴1のような行動になるようである。

特徴3　指先の器用さはあるけれど、大きな筋肉を使うような運動が苦手である。

絵を描いたり、折り紙をしたりすることには、かなりの器用さがみられる。子どもにしてはりっぱな絵を描くことができる。

しかし、とんだり、はねたり、走ったりという、大きな筋肉を使うような運動はあまりやらない。鉄棒にぶら下がらせても、どこか力が入らなかったり、とばせてみても、申しわけのようにとんだりする。自信がないから、そうした運動に尻ごみしたり、傍観者になったりすることも多い。

ほかの子どもが園庭を走りまわっていても、本を読んだり、絵を描いていたりすることが多く、せいぜい砂場で砂いじりをしている程度で、ほとんど手足や服をよごすということはない。

このように大きな筋肉を使う運動をしないから、循環器系の発達ができていない。したがって、どうしても動作にぐずな面が目だってくる。血液の循環が悪いから、朝起きたときも、特徴1や2で述べたような傾向を生ずることになる。手足の筋肉をつまんでみると、筋肉質のものがあまりなく、ぶよぶよとしたやわらかさを感ずる(ソーセージをつまんだときのような感じ)。

特徴4　自律神経失調症、あるいは起立性調節障害といった症状をもつことが多い。

正式な医学的意味での診断をすることはできないことであるが、少なくとも、つぎのような傾向が多いことは事実である。

別に悪いものを食べたわけでもないのに「おなかが痛い」という。あるいは「気持ちが悪い」「はき気がする」といったことを訴える。また、病気でもないのに「頭が痛い」「フラフラする」などと訴えたり、実際に、熱を出すような子どももいる。

その他、ぜんそく、自家中毒、ジンマシン、風邪をひきやすいなどという傾向がある。

もちろん、医者の正確な診断を受けなければ即断できないが、少なくとも、それらの訴えをする子のかなり多くは、病気というよりは、ある種の体質的なものと考えられる。すなわち、大きな筋肉から小さな筋肉へといったノーマルな発達が妨げられているために、アンバランスな成長をしているようである。

たとえば血液の循環がじゅうぶんでないときに、動く(立って歩く、服を着がえるために手や足を動かすなど)から、血液が急に流れるために、本来脳にあるべき血液が少なくなるから気持ちが悪くなる。また、本来胃の周辺にあるべき血液がほかに流れて、欠亡状態になっているところへ食物を入れるから、腹痛を訴えるといったことが起こるのではないであろうか。

特徴5　以上のことは、長男、長女あるいはひとりっ子といった子どもの特徴でもある。つまりぐずな傾向が、これらの子どもに多いことも特徴の一つである。

長男、長女、ひとりっ子というのは、初めての子どもであるために、過剰にいたわられる傾向がある。つまり両親が育児に慣れていないし、比較的手が余っているために保護されすぎているのである。

そのために、からだを動かすことが少なくなる。したがって、運動する筋肉が発達しない。そんなことから運動ぎらいが起こるし、機敏さにかける子どもになるのであろう。

また、次男、次女と違って、家庭の中に子どもの世界がない。だからつねにおとなのゆっくりしたテンポに合わせた生活をすることになるから、ぐずな傾向というのが生まれるといえる。だから長男、長女でなくても世話好きの両親の下で育てられた子どもは、右のような条件があれば同様の傾向をもつようになるであろう。

以上、いくつかの特徴について述べてきたが、これらの特徴は、必ずしも全部をそなえているものではない。ある種の子どもは1と2と5を、ある子どもは2と3と4をといった、いくつか組み合わせた特徴をもつものである。また、はじめは1、3、4と出ていたものが、ある年齢になると2、3、5が現われるようになったといった傾向もある。だいたいの傾向をモデル的にまとめてみるとつぎのようになる。

(1) もともと体質といったものがそのもとにあるのかもしれない。

(2) いずれにしても、風邪をひきやすいとかぜんそくとか世話をやきすぎる傾向がそなわっているようである。

(3) 虚弱で世話をやかざるを得ないから厚着をさせたり、いちいち寒暖に応じて服の調節をしたりすることになる。

(4) したがって、自律神経の訓練、つまり寒くなったときにからだをひきしめるといったことが訓練できなくなる。

(5) したがって、よけいに風邪を引きやすく、ぜんそくなどをよく起こすようになる。

(6) 風邪をひきやすいから、夜寝ていてもすぐにふとんをかけてやったりする。ふとんをはぐということは、しぜんに体温調整をしているのにふとんをかけるから、それだけ自律神経の訓練ができなくなる。

(7) 夜中にふとんをかけるから熟睡できない。したがって、朝になってから熟睡する傾向ができる。

(8) 朝熟睡するから、起こしてもなかなか目がさめない。したがってぐずになる。

(9) 世話をやきすぎるから運動をあまりしない。したがって、からだの発達、循環器系の発達が遅れる。だから起こしてもからだのほうがほんとうに目ざめない。だからぐずな行動をする。

(10) おとなの生活に合わせた生活をしているから、万事テンポの遅い子どもになる。それがぐずに見える。

(11) 運動が苦手であるために、自信がない。したがって、新しい行動を起こすのに用心深くなる。それがぐずな行動としてみえる。

・対策のポイント

まず、母親へのアドバイスである。

朝目がさめても、からだのほうがなかなかさめてくれないから、すぐに行動ができないという傾向をもっている。したがって、からだがさめるまでに長い時間を与えてやる必要がある。

今まで、起きてから家を出るまでに三十分かけていたとすれば、一時間かけるようにする。そのためには早起きをさせることであることはいうまでもない。

それを実行するためには、夜早く就寝させる必要があることは当然であろう。そのばあい、いちばん問題になるのはテレビである。テレビをいつまでも見ているという習慣をやめさせる必要がある。それをやるためには両親ともに意見を統一して、就寝時間になったら泣こうがさわごうが強引にやらなければならない。毎晩のように強制して二週間も続ければ、たいていは子どものほうがあきらめるはずである。

一度、そういう習慣がついたら、絶対に例外を作らないことである。土曜日だから、夏休みだから、あるいは、お客さんがきたから……といったことで一度でも二度でも例外をつくると、子どもは図にのってしまう。家庭の中のルールは単純でないと、子どもは守れないものであることを知っておく必要がある。

この種の子どもは、寝つきが悪いものである。寝つきをよくするくふうをする必要がある。それには、疲れさせることがいちばんである。いうまでもなく、けいこごとなどに浮き身をやつしているより、戸外でヘトヘトになるまで運動をさせることをすすめなくてはならない。

また就寝時に本を読んでやるとか、お話をしてやるといったことを実行して、安静に眠らせることもたいせつである。

何よりも困ることは、この種の子どもは、寝入りの時が浅く、朝になって深く眠るようになっていることである。前にも述べたように、朝になって深く寝ているから、心身ともにすぐに目がさめないのである。

もともと人間は「寝入りばな」ということばがあるように、寝て二、三時間目がもっとも深く、明け方一、二時間は浅くなり、自然に目がさめるようになっているはずである。それが、朝になって深く眠るようになるというのは、どうも夜中にふとんをかけることと関係が深いようである。

もともとこの種の子どもは、風邪をひきやすいとか、扁桃腺を肥らせやすい。あるいはひどいぜんそくがあるといったことがあるため、母親が病気に対して神経質になっている。したがって、夜中にふとんをぬぐと、かけてやるという習慣がついてしまう。

しかし、もともとふとんをぬぐのは、体温が三十六度六分という平熱から高くなったので、それを調整するためにぬぐのである。それは自律神経がその作用をさせているのであろう。つまり寝ている間も、呼吸、心臓の働きおよび体温の調整をつかさどっている機関は起きて活動しているはずである。したがって放っておいても、体温が下がりすぎると、ふとんの中にもぐり込むという行動を起こせるはずである。

この種の母親は、一方では風邪を引くことを恐れると同時に、子どもというものは過護したり、干渉したりしないと育たないと考えているから、せっせとふとんをかける。

それは自律神経の働きをにぶらせることになる。したがって、たとえば園舎から出たときは当然温度の差が生じているはずであるが、それに即応することができないから、よけい風邪をひきやすくなる。風邪をひきやすいから、またせっせとふとんをかけるという悪循環を起こす。

もう一方ではその間に不要なことをされるわけであるから、どうしても眠りが浅くなる。ところがどんな熱心で保護過剰な母親でも、朝がたまで起きて、ふとんをかけているわけではない。そのころは自分も熟睡する。したがって子どもも、朝になって深く眠ることとなるようである。

まず、寝ているときにふとんをかけることをやめさせることである。これを実行するためには、季節がある。九月、十月になったらもうおそい。来春まで待つことである。だいたい日本の一般的な気候でいえば、気温が安定して上昇しはじめる時期、つまり五月の半ばあるいは六月ごろから実行させるべきである。なぜなら、長年にわたってかけているから、習性化してしまっている。それを変えるためにはかなりの日数がかかる。ふとんをかけなくても風邪をひかない気候のときに始めるべきである(一度実行してみて失敗すると、母親というものは自分のやっていることが正しいと思ってすぐもとにもどってしまう傾向がある)。それを少なくとも二、三カ月は続ける必要がある。二、三カ月すると子どもの体質もある程度変わってくるものである。体質が安定したところで、秋になり冬になるようにプランしないと失敗する率が高い。

こうしたことを実行すると同時に、朝がたになって少しずつからだが目をさます(?)ように刺激を与えておきたい。しかし、これは原理的にはいえるが実行はできない。しかし母親が直接刺激しなくても、自然にできる方法がある。それは太陽光線を利用することである。朝になって陽がさしてくると、自然にその刺激を受けて眠りが浅くなる。そのためには雨戸を開けて寝ることである。

それをやるためにも、冬は陽がおそくでるから五、六月ごろから始めるのがもっともよい。

このようにして寝入りばなのとき深く、朝は浅い本来の眠り方になると、かなり、寝おきがよくなることであろう。

それにしても、何年にもわたってできてしまった習慣はすぐには改善されないであろう。したがってつぎのような方法も提案してみる必要がある。

寝起きのよい子どもをみていると、前にも書いたように、朝早くから眠りが浅くなっている。そこで、寝返りを打ったり、伸びをしたり、あくびをしたりして、からだのほうのウォーミングアップをかなりの時間やっていることに気がつく。それを本人にもやらせることである。

つまり、起こしたら、ふとんの中で伸びをしたり、軽くからだを動かしてから起きるようにするのである。つまりふとんの中で運動をさせることである。

そのとき注意すべきは、母親があたかも先生になったような態度で運動をさせようとすると、子どもはおもしろくないから、長続きがしない。要するにからだを動かせばよいのだから、「鼻をつまんでごらん」「ふとんの中で自転車をこいでごらん」「ハイ自転車でおつかいよ、角のタバコ屋へゆくのよ、ゆっくりこいで……」「自動車がきたから左へよってストップ」

などと子どもの空想を刺激しながら、おもしろく、いつの間にかからだを動かしているといったように実行させるべきである。ウォーミングアップができるから、実際に起きたときの動作は早くなるはずである。

四、五歳の子どもであると、ある程度時計を読むことができる。三時になったからおやつがほしい、六時になったからテレビが始まるぞ、というのがそれである。しかし、それは時刻がわかっているだけで、時間がわかっているのではない。おもしろいことに、日本の教育では時刻を読むことはかなり早くから教えるが、時間を読みとることはほとんど教えない。

五分とか、十分とは、どれぐらいの時間かということを知る体験は生活上必要なことである。しかし、それを習得させるのに時計を使っても意味はない。なぜなら時計の針の動きは見えないからである。ハッと気がついてみると、かなりすんでしまっているということになる。そこで、時間を体得させるのによい方法は、砂時計を持たせることである。これは動いていることがよくわかるからである。

朝起きるときばかりでなくお使いに行くときも、服をぬぐときも、手を洗うときも、あらゆる機会を通して、砂時計を利用して時間を体験させるとよい。

一方、ぜんそくが出やすいとか、風邪をひきやすいという傾向をなおさないと、右のようなことも安心して実行できないようである。したがって、そうした面の治療をする必要がある。もちろん小児科医と相談しなければならないことは事実であるが、こうした体質にいちばんよいのは乾布摩擦であるといわれている。

しかし、これも口でいうことは簡単なことであるが、実行することはむずかしいようである。そこで実行可能な方法を指導しておく必要がある。

風呂にはいったとき、今まで使っている普通のタオルを、いっさい使わないようにする。そしてヘチマかナイロン製のゴワゴワしたタオルを使うことにする。

そうして、からだを洗うことも、水をふきとるときも、いっさいそれでやることにすると、乾布摩擦とほぼ同様の刺激を与えることになる。これを実行するためには、やはり二カ月ぐらいの時間が必要である、初めはせっけんをたっぷりつけて、ほとんどさわるかさわらないかの状態でさわってやる。多少あかが残ってもよいことにする（母親はこんなとき、あかもじゅうぶん落とそうとするから、子どもにいやがられ、継続できないことになる。一度や二度あかが落ちなくても、この種のことが長く実行できることのほうがはるかに価値が高い）。そして、ごく少しずつ力を入れてゆく。だいたい二カ月もすると、子どもの皮ふのほうが適応してくるようになるものである。

一度これを始めたら、絶対に例外を作らないようにすること、たとえば父親とはいるときには、普通のタオルを使うというようなことをしないこと、家族全員でこれを実行するということも必要なことである。

こうした方法も、長く風呂場にいても風邪をひかないような季節、すなわち、五、六月ごろから始め、すずしくなる前に習得できるようにしたいものである。

このようにして血行がよくなり、自律神経が訓練されると、ぜんそくや風邪をひきやすい傾向が少なくなると同時に、朝起きたときの血行もよくなる。したがって、朝ぐずになるということも、かなり改善されてゆくはずである。

いろいろな方法について述べてきたが、これらのことを実行すれば、それなりに効果があることはまちがいないところであるが、こうした方法をとる前に、つぎの二点について母親の態度を改める必要がある。

(1) 子どもを保護したり、人工的に育てようとしないこと。

すなわち、いつも自分の手元において、けがをしないように、まちがいが起こらないようにしようとしているかぎり、右のことを実行しても、本来、子どもが親というおとなのテンポに合わせた生活をしているから、ほとんどみるべき効果がないであろう。

おとなのテンポと子どものテンポは想像以上に差のあるものである。

たとえば、今おとなと、元気でノーマルな子どもが散歩しているとしよう。おとなは一定のテンポ（約一時間に四キロぐらい）で歩いている。ところが、健康な子どもであれば、その間にサーッと走り出すであろう、飛んでいるチョウチョを追いかけたり、石ころをけとばしながら歩いたり、わざわざへいの上を歩いたりするであろう。かりにおとながそのまねをしたとすれば、たちまち疲れはててしまうであろう。本来はそれぐらいの差があるのに、おとなに支配を受けすぎると、はるかにテンポをおとすことになるから、子どものからだの発育に大きな障害をもたらすことは火をみるより明らかなことである。

(2) 子どもは、心の発育も盛んであるが、からだの発育もはるかに盛んなものである。最近では、心の働きを助長する刺激は多い。テレビ、絵本、各種のけいこごとはすべて、心の成長のための刺激である。たとえからだを使っても、指先や舌先を使うような運動であるにすぎない。

このアンバランスは想像以上のものであるといえる。母親はよほど気をつけていないとこのアンバランスを助長することになる。放っておいても、心の成長を促進する刺激は多いはずであるから、からだの成長を促進する配慮をしないと、当然アンバランスが起こるはずである。ところが世の中の母親は、ただでも多すぎるのに、心の成長のほうだけに目を向けて、やたらにそれを助長し、アンバランスな状態をより強めているようである。

戸外での自由で活発な運動をすすめなければならない理由はここにある。

ぐずな傾向というものは、ほとんどが体質的なもの、あるいは両親の育て方にからむ問題であるために、園での扱いよりも母親へのアドバイスのほうが先決であるが、それらの内容は園での扱い方にも応用できる分野がある。

たとえば、大きな砂時計を用意して、時間の観念をたえず体験させること、あるいは、登園したときに乾布摩擦を実行する。あるいは、夏はたえず上半身を裸にして、皮膚の鍛練に努めるといったこと、昼寝から起こすときに、ふとんの中で体操してから起こすといったことなどがそれである。

しかし、それらのことよりも何よりも、園として重点をおかなくてはならないことは、運動であることはいうまでもない。最近の幼稚園では、母親の意向に迎合して、屋内の作業、絵を描くこと、折り紙、歌といった、小さな筋肉を使うことや、知的なことに時間がさかれる傾向があるが、むしろ、戸外で大きな筋肉を使う運動を多くさせるようにする必要があろう。

しかし、この種の子どもは、いきなり普通の子どものやる運動にはいれないから、そこで細かな段階を設定しておいてやる必要があろう。

また、自然に運動をさせるためには、社会性を豊かにさせておく必要がある。それは前項（登園拒否児）で述べた方法を合わせて実践する必要がある。

また別の角度の問題としては、もちろん程度問題もあるであろうが、遅れて恥ずかしい思いをさせて自覚させるといった方法もよいばあいがある。母親と連けいをとって、そうしたことを実行することもすすめたい。

いずれにしても、前に述べた登園拒否という傾向がこの種の子どもの中から出てくることにも留意したい。

すなわち、朝起きたときに、頭痛を訴えたり、はき気を訴えたりすると、母親のほうで簡単に休ませてしまうために、それに甘えてしまうばあいがそれである。

ほとんどのばあいは、医学的に問題がないばあいも少なくないから、右のことを実行させて、まず、そうした身体的な症状をとってやることが、登園拒否を指導するばあいの先決である。

(4) 乱暴な子

〈実例〉

まっさおな顔をしたふたりの先生が、女の子をかかえて保健室へかけこんできた。

ひとりがベッドに寝かせている間に、ひとりは医者に連絡。

例のR男がやったという。

窓のそばで外を見ていたその女の子を「窓から外をのぞいちゃいけないんだぞ」といったかと思うと、窓の外へ放り出してしまったのだという。

幸いなことに、女の子は少しかすり傷を受けたほかはたいしたけがもなかったが、この一件があって、園長ははっきりと決心したという。

「退園してもらおう」

どういうわけかR男の乱暴は目にあまる。保育時間を乱すなどということは毎度のこと、絵を描いているとき、画用紙を丸めてポンポンと子どもの頭を叩いてまわる。机の上をピョンピョンとんで歩く。たしなめたときは、少しばかりの時間はおとなしくなるが、すぐに机の上へ上がって
「諸君!!……」などと選挙演説のまねをはじめたりする。

ひじが当たったというような、ごくささいなことでも、顔色を変えて怒り出し、相手の顔に爪を立ててバリバリバリ。髪の毛をひっぱる、物を投げるなどという程度のことが、ほとんど毎日続く。

被害者の母親から、たびたび苦情をいわれてきたのを押さえてきた園長も、決心せざるを得なくなったようである。

教育相談所へ通って、治すことを条件に、登園を遠慮させることにした。

・討論のポイント

乱暴な子どもと、どのようにつき合ってゆけばよいかということを考えるばあい、まず、いくつか明確にしなければならない問題がある。以下箇条書きにしておきたい。

① このような情緒的な問題は、その現われているところをまさぐっているだけでは、問題は解決できない。別のところで受けた刺激によって、もたらされた不愉快さが、地下水のようにもぐっていて、それが別のところからふき出てきただけにすぎないというばあいがあるからである。

R男の例でいえば、単にひじが当たったというだけで急に怒りが出てくる。そのとき「ひじが当たったために怒ったのだ」とだけ解釈すると、いかにも常識では考えられないことだけに、その異常さだけが印象づけられる。したがって、この子は精神異常があるのではないか、生まれつき異常な性格をもっているのではないかと考えざるを得ないであろう。

しかし、ひじが当たったというのは、単にがけの中途の小石をはずしたということにすぎない。その場にたまっていた地下水が出てくるのと同じであると考えられないこともない。

むしろ、ほかのところに降った雨が、地中にしみこんでたまっていたものが出てきたのであるから、そのしみこんだ場所を突きとめて、そこに手を打たないかぎり、第二、第三の小石がはずされるたびに、ほとばしり出てくるはずである。もちろんその水の出口に対して、手当てをすることもたいせつであるが、むしろ、その水源を発見して、そこに手を打つことのほうが先決である。

② 怒りというのは、一種の情緒的な現象である。そのような情緒が発現しやすい状態の一つに心の不安定さがある。

まず、その子どもの不安定さがどこから生じているかという点を捜してみる必要がある。幼児にありがちなのは、親子の分離不安がある。

R男のばあいでも、調べてみると、家の中で母親といっしょにいるときには、ほとんどそのような乱暴な行動はないということがわかった。

しかし、母親がいなくなると、極端な不安状態になるとみえて、母親は簡単に買物にも行かれないという。母親が便所にはいっても「ママ、ママ」といって大さわぎをするという。返事をするとはじめて安心して、母親が出てくるまで便所の前へおもちゃをもってきて遊んでいるという。

母親の表現によると、R男は、幼稚園の登園バスに乗る前と、乗ったあとの顔つきはまったく違うという。バスに乗ったR男の顔は緊張しきった顔である。

便所にはいった母親にすら大さわぎをするぐらいだから、三時間も四時間も母親と離れている幼稚園の生活は、R男にとって耐えられないぐらい不安な時間であろう。

③ 不安と怒りとの関係は、一見矛盾した関係のようにみえるが、不安というものが耐えがたくなったとき、それは大別すると二つの出方がある。その第一は、しっかり防御体制をしいて、その中にこもってしまうという現われ方である。かん黙児、登園拒否児というのがそれである。それは消極的に自分を守ろうとする姿勢である。

それに対して積極的に身を守ろうとするのがこの乱暴である。つまり相手を攻撃することによって自分を守ろうとするのである。

R男のばあいでいえば、R男がバスに乗って緊張している場面はその前者の状態であり、ひじが当たったということで怒り出すというのは、後者のばあいである。

客観的にみれば、ひじが当たるということは、実にささいなことであるが、不安定な状態にあると、その刺激を主観的には数十倍もの強さで感じてしまって、「馬鹿にされたのではないか」、「いじめようとするのではないか」と受けとってしまうようである。したがってある意味では、いかにも積極的で、行動的な子どもにみえるが、その乱暴さが激しければ激しいほど、じつは気が小さいのかもしれない。

④ 本人の性格的な要素として、不安になりやすいという傾向のあるばあいもあるが、もっとも多いのは社会性の不足である。ちょっとチョッカイをかけられたことをいじめられたととって、攻撃を加えるといったことがある（これについては「登園拒否児」の項の実例1のばあいを参照）。じつは母親や父親がそれを作っているばあいも少なくない。

R男のばあい、母親の語るところによると、母親自身が父親に対して、たえず恐れ、おののきながら生活していることがわかった。すなわち、父親は、きわめて感情的で、食事が気に入らないといって食卓をひっくり返したり、帰宅したときに妻が家にいないと怒り出す。子どもの育て方についても、一方的に意見が述べられるだけで、母親は一言半句の意見も出せないという。

そうしたことが本人の前で起こるので、本人がひどく不安にかられてしまったことは想像にかたくない。

また、自分がいないと、母親がどうにかなってしまうのではないかという心配（何度か母親は家出をしている）から、離れられなくなるという気持ちが生まれるのも無理はない。

あるいはまた、母親自身も、自分の生きるささえを子どもとの接触に求める形になり、そのささえが一時的にしろはずされるから、朝、登園時の母親は分離不安にかられ、その母親の不安が、そのまま子どもに乗り移るという筋道も考えられた。

⑤ 子どもの社会性の成長の始まりは、親子関係の中で生まれる。したがって子どもの行動のある部分は、親の模倣であるばあいも少なくない。

R男のばあい、父親が極端に乱暴であることは前述したとおりである。そのことが、母親との分離不安を生じたのかもしれないという筋道も考えられるが、また別の見方をすると、父親のその乱暴な行動を模倣しているのかもしれないという考え方もできる。

⑥ 家庭の中における過剰なしつけ、制限の結果、そのうっぷんば

らしを乱暴という行動でしているといった考え方もあり得る。

R男のばあいは、あまりこうしたことは考えられなかったが、多くの事例の中には、この種の要因をもった子どもも少なくない。「うちの子どもについては、きびしくしつけてほしい」などといってくる母親の中に、子どもというものは、小さいときから習慣化させておかなくては、とんでもない子どもになるのではないか、という恐れから、ひたすら制限をしたり、しかることが家庭教育の本筋であると考えている母親がいるものである。

しかし母親が「きびしく」しつけているつもりになっていることは、ただ形式にこだわっていたり、母親のエゴイズムや感情的な判断によったりしているばあいが少なくない。子どもは不満があっても、家庭ではそれを発散することができずに、幼稚園、保育園で出してしまうといったことがよくある。

⑦ 例としてはあまり多くないが、まれにてんかん性性格といわれる子どもがいる。もともと、てんかんがあって、その二次的な性格として衝動的な乱暴をするばあいである。R男のばあいも、一度はそういう疑いがもたれ、脳波検査が行なわれたが、異常であるという所見は得られなかった。

てんかん性性格というのは、てんかん症状に伴ってくる性格で、衝動的な行動、情緒的に激しい行動が出やすいといわれている。これはてんかん症状に一次的に結びついている行動様式なのか、それを気にする両親、その他の環境的な因子から作り出された二次的な行動様式なのかは不明であるが、てんかん発作をもつ子どもに現われやすいことは事実のようである。

てんかんは失神するとか、けいれんが起これば、だれにでも簡単に発見できるが、微細な発作のばあいには見のがされやすいから、よく観察する必要がある。たとえば、

○目がうつろになって、一瞬ボーッとして立ち上がったり、目的なしに歩き出したりする。また、名まえを呼ばれるとはじめて我にかえるといった行動がある。

○何の理由もなく、手にもっていたクレオンやスプーンなどを、ポトッと落としても気がつかない。

などといったことがそれである。このことをあらかじめチェックするためには、生育歴の中で無熱性のけいれんが起こっていないかどうかを、母親に確かめてみる必要がある。

風邪を引いたときとか、扁桃腺を肥らしたときの熱で、けいれんを起こす子どもはかなりいるし、それほど害はない。ただまったく熱の出てない状態で、しばしばけいれんがあったら、てんかんを疑ってもよい。

てんかんがあって、乱暴な行動が起こっていれば、まずてんかんの医学的な治療をすることが先決であることはいうまでもない。

・対策のポイント

園で乱暴な子どもを扱うばあいに陥りやすい傾向は、連絡帳その他の方法によって、園での行動を精細に連絡しようとする傾向と、園長、あるいは主任の先生に依存して、その人たちにたよって問題を解決しようとする傾向である。

この二つとも、じつは問題を悪化するばかりで、解決にはならないことを知っておくべきであろう。

① 連絡を密にする方法のマイナス

父兄との連絡を密にしながら、子どもを保育するということは、保育の原則であることは否定できない。

しかし、この種の乱暴な子どものばあいは、ひたすら、園で保育者が困ったこと、その子の問題行動の事実を述べるだけに終わってしまうおそれがある。

これは、明らかに「自分は困りはてている。おかあさん、なんとか指導してください」といっているのと同じで、保育者が母親に甘えている態度であるといえる。まず、こんなことから、保育者をたよりないものと思うようになるであろうから、よけいに母親の不安を増す結果になる。そうした母親の保育者への不信感、不安感は容易に子どもの情緒に不安定さをもたらすであろう。こうして乱暴であるという傾向はますます強化されていく。

また、子ども自身にとっては、その連絡帳に書かれていることは四時間も五時間も前に起こったことである。今はすっかり忘れていて、ほかのことに夢中になっているころに、母親から呼ばれて「きょう幼稚園で〇〇のことをしたそうね」としかられることになる。しかもその母親はその場にいないわけであるから、トンチンカンなしかり方をしてしまうことになる。おそらく母親に対して反抗心をもつことになるであろう。保育参観をしたあと、帰宅したあとに、その保育中の行動をたしなめるのも同じことである。この点も注意しておきたい。

母親の中には、気の弱い人がいて、子どもが悪いことをしても、その場でしかることができなくて、父親が帰宅してから、代わってしかってもらうという母親がいるが、その母親はおよそ母親としての資格を疑わざるを得ないといえよう。

自分で子どもを処理できなくて、母親に連絡することによって処理してもらおうとする保育者は、このだらしのない母親とまったく同じであるといえる。

さらに、もう一つの悪影響は、つぎのような筋道で考えられる。

幼稚園の中で起こったことが、いちいち母親に報告されるということは、一種の告げ口をされていることになる。ある程度社会性のすすんだ子どもは、幼児であっても、告げ口することはひきょうな行為であると考えている。少なくともすすんでやるべきではないと考えるものである。

その子どもが、つねに告げ口を平気でやっている保育者をなんとみるであろうか、いよいよその保育者を信頼しなくなるであろう。したがって、ますます反抗的な態度をとることは火を見るより明らかなことであるといえよう。

意外にまじめでおとなしい保育者が、乱暴な子どもを扱うとき、その乱暴な行動をなおすどころか、だんだんひどくさせてゆく例がよくあるが、その原因は、連絡を密にすべきだという観念的な考え方にこだわって、ひたすら連絡帳に園での困った行動をきまじめに書くからである。

連絡を密にするということは、このようなことではあるまい。すなわち保育者として困っていることを訴えることではなくて、この子どもの成長にとって、必要な処置、母親としてとるべき態度を指示するようなことを連絡すべきである。

母親からの連絡でも「お任せしますからきびしく扱ってほしい」といった連絡も困る。このことばのとおりきびしく扱ってしまうと別の苦情が生まれてくるであろう。

つまり、この種の母親は、近所隣からたえず苦情をいわれて、精神的に混乱している。そこへ追いかぶせるように保育者から苦情をいわれることに耐えられなくなるから、いわば自己防衛の一種としてあらかじめいっているにすぎないからである。

つまり、いろいろ苦情を伝えても、「だから前もってきびしくしつけてほしいといっておいたではありませんか」という逃げ口上に使われるばかりである。

これも母親の一種の甘えであるといってよい。保育者と母親とが相互に甘えあっている状態では問題は解決しない。

② 権威者にたよろうとするばあい

保育者が陥りやすいもう一つの傾向は、園長あるいは主任、ばあいによっては、知っている学者といった権威にすがって解決しようとするばあいである。

「○○先生（学者）も××というようにおっしゃっています」というい方ぐらい母親の心情を悪化させるものはない。

また、自分が直接母親に面談すべきところを、主任や園長に代わってもらうとか、家庭訪問をしてもらうといったやり方は避けるべきである。たしかに母親は権威に弱いから、その場は意見をきくことになるが、母親の心情の中にぬぐいがたい不信感を植えつけてしまうことになる。

園長の家庭訪問を受けたある母親は、つぎのように述べている。

「わざわざ園長さんが心配してきてくださったことについては、ひどく恐縮しました。だから、園長先生のおっしゃるとおりに従うことにしました。でも、やはりあの先生（担任の先生）は、私が思っていたとおりたよりないんだわ、だから園長先生が、わざわざ出かけてこられたのだわ、というような思いは、ぬぐいきれないものとなりました」

事例研究会などで、経験の深い園長や主任の意見をきいてみるということはたいせつなことであるが、しかしまちがっても、自分に代わって処理してもらおうとしてはならない。

学者のいったことを参考にすることはすすめられるが、それはあくまでも自分の中でそしゃくして、自分の意見として伝えるべきである。

要するに問題場面から逃げたり、自分以外の人間に甘えたりする態度をとるかぎり、問題は解決しないと知るべきである。プロとして、自分の意見を明りょうに伝えるべきである。

たとえば、子どもが父親のまねをして乱暴をしているとすれば、「一カ月間だけ、たたいたり、怒ったりすることをやめてみてください」とか、きびしくしつけられすぎて、そのうっぷんばらしをしているようだったら、「○○のことだけは、おおめにみてあげてください」とか、「しばらくいっしょにお風呂にはいってあげてください」などと具体的に指示したいものである。

母親というものは、一度に多くのことをいわれてもなかなか実行ができないものである。具体的で単純なことを一つか二つ指示してやるべきである。

もし、分離不安をもっていると判断されたら「登園拒否」の項の実例2の対策で書いたようなことを指示すべきであろう。

てんかんの疑いがあるばあいには、医師を紹介する必要があることはもちろんである。現代医学では、てんかんの発作をなくすことはできる。しかし父兄の中には、今でも一種の不治の病気であるとみているから、保育者が「てんかんの疑い」などということばを口にすることは慎しまなければなるまい。

そういう意味でいきなり医者を紹介することがはばかられるなら、まず教育相談所、児童相談所を紹介するのもよい。こういう機関が脳波測定機を持っているばあいもあるし、保育者に代わって母親に刺激を与えない方法で医者を紹介してくれるものである。

乱暴な子どもの多くは、大なり小なり家庭的な問題をもっているから、その保育の主眼を母親に向けなければならないことは事実であるが、園での扱いでもっとも注意しなければならないことは、乱暴な行動をしたときの扱いである。

本人は精神的にカッとした状態であるから、その情緒を刺激する方法、つまりいきなりしかってしまったり、大勢の前で恥をかかせたり、大声を出したりすることはできるだけ避けたい。

もちろん、とっさに、危険が起きないように処置する必要があるが、その処置さえすれば、そのあとはその興奮している状態をどのようにしてさませるかを重視すべきということであろう。

基本的には、おさまるまで待ってやる、という態度が必要であるが、事情が許せば、抱いてやって、背中をなでてやるといったことも効果的であろう。また、気持ちを転換させるといった手法も効果的である。たとえば「あれ、飛行機が飛んでいるんじゃないかな、音がするよ（本人がもっとも興味を持ちそうなことを選んで）」などといってみるのもよい。要するに、一時的に意識をほかのほうへもっていくだけでも興奮はおさまるものである。

興奮のおさまったところで、ゆっくり話してやると、意外に保育者の話がわかるものである。できることなら、一対一の場面、あるいはいっしょに何かの作業をしながら、背中を向けて話してやる、といった方法も効果がある。

(5) 言語障害児

〈実例〉

お帰りの歌を歌い終わると、子どもたちはせいいっぱいの声を出して叫ぶ。

「センセイ、サヨウナラ」「ミナサン、サヨウナラ」

このときばかりは、一日中ほとんど口をきかないR男も、話しかけるとすぐにはにかんでしまうH子も大きな口をあけて叫ぶ。

なかには、もう戸口のほうへ走り出しながら、捨てぜりふのように叫んでいる子もいる。

これからのしばらくは、蜂の巣をつついたときのようにワーッという騒音がわき上がる。

通勤電車の入口のような活況が過ぎさると、セミの抜けがらのような放心状態になる。

いや、まだいた。S子である。

例によってニコニコしながら、先生に近づいてくる。

今日こそは、全部ききとってやろう。

「S子ちゃん、先生にお話しがあるの？」

S子はコックリをする。

先生はスカートのよごれも気にしないで、そこへひざまづく。なにしろ、S子の声は小さくてききとりにくいので、いつの間にか耳を貸してやるくせがついてしまっている。

こういう受け入れ方ばかりしていては、S子の声は一向に大きくならない。なんとか大きな声を出させるようにしてやらねば。一瞬そうは思うのだが、さっき、きょうは全部わかってやろうと決心したものだから、いつの間にかいつもの姿勢をとってしまう。

S子は、先生の耳たぶをしゃぶるようなかっこうで、しゃべりはじめる。

「ウーントネ、ウーントネ……エートネ……」

じれったくなって、急がせたくなるのを、先生はじっとがまんしながらうなずく。

「キョウネ、キヨミガデンチャートママトチャーイマタノオバーチャントコクルノオオナーチュトキュウジアゲウノ、ウーント、ウーントキヨウイナイノ……。」

チンプンカンプン、またしても半分もわからない。S子は、どうやらママからいいつかった伝言を、伝えたつもりであろう。まっ赤な顔をして、ニコニコと得意そうである。

先生は必死になって反すうしはじめる。

「キョウネ、キヨミガデンチャートママト……」

わかったのはキョウ、ママト、オバーチャン、キョウイナイノぐらいである。

頭の中でいろいろ組み合わせてみるが、どうしても筋ができ上がってこない。

おずおずきいてみる。

「今日、ママがイナイの？」

S子はかぶりをふる。

先生は、せっかくのS子の得意そうな気持ちをこわしたくない。でもわからないことはきかないとわからない。

「オバーチャンがくるの？」

S子はニコッと笑う。

やれやれ、一つわかったぞ。

「それで、S子ちゃんがお家にいないの？」

「ウウン？」

「じゃあ、ママがいないの？」

ママがいない家に帰したらたいへんだと思うから、先生としては「いないの」にこだわってしまう。

またしてもS子は首を横にふる。

「ママはお家にいるのね。」

「ウン。」

「わかったわ、ありがとう。」

これ以上追求することは、S子の自尊心を傷つけると思った先生は、ここで話を打ち切ることにした。

電話で母親に確かめることにする。

要するにS子のいいたかったことは、

「あした、キヨミ（妹）とママといっしょに電車に乗って埼玉のおばあちゃんの家へ行くの、キュウリとおなすをもらってくるの。だからあしたお休みします」ということであった。

S子にとっては過去、未来の区別がついていない。だからあすもきょうも同じなのだ。チャ、チョという発音ができないからどうしてもその音のところが伸びる。「て、に、お、は」がよくわかっていないから、「が、と、に」が使い分けられない。タマとマタの言いまちがい、「行く」と「来る」の混同、「あげる」と「もらう」の混同などがある。また、ラ行の音がザ行、ア行になったりする。

こんな混乱が随所に起こっているわけであるから、先生にわかるはずがない。

・討論のポイント

幼児のことばというのは、かなりのベテランでも、よほど気をつけてきかないとわからないのがふつうである。

むしろ、幼児のことばがどれぐらいわかるかということが、その保育者の力量のバロメーターになるといってもよい。子どものことばをきくばあいもそうであるが、逆に、保育者のことばがどれぐらい相手に伝わっているか疑問であるばあいも多いといえる。おそらく半分伝わればよいほうかもしれない。自分の意図したことを適確に伝えることができるようになれば、その保育者はかなりの力量をもっているといってよい。

それぐらい幼児をとりまくことばの問題というのはむずかしい。

幼児のことばの問題は、大別すると、つぎのようなものに整理することができる。

① どもり

S子の例でいえば、発語のときに「ウーントネ、ウーントネ」といっているところ、特定の音が必要以上に伸びる、といったことがこれに近いと考えられる。

しかし、このどもりの問題は、よほど気をつけないと、保育者のほうが助長してしまうばあいがある、といわれている。

アイオワ州立大学のベンデル・ジョンソンはおよそつぎのような意味のことを述べている。

「どもりになった子どもと、どもりにならなかった子どもの要因分析をして比較してみたが、何一つ意味のある差が現われなかった。ただ一つ、子どもがつまったり、音のくり返しをしたときに「どもりである」と指摘した人（多くのばあいは母親であるが、先生のばあいもある）がいたという事実がわかった。」

子どもがことばを覚え始めるのは、一歳から一歳半ごろであるといわれている。それが三歳になると、日常会話にこと欠かなくなるものである。経験も知識も乏しい幼児が、わずか一年半か二年で、日常会話をやってのけるということは、驚異的な成長力であるといえる。

経験も知識も豊かなおとなが、五年も六年も勉強しても、英語の日常会話ができないことと比べると、そのことはよくわかる。

したがって、幼児は二歳、三歳ごろには、想像以上のすさまじさでことばを覚えてゆく。したがって、幾多の混乱を起こすことは当然である。

過去も未来もわからなくなるし、悠長に「てにおは」を選択する余裕もない。

その混乱の一つの現われに「つまる」「くり返す」が起こるのである。

「あのネ、ネ、ネ、ネ、ネ、ネー、ママ!!」

「ウーントネ、ウーントネ……」

「トトトマトガネ」

といった程度のことは、ほとんどの子どもがいっていることなのである。

それを、ことばに神経質な母親や保育者が「あなたはどもります」といった指摘をするのが、どうもどもりの出発点になっているようである。（よく近所の子どもや親類の子どものどもりが移ったというが、じつはまねしてそうなるのではなく、そのことを知った母親が、ほかの母親よりことばに神経を使うからである）

ただ指摘するならまだしも、必ずつぎのような注意を与えることになる。

「あなたはどもりだから、ゆっくりしゃべりなさい。」

「息をいっぱい吸って話しなさい。」

「大きな口をあけてはっきりいいなさい。」

ところがことばというものは、ほとんど無意識に発声しているはずである。

「ところが……」の「と」ということばを発音するのに、いちいち、「口を大きくあけて」とか、「息をいっぱい吸って」などとは考えてはいない。そんなことを考えれば考えるほど、よけいにとちってしまうにちがいない。

それはちょうど、スムースに歩いているムカデに「前から三番目の足のあげ方がおかしい。カクカクの動かし方をしなさい」と注意するのと同じである。おそらくそのムカデは歩けなくなるにちがいない。

どもりを作るのは、ことばに神経質なおとなが作るのである、といっても過言ではない。保育者がそれを助長することがあってはならない。

② 構音障害

構音障害の中には、いわゆる赤ちゃんことば（幼児語）がある。すなわち、かなり大きくなっても、ニャーニャー、ワンワン、モーモーといっていたり、正確に発音ができるのに、わざわざ「オイチイ」「パイパイ」「デンチャ」などという言い方をしているばあいである。

この種の子どもは、過剰な甘えをみせているばあいも少なくないが、母親がそのレベルで接しているために起こるばあいがある。この点では、母親が、子どもにいつまでも子どもであることを願っていたり、人形扱いをしている傾向があるといえる。「登園拒否」の項の実例２「分離不安をもつ母親」についての討論および対策が参考となるであろう。

もう一つのばあいは、子ども自身の退行現象として幼児語が現われているばあいである。

退行現象とは、本人の年齢なみの適応がうまくゆかないとき、その年齢以下の子どもの適応のしかたで、適応しようとする傾向のことである。

たとえば、下に子どもが生まれたばあい、母親の関心がその子に向かっていて自分を相手にしてもらえないようなとき、無意識のうちに乳児のまねをすることによって、関心をひこうとする行動、すなわちおねしょをしたり、わざといたずらをしたり、甘えてみたりするのがそれである。それがことばの面で出てきたものが、幼児語である。

こうした幼児語に似たものに、言語発達遅退と呼ばれる現象がある。

テンテイ　タョーナラ（先生さようなら）、アッパ（ラッパ）、ダジオ（ラジオ）、オタカナ（オサカナ）、などというのがそれである。

また、コペット（ポケット）、カタマツチョウ（高松町）、サイマタ（埼玉）などというのもそれである。

こうした言語障害を考えるとき、もっとも重視しなければならないのは、ほかの行動が遅れてはいないかという点である。運動機能、記憶、認知、数概念、社会性、生活習慣という面ですべて遅れているという事実があるとすれば、それはむしろ、精神発達遅退、あるいは精神薄弱といわれるもので、ことばの面での対策を考える前に、そうした遅退にどう対応すべきか考えるべきである。

この点については、つぎの項でふれることにしたい。

言語の面だけで障害が起こっているばあい、まず考えなければならないのは、そのまちがったいい方が、ことばの発達上困難な音であるかどうかをみることであろう。

もちろん個人差はあるが、だいたいラ行、サ行、シャ行は習得されるのが遅いといわれている。

これらの音をいいまちがっているならば、ほとんど問題はない。舌や口腔《こう》の使用法が発達してくれば、自然に正しい発言をするようになるものである。

また、タカをカタ、タマをマタ、ポケをコペ……というふうにまちがうことも、幼児にはしばしばみられることで、それほど問題にする必要はない。

以上のようなまちがい以外のまちがいがしばしば起こっているようなばあいは、注意する必要がある。

しかし、対策のところで述べること以外には、保育者や母親が直接手をかけないほうがよい。というのは、発音がまちがっているばあい、すぐにことばそのものを直そうとするが、それは何かの原因があって、その結果としてまちがえているばあいが多いからである。

たとえば、口蓋裂とか難聴あるいは、脳性マヒなどということがあったとすれば、そこに手を加えないかぎり問題は解決しないといえる。

言語のことをへたに手をつけると「どもり」の項で述べたように、逆効果をもたらし、かえってますます発音がおかしくなるし、いちいち注意されると、しゃべらなくなるおそれもある。

注意することによって、その注意された音そのものは一時的に訂正されることになるかもしれないが、そのためにしゃべる量が減ってきてはなんにもならない。ただでもハンディキャップをもっているのであるから、ふつうの子どもの二倍も三倍もしゃべらせなければならない。それからふつうの子どもの二分の一、三分の一しかしゃべらなくなったとしたら、まさに「牛の角をためて牛をころす」ことになりかねないといえるからである。

・対策のポイント

ことばの問題で、いちばんたいせつなことは、直接ことばを訂正したり、いいなおさせたりしないということである。したがって、原則的には放っておくことにしたい。

そして、ひたすら、どのようにしたら多く、話すようになるか、ということに重点をおくべきである。

それには、よいきき手になることである。よいきき手とは、つぎのようにすることである。

① 途中で訂正をさせたり、ききなおしたり、強制したりしないで最後までゆっくりきいてやる。

前述したように、話の腰を折られることになるし、不愉快になったり、しゃべらなくなってしまうことを防ぐためである。

② 驚いたり、珍しがったり、おもしろがったりしながらきいてやる。

一度きいた話でも、初めてきいたような顔で「へー」「それはおもしろいね」「ウンウン、なるほど」「カッコイイ」「そんな話初めてよ」といいながらきいてやれば、それに触発されて、子どもはこんどはうまくいおう、もっと多くしゃべろうと考えるようになるものである。わからなかったら、最後に一つか二つポイントだけを、きくことにしたい。

③ 相手と同じ心情、同じ立場になって聞いてやる。

驚いたり、珍しがったりするのもそれであるが、姿勢を低くして、同じ高さになってきいてやるのも一つの方法であるし、子どもの肩に手をあててきいてやるというのもそれである。質問するばあいも、できるだけ本人のことばを使ってやることである。

要するに、本人が積極的に長く多くのことをしゃべるようにしむけることである。

かりに質問したり、訂正したりするばあいでも、本人が意欲をなくすようないい方はできるだけ避けるべきである。たとえば、「ニャーニャー、ああ、ネコのことね」、「そうね。ブーブー自動車ね」という言い方。

あるいは、「ゆっくりしゃべりなさい」というかわりに、こちらが「ゆっくり」しゃべってやることである。

また、「大きな口をあけてしゃべりなさい」といわないで、こちらがたえず大きな口をあけて、しゃべってやることである。

そういう意味では、安直に近道をしない、という心がけがたいせつであるといえる。

構音障害をもっている子どものばあい、医学的な処置を必要としないときには、要するに訓練をする必要があるが、それも本人がいやがらない方法、むしろおもしろがらせながら訓練できる方法を考えてやる必要がある。

歌をうたわせることもその一つである。どんなひどいどもりでも、歌をうたうという愉快な状態では、決してどもらないということを考えてみれば歴然としている。とくに発音しにくい音がたくさんはいった歌をうたわせるとよい。

たとえば、サ行が不得意な子どもには、「おさるのカゴやだホイサッサ……」

「ショウショウショジョ寺……」などというのがよい。

ラ行であれば、「ソソラソラソラうさぎのダンス、タラッタラッタラッタラ……」

シャ行であれば、「汽車、汽車、シュポ、シュポ、シュポシュポシュポッポ……」、あるいは同じ曲で、替え歌を作ってやるのもよい。「お馬の親子」の歌を、「おさるの親子はなかよしこよし、いつでもいっしょに　サラダを食べる」、「ラクダの親子はラッパが好きよ　いつでもいっしょに　ラッタラ　ラッタラ　歩く」などというのがその例である。

また、吸う力をつけるためには、ジュースを飲むストローの先をちょっとつまんで与える。吐く力をつけるためにはゴム風船やガムを与えるのもよいし、興味をもつなら、いろいろな笛を与えるのもよい。ハーモニカは、両方の訓練に役だつであろう。

舌の動かし方を訓練するには、ガム、とくに風船ガムは効果的であろう。今は少なくなったが、そういう意味では「ほおずき」などはもっともよいおもちゃといえよう。

これらのことは、母親に話をして、家庭でも実行させるべきである。幼稚園だけでは少ない時間なので、それほど大きな効果は期待できないし、ガムをいつも与えてはいられないからである。

ただ、くれぐれもいっておきたいことは、子どもが興味をもってやれることが、たいせつであるということである。強制的にやらせたのでは、逆効果であることもつけ加えておきたい。

もし、大きな欠陥があると予想されたばあい、あるいは右のようなことを実行しても効果があがらないというようなときは、専門医もしくは教育相談所のようなところを紹介すべきである。

(6) その他の心身障害児

ある意味において、言語障害児も、登園拒否児も、乱暴な子などもすべて、心の障害があるという意味では、心身障害児といえる。それらの障害以外の障害児をここに集めて考えてみたい。

〈実例〉

父兄懇談会はいちおう終わってしまったが、E夫の母親はなんとなく残っている。すっかり自信を失っているのか、いつも保育者のほうから声をかけられるのを、待っているかのようである。

時間がたってしまって、約束の時間をもうとっくに過ぎてしまったが、やはり声をかけないではおれない。

「E夫くんは、このごろは元気がでてきましたね。」

待っていたとばかり母親はにじりよるようにして話しはじめる。

「そうでしょうか。なんだかわたしには、チッとも進歩していないように思うんですが……。みなさんはもうすっかり字を覚えているようですが、うちのはさっぱりです。なんとか覚えさせてやろうと思っても、いやがってしまいには泣きだすしまつです。たまに調子のよいときに教えても、すぐに忘れてしまいます。「た」と書けるし「ば」も書けるし「こ」も書けるのですが、「たばこ」と読めないのです。絵を書かせても三歳の妹のほうがずっとじょうずなんでしょう。見ていてイライラします。このごろでは妹のほうがリードしているようなんです。……。」

どのように指導してよいのか、見当もつかなくなっているようで、クドクドとぐちが多くなる。

きっと、自分のやり切れなさをきいてほしいのだろう。

「どういうわけか、同じ年ごろのお友だちとはほとんど遊びません。妹の友だちと幼稚な遊びをしているものですから、たまには『お兄ちゃんの友だちと遊んだらどう?』というんですが、そうなると外へ出て行かなくなってしまって、家の中でゴロゴロしているだけです。

この間も幼稚園から帰ってくるのを見かけましたが、みんなから馬鹿にされたり、いたずらされているんですよ……。(涙)それでもされっぱなし、やりかえすということをしないんです……。」

・討論のポイント

この種の心身障害児は、だいたいつぎのように大別することができる。

① 精神薄弱児

俗に「知恵おくれ」といわれている子どもであるが、この精神薄弱児という概念は、一種の症候群に名づけられた名称であるといえる。

子どもの中には、前述してきたように、ある部分では遅れていたり、進んでいたりするのが普通である。

たとえば、ほかのことは普通なみであるのに、社会性だけが遅れていて、友だちができなかったり年下の子どもとばかり遊ぶという子どももいる。また、運動神経がにぶくて、何をやるにものろく、活発に動けない。ブランコに乗れなかったり、スベリ台もすべれないといった子、ほかのことはともかく、情緒の面がひどく遅れていて、母親から離れにくい、ちょっとしたことですぐに泣き出したり、反対に怒り出したりする子、幼稚語ばかり使う子、文字に興味をもたない子などは、すべて部分的に遅れているとみてよい。

しかし、精神薄弱児は、それらの要素のすべてにおいて遅れている子どもであるといえる。

「絵による診断」ということが流行したとき、一枚か二枚の絵を描かせて「精神薄弱児」であるとレッテルをはってしまった例、言語の発育がちょっと遅れているだけで、知恵おくれではないかと疑われた例など、枚挙にいとまがない。

まちがっても、一つや二つの要素の遅れで、そう考えてしまうことは、厳にいましめなくてはなるまい。

こういうことを判断するのに「知能検査」をしてみることは一つの有効手段であるといえる。しかしIQ六〇、七〇といった成績しかとっていない子どもでも、遊戯療法やグループセラピーを実施してみると、意外に能力が出てきて八〇、九〇のIQを示すようになった例も少なくない。

そうした子どもは「仮性精神薄弱児」といわれるもので、極端に内気であるとか憶病であるといった情緒的な障害が、能力を一時的に低下させていたというべきかもしれない。あるいは社会性が乏しいために、大勢の子どもたちの中では、畏縮してしまってほんとうの能力がじゅうぶんに発揮できないといったばあいもあり得る。

そもそも知能検査というものは、テスターと子どもとの間にじゅうぶんな親和関係がもてるようになり、テスターとのやりとりがスムースにゆくような状態で、はじめてほんとうの能力が現われるものである。

いうまでもなく、幼児の心というものはうつろいやすいし、情緒的なものに支配されやすいから、調子のよいときと調子の悪いときとでは、能力の出方に差が生ずることはじゅうぶんに予想される。

また知能指数というものは、歴年齢をベースにして測定されているから、同じ成績をとっていても、四月生まれと翌年の三月生まれとでは、行動がひどく違ってくる。幼児期の一年というのは、学童期の二、三年に当たる。この点を考慮しないと、判断が狂ってくるといえる。

また知能検査というもの自体、ほんとうに知能を測定しているかどうかは疑わしいといわれている。第一「知能とは何か」という問題は、まだ学者の討論の的になっている主題である。

またかりに知能検査が知能を測定していると仮定したとしても、子どもというものは、知能だけでできているものではない。社会性、情緒、言語、運動機能など無限の要素がからみあっているものである。それを一つの側面からだけみて判断することはまちがっているといえる。

それでは「知能検査は何のためにするのか」「実施する必要はないではないか」という考え方も出てくるかもしれない。しかし、それは論理の飛躍であるといわなければならない。

知的なものをみるのに、すべてではないにしろ知能検査以上に確度の高いものがないために使っているといってよい。保育者、教師の主観的な判断よりは、はるかに信頼のおけるものであることはまちがいないのである。ただそれを過信して、その検査の結果だけからすべてを判断することは、いましめたいものである。

先に述べたように、保育者は必ずしも、「精神薄弱児」であると診断をする必要はない。むしろ、何ができて何ができないかというきわめて具体的な判断のほうがはるかにたいせつである。

② **自閉症**

自閉ということばを「自ら閉す」というように読んでしまって、極端に内気な子、ものをいわない子(かん黙児)、社会性の乏しい子などを「自閉症ではないか」と考えがちであるが、自閉症児はそれらとはまったく異質な子どもである。

わが国では、研究が始められて十数年しかたっていないから、まだあまり明確にはされていない面もあるが、だいたいつぎのような特徴をもっている。

(1) 人間との関係をつけようとしない。

精神薄弱児やかん黙児、社会性の乏しい子の中にも、つねに孤独で、仲間を作ろうとしない子どもというものもいるものであるが、それらの子どもとはまったく異質なものである。

極端なばあいは、実際の親を親として認めていないように思える。むしろ便利な道具であるといった認識をもっているのではないかと、疑わさせるような行動、態度を示す。

生まれたばかりの妹の口をあけて、あたかも人形を扱うように、ごはんをつめこんでみたり、生きた魚とおもちゃの魚の区別がつかなかったりする例もある。

乳幼児期に抱いてもあたかも荷物をもっている感じがしたと述べる親も少なくない。つまり、普通は、抱かれると、無意識のうちに親の肩に手をかけたり、からだを曲げて、抱かれやすいようにするものであるが、それもしないのである。

「人みしりをしない」とよくいわれ、だれのところへでも抱かれてゆくといった行動がみられるが、もともと「人みしりをしない」というのは、相手を人間と認めたうえで、だれにでもなついてゆくという行動であるが、この種の子どもは、もともと人と認めてはいない。すわりやすくて暖かいクッションの一つと考えているようなところがある。

かん黙児や社会性の乏しい子どもも、仲間どうしのつきあいをしないが、まったく友だちを意識しないのではなく、意識したうえで、それらの仲間にはいってゆくことができないのである。

しかし自閉症児は、まったく意識の中に仲間というものがはいっていない。だから、他の子どもたちがいるときの行動と、いないときの行動ではまったく同じであることもある。

(2) 言語活動が異質である。

人間との関係をつけようとしないから、その関係をつけるための道具であることばを必要としない。したがって言語の発達が遅れてくるばあいが多い。

もともとこの種の子どもは二、三歳ごろまでは比較的普通に育っている(母親の主観では)、いやむしろある点では早く発達するようにみえる。たとえば「おむつ」などは普通の子どもより早くとれる。着脱衣も早くできるようになるし、就寝などについても、早くから自立し、さっさと自分で寝るし、寝起きもきわめてよい。

パパ、ママなどの難語なども早く出るようであるが、それが明りょうな言語になる年齢、すなわち、二歳～三歳ごろになると、はじめてその異常さに気づくようである。

言語がしゃべれないのではない。人間関係をつける必要を感じない（かん黙児のばあいは必要を感じているができないのである）から、そのことばは、独特のものになって、自分にだけしか通用しない言語になる。

「かなしい鉛筆」（いやなことをされたときに使う）、「ジロヶ山」（自分で勝手につけた駅の名まえ）、「レンサカ」（ある種の服を着た母親のこと）といったでたらめとも思えることばを使うようになる。

(3) 特定のことに異常な執着を持つ。

たとえば、ある種の木の葉をヒラヒラさせて持っていることに執着したり、いつも電気のコードを持っていないと気がすまない。あるいは、テープレコーダー、自動車の車、プレイヤーにかかっているレコードのような、とにかく回転するものに異常な興味を示したりする。

だからその執着するものが、たまたま地図であったり、数であったり、文字であったりすると、せまい範囲ではあるが、天才とも思えるような域に達することがある。

たとえば、世界中の国の名まえをみな知っていたり、国旗を全部知っているという状態、分を秒に暗算で換算するといったことができる子どももいる。しかし換算も、ほかの計算、たとえば二位数のかけ算、買物のおつりの計算といったことは、まったく理解できないという奇妙な傾向が現われてくる。

このような特徴を明りょうにして、自閉症とかん黙児、社会性の乏しい子などとの区別をまずつける必要がある。

③ 身体上の障害児

肢体不自由児、弱視、難聴の子などがそれである。

肢体不自由児でもっとも多いのは、脳性小児マヒのある子どもである。これらの子どもの中には、発音機能も浸されているばあいがあり、言語障害を起こしているために、じゅうぶんな自己表現ができなかったり、また、強い劣等感をもっているために、反応がスムースに出てこないばあいもある。

こんなことから精神薄弱の疑いをもたれるばあいが少なくない。もちろん脳も浸されているばあいもないではないが、ほとんどのばあいには知能には障害がないと考えてよい。

外見上の特異さや反応のおそさから、子どもに馬鹿にされたり、いじめられたりすることも少なくない。

こんなときには、保育者の子ども観が問題となる。すなわち、保育者が、それらの子どもを「世話のやけるよけいな子ども」とみているときには、そのクラスの子どももそのようにみるものである。また、「あわれな弱者」とみるとき、子どもたちは、ただあわれな子として扱ってしまうであろう。

この点についての各保育者の態度と、扱い方の共通の考え方を整理しておく必要があろう。

弱視、難聴についても、そうしたハンディキャップをもっていることによるトラブル、たとえば、弱視であることによって、友だちの顔が見分けられないといったこと、飛んでくるボールが受けられないといったこと、難聴であるために、先生の指示や、友だちのことばが理解できない、といったことは、あらかじめ予想して対策を立てておく必要があろう。

こうしたことは、母親からあらかじめきいておくべきであることは、もちろんであるが、逆に、幼稚園での行動の異常さから発見されるばあいもあるので、行動に注意している必要がある。

いずれにしても、この身体上の障害のあるばあいには、それぞれ専門医と連絡をとって、その指示で扱い方を考える必要があることはいうまでもない。

ただし、医者は医学的な立場から指示を出すが、その意見は幼稚園での実状、教育的な立場を考慮されていないばあいも少なくないから、ただその指示をそのまま実行しようとするのではなく、保育者としての意見も主張して、妥当な扱い方を両者で導き出す努力を惜しんではならないといえよう。

・対策のポイント

まず、子どもに対する対策であるが、基本的に考えておかなくてはならないことは、あるがままの子どもの実情を出発点として、対策を考えるべきであるということである。

すなわち、すべての面において二年遅れているとすると、その年齢のことから始めるべきである。

知能検査の結果だけから判断すべきでないことはもちろんであるが、かりに知能検査の結果を例にとるならば、五歳のある子どもがＩＱ六〇であったということは、それを知的な年齢に換算すると、

$IQ\ \frac{知的な年齢}{5歳}\times 100=60$ （もっともそぼくな換算であるが）から、その子の知的な年齢は三歳であるという見方ができる。

だとすると、まだ母親との生活の中で、ようやく日常会話ができる程度であり、仲間と平行遊びができるのがせいぜいである。したがって先生との会話がうまくできるはずはないし、友だちの中にはいってごっこ遊びができるはずがない。年下の子どもと遊びたがるのが、むしろごく自然なことといえる。むしろ三歳児としての扱いをすることである。

ほかの子どもが十段目を登っているからといって、今、本人はやっと一段目を登ったにすぎないのに、いきなり十段を登らせようとするからかえって、そのせっかく登った一段目もずり落ちてしまうことになりかねない。

知恵遅れの子どもや、肢体不自由児をもつ母親は、それでなくてもあせりがあって、無理矢理にひき上げようとするものである。

そうすることによって、精神薄弱とか肢体不自由という一つのハンディキャップに、さらに別のハンディキャップ、たとえば情緒不安定、劣等感、ざ折感を与えてしまって、二重、三重の遅退を起こしてしまうものである。

少なくとも保育園、幼稚園では、こうした誤りを犯してはならない。

逆に第一のハンディキャップを直すことはできなくても、それを

補う特徴をもたせてやる、といった考え方をすべきである。

すなわち、能力は低くても、からだだけは健康そのものであるといったこと、あるいは他人からかわいがられる性格をもっている、また一つの仕事に向かったら、ほかのものには目もくれないで、じっくり最後まで仕上げるといった生活態度を、身につけさせるべきである。

身体的な障害についても、もちろん医学的な治療処置によってある程度の向上をはかることはできるが、それには限界がある。脳性マヒの子どもは、あるところまでは物理療法で軽くすることができるが、そのあとは身体的な訓練以外にないから、園での扱い方によるところが多い。この面でも、母親の「はえば立て、立てば歩めの親心」といった気持ちが働くから、それにひきずられない用心が必要である。

そうした面では、保育者という第三者としての客観的な判断によるアドバイスが必要になる。ところがこうした障害をもつ子どもの母親は、どこかに情緒の不安定さをもっているから、そのアドバイスをするには慎重な態度で臨む必要がある。まちがっても「精神薄弱」とか「自閉症」ということばを使ってはならない。

もともと、この種の母親の気持ちには、つぎのような段階があるといわれる。

① **ショックを受ける段階**

初めて「知恵おくれ」「自閉症」であるといわれたときの母親の衝撃は、想像にあまりある。世の中が暗黒のように思えるし、子どもとの無理心中を考えたりする時期はこの時期である。

② **不信の段階**

そうはいわれても、何かのまちがいではないか、と疑惑をもつ時期である。その診断を否定することによって、自分の不安を払いのけようとする。そして、つぎからつぎへとあらゆる方法を使って、研究所、相談所、病院、大学などを訪ねて歩く。

③ **探索の段階**

子どもの中に、それを否定する要素を見いだそうとする。そして無理矢理に教えたり指導しようとする。文字を教えたり、数を教えたりするが、その文字が本人の必要感と無関係であるために、ただ機械的な符号としか写っていないにもかかわらず、文字が読めると考えてしまおうとする。

④ **洞察の段階**

ありとあらゆる努力をした結果、やはりこの子は、これだけのことしかできない、まずそこから出発せざるを得ないのだという悟りにも似た心境になる時期である。

保育者は、今母親はどの段階にあるのか、ということを判断してアドバイスすべきである。(2)の段階にある母親に(4)の段階の洞察をさせようとしても無理が生ずる。むしろ、一度は母親の段階を理解したうえで、いっしょに考えてみようとする態度が必要である。

他の子どもの母親に対する対策も、同時に考えておく必要がある。「○○ちゃんがいるために、先生の手が○○ちゃんにとられることになるので、自分たちの子どもは迷惑を受けるのではないか」といった意見、感想をもっている母親がいないとはいえないし、そうした意見を恐れながら保育したのでは、効果が上がるはずがないからである。
「○○ちゃんには、たしかにわたしの手がとられるのは事実ですが、その中で子どもたちは、人に親切にするということはどういうことか、人をたいせつにするということはどんなことか、ということを学んでいるはずです。これらのことは、とても口で教えることはできないことですが、○○ちゃんがいることによって、目の前で無意識のうちに学べるはずです。成績のよい長男にばかり力を入れていて、からだが弱く成績の悪い弟のことを放っておく母親がいたら、われわれはその母親を軽べつしたくなりますし、そんな母親を正義感の強い子どもは、許すはずがありません。」

といった説明がいつでもできるようにしておく必要があるし、あらかじめいっておくこともよいかもしれない。

こうしたことが口先だけでなく、ほんとうにいえる保育者がプロとしての保育者といえる。

幅の広い人間観、子ども感がなければいえないことである。そうした保育者の担当するクラスは、弱者をいたずらにいじめたり、過剰にいたわりすぎたりするふんい気にはならないはずである。

そうした幅の広い子ども感をもつ保育者になるための修練の場が前述の事例研究会であるといえる。

●ハチ公ははたして忠犬か

主人の帰りを待ちわびて、雨の日も風の日も一日も休むことなく東京渋谷駅に通いつづけた忠犬ハチ公の話はあまりにも有名である。しかし、この犬が主人に対する忠誠心から、毎日駅に通っていたかどうかは疑問である。心理学者は、それは〝条件反射〟といわれる原理にもとづく行動であると説明している。〝条件反射〟とは、同じ場面で同じ行動を何回も反復しているうちに、そのような条件のもとにおかれたとき、そうした行動が必ず反射的に出てくるような現象をいう。

忠犬ハチ公の話をここでもち出した理由は、現在の子どもの成長、発達の中にも、ハチ公の行動と同じように、いっけんほんものにみえながら、実はみせかけにすぎないものが非常に多いと思われるからである。こうした意味からも、ほんとうの「いい子」、「賢い子」とはどんな子かということを慎重に検討してみることが必要であろう。

用語解説

＊分離不安

人間は社会的な動物である、といわれる。つねに多少にかかわらず、他人と相互によりかかりながら生きている。とくに、夫婦関係、親子関係においては、その傾向は強いといえる。それが強ければ強いほど、相手と離れると、不安定な状態になる。それで、その状態を避けようとする傾向を生ずる。これを分離不安という。親子の間でおこるばあい、子どものほうが分離不安をもっているように見えても、じつは親のほうに大きな不安があるばあいが多い。

＊自己防衛

人間は誰でも、自分を守ろうとする傾向をもっている。不愉快な場面から逃れようとして、空想を楽しむ（逃避する）ようなこともあるし、やたらに甘えて同情を求めようとする（退行）こともある。また理屈をこね、自分の主張を通そうとする（合理化）。そして相手の欠点やミスをことさらに明らかにすることによって相手を屈服させようとする（攻撃）。正面から立ちむかうことが不利であるとすぐにまわり道をして、別のことで満足しようとする（代償）ばあいもある。

相手のするどいほこ先をかわすために、ユーモアやウイットを用いるのも、一種の防衛の手段といえるであろう。

＊意欲

物欲、名誉欲、食欲、獲得欲など、人間の欲望は無限にあるといわれる。そうした欲望の中でも価値感を伴った目標を意図した欲望を意欲と呼ぶ。

よい成績をとりたい……学習意欲
よりよい生活をしたい……生活意欲
よりよい製品を作りたい……勤労意欲

というような使われ方をしている。

＊情操

感情というものは二通りに分けられる。その一つは情緒である。情緒というのは、衝動的な行動や生理現象を伴う激しい感情をいう。怒ると顔が青くなり、相手にぶつかってゆく、恥ずかしいと顔を赤くする、淋しいと泣くというのがそれである。

それに対して、情操というのはおだやかな感情で、激しい行動や生理現象は伴わない。いうなれば、真・善・美に感動する心ともいえる。ただし、その背後に必ず「人」がベースとなっている。すなわち、人の行なう真なる行動、善なる行動に感動する心である。そこから、人を信頼し、尊敬する心、人を愛する心が生まれる。これが情操である。

＊パーソナリティ

人格と訳されている。しかしこれは、道徳的な意味すなわち「あの人は人格者である」というい方をするときの人格とは違う。性格というい方でもよいが、それが人の性質をタイプに分けてしまうような意味に使われるとすると、あたらない。

むしろ、その人のもっている、いろいろな要素がどのようにからまっているか、どのような特質をもっているかといったことを問題にするときに使われることばである。

＊試行錯誤

人間の行動は、じゅうぶんに先の見とおしを立て、それに沿って計画的に行動されるばあいもあるが、そうした行動様式に対して、試みてはやめ、違った方法をやってみて、またやりなおすといった行動も少なくない。このやり方を試行錯誤という。

いわゆる経験学習というものは、この試行錯誤の連続であるとみてよい。子どもの行動の大部分は試行錯誤である。

IV

家庭の問題の見方・考え方

――幼児理解のための家庭診断のアプローチ――

子どもは園の生活においても、それぞれの家庭を背負っている。子どもにとって家庭とは何か、子どもの行動や問題とのかかわりあいはどうか。保育者としての視点と扱い方を考えてみたい。

(1)　家庭環境と家庭の機能

1　家庭環境

家庭の機能をになう家族の条件は、じつにいろいろで、それらの家族がかかわりあって出現する「生活のパターン」もまた千差万別である。いわば、その家族の個性ともいうべきものである。森岡清美氏はこの生活パターンを「生活構造」と呼んでいるが、一般には「家庭環境」と呼ばれていることが多いのではなかろうか。

ちなみに、山下俊郎氏、森岡清美氏などの意見を参考に筆者が考えてみたのがつぎに記すものである。

① **家族の成員**

両親、兄弟姉妹、祖父母、その他の同居人で生活をささえる人的要員、その間柄関係、人数、性別、年齢（兄弟姉妹は出生順位）、健康状態、職業、学歴、その他

② **住居**

位置、種別（独立住宅、共同住宅、アパート、団地などの別）、広さ（へや数、平方メートル数）、建物の質の良否

③ **経済状態**

収入額（職種、収入を得る人数）、動産、不動産の所有状況

④ **家庭の規範**

生活の制度的要素、家族の役割分担、生活形態

⑤ **子どもの養育**

養育の責任者、家族の養育態度、親子関係、教育方針、日常のしつけの方針、家庭学習の指導方針、家庭内の仕事の指導方針、おもちゃ、学用品、こづかいなどの与え方、ほめ方、しかり方など

⑥ **生活目標**

家族としての生活の目標および動機づけ、各成員の生活目標、目標レベルと現実レベルの差、老後の生活方針

⑦ **近隣**

近隣の一般的状態、交際の範囲、開放度、家庭へ出入りする人の目的、年齢、性別、職業

このような各種の要素がかかわりあって、その家族特有の生活構造をつくり出すわけであるが、家族の年齢、身心の条件の変化、社会の変化に応じて、生活構造も変化していく。これを特定の個人にあてはめて考えるのが、いわゆるケース・ヒストリーである。

また、並例したこれらの要素を因子分析して、形式的因子（あるいは静的因子、物的因子ともいわれる）と実質的因子（あるいは動的因子、人的因子ともいわれる）に分けて考えると、個人に及ぼす環境の内容がより一層明白になる。

このことについて、山下俊郎氏は「両親の特性をとらえるのに職業という形式的因子でとらえる。しかし、このばあい、親の職業そのものが直接に児童の人格の発達に影響を及ぼしているというわけではない。その職業を親がもっていることによって起こってくるいろいろの様態、たとえば、世界観、人生観、そして児童観というも

のが、直接に児童に及ぼす影響を右左するのである。職業というとらえ方は、それに伴う世界観、人生観、児童観の蓋然的な一つの指標としてとらえられるわけである」という。

このような意味で、職業は一つの形式的因子であるが、直接に影響を及ぼしている親の働きかけ方まで左右するなら、当然、それは実質因子としてもとらえねばならない。

一般には、問題のある子どもの環境を考えるばあい、形式的因子より実質的因子を重視していわれがちであるが、それはどんなものであろうか。このばあい、これは対立概念ではなく、関連概念である。たとえば子どもに過保護的態度を取るのは実質的因子と考えられるが、親が過保護になったのは、家が交通ひん繁な道路に面しているという形式的団子が原因というように、切り離して考えないほうが現実的である。

要は子どもの問題を探るなら、子どもの立場で環境を分析し、しかも、治療と関連づけてみることであろう。

② 家庭の機能

家庭の機能は時代と共に変化していく。

変化の要因は、家庭の外の社会にもあるが、また、家庭の内部にもあって、実際問題としてはこの両方の相互関係から起こっているといえよう。

たとえば、社会の福祉機能が弱体だったときは、家族が集合して大集団を形成して、一種の私的福祉制度的な機能を果たしていた。ところが、家族集団の規模が縮少し、家庭から外に向かって福祉の要請があることとともに、福祉政策が進み、個々の家庭での機能を肩代わりするようになってくると、家庭の機能はそれだけ減少するという相互関係がみられる。

同様に、昔は家長が家族を統率し、秩序を保たせるという自治的機能を果たしていた。しかし現代では、家族全員が果たさねばならない。そこで「話し合い」が考えられ、なおかつ、自治不能となると、家庭裁判所のような社会的機関に任される。

またかつての家庭は一種の生産団体で、大家族集団がすべて生活に従事し、一方では消費するという経済機能の二面をもっていたが、現代の多くの家庭は、消費面だけの経済機能に変わってしまった。

同様に、教育機能も、大家族が生産に従事していた時代には、人間として生きるために必要な知識、技術を与える機会はいくらでもあった。まさに「家を見れば子どもがわかる」という関係だったわけである。だが、家庭が生産の場を失い、単なる消費の場となってしまうと、もはや家庭は、人が生きるために必要な多様な教育をすることはできない。そこで、社会にそれに代わる機関が充実していき、家庭はますます教育の機能を弱体化していくという循環関係ができてしまった。そして、「おふくろの味を教える料理教室」まで出現する始末である。

しかし、社会情勢により、家庭の機能に変化があっても、家庭のあるかぎりに存在すると思われる機能もある。学者の中には、そのような考えのもとに「家庭本来の機能」、さらに、家庭生活をささえる「基本的機能」そして、それにつれて起こる「副次的な機能」

があるという人もある。菊地幸子氏によれば、現代の家庭は「性欲を合法的に満足させる機能」「生殖と扶養を行なう機能」「家族成員に消費生活の共同の場を提供する機能」「個人の社会化を教育する機能」の四つの機能を主軸としているという。

この四つの機能は、夫婦と子どもという二世代の家庭において は、性的機能と経済的機能は主として夫婦によって営まれ、生殖機能と教育的機能は親と子の間で営まれるといえるが、同時に、各機能は相互に深い関連をもっている。また、これらは家族愛と家族意識に裏づけられて機能するところも特徴的である。したがって、これらの機能がその役割を果たしていても、家族の情緒的満足を得なければ、そこになんらかの問題が起こってこよう。

A児の父親は事業主として成功し、家族も経済的に裕福な生活をしている。子どもの教育にも一応熱心で「教育のため」といえばなんでも整えてやる。彼の口ぐせは「自分は、家族に何ひとつ不自由をさせていない。妻に対しても、子どもに対しても、道義的にも責任上もきちんと役目を果たしている。これで文句をいうのは、相手が悪いのだ」ということである。

だが、家族はだれも満足はしていない。その第一が母親で「たしかに、夫は浮気もしなければ、生活費を渡さないなどということはない。だから、これだけで判断するなら、パパは満点の夫かもしれない。だが、彼はワンマンで独裁的で、家族の話に耳も貸さないし、家族の気持ちを探ってみようなどと考えたこともないにちがいない。貯金がどれだけあるのか、将来の暮らしの設計はどうなのかをたずねてみても、任しておけ、悪いようにはしないというだけで、話し合いにもなにもならない。他人はみんな、誠意もあれば、仕事もよくする立派なご主人というが、わたしからみると雇い主みたいな夫で、不満が蓄積されていく感じだ」という。

四歳のA児とその姉の小学生も、生気も意欲もなく、とくに、A児は、何に対しても興味が薄く傍観者的。友だちが熱気を帯びて製作活動に没頭しているときでも、彼はぼんやり見ている。保育者が注意しても、それについての反応も遅い。

小学校四年生のA児の姉も、共通の問題をもっている。一見したところ、自分の世界をもっていて社会参加をしないのか、それともぼんやり白昼夢に浸っているのかわからないと担任教師はいう。ただ、この子は、こんなことばをもらした。「どうせ、パパがみんな決めちゃうでしょ。考えてもむだよ」「パパの考えてることと違うとたいへんよ。だって、パパはわたしなんて考えられないと思っているんだから」

このケースが示すように、家庭の機能からみれば、さして問題がないのに、家族の幸福度や充実感や情緒的安定度が薄いということはよくみられるところである。おそらく、この父親はもちろんのこと、細かい事情を知らない第三者は「幸わせな一家」と考えるであろう。人はパンなくして生きるものではないという生活的レベルから、人はパンのみにて生きるものではないという精神的レベルに自力で登っていきたいのが人間であるとしたら、家庭の機能をになう個々の家族の要求を見落とすわけにはいかない。この父親は「すべての機能を自分ひとりで背負うから、みんな黙ってついてこい」という気持ちらしいが、彼は家族のひとりひとりもまた、家庭の営みに参加したい願いのあることを無視しているのだ。

このように、家庭の機能は、その構成員の条件により、それぞれ特有のパターンを示すが、見落とせないのが、家族ひとりひとりの心理状態である。

3 家庭の教育的機能

時代とともに変わってきた家庭の機能の中でも、その変化がとくに著しいのが家庭の教育機能であろう。学校教育のように意図的、目的的、計画的、公的な意味あいのものと異なり、家庭教育は個々の親に任かされているため、そのときどきの社会情勢に動かされやすく、変化もしやすい。

先にも述べたように、かつては家庭が生産の場であったので、家庭教育の重要な一面はそれを通して行なわれた。また、家業が世襲制であるばあいには、長子はその後継者として、知識や技術を養育された。しかし現代では、この種の知識、技術の教育は学校に一任された型となっている。しかし、刻々と変わる社会情勢、産業界における技術革新の速度は、もはや学校教育ですら間に合わないという感じである。

一方、広い意味の福祉性から、多くの先進国は、家庭外の教育機関で扱う子どもの年齢を学校から幼稚園、保育所と引き下げていく傾向にある。わが国でも、仕事をもつ母親のための〇歳児保育が行なわれている現状では、ますます、家庭の教育的機能は縮小されていく感じがする。

だがいったい、どこまで家庭の教育的機能は縮小が可能なものであろうか。イスラエルのキブツにおける集団保育、集団教育の話をきいても、一日のうちの何時間かは両親とともに過ごすように計画されていて、しかも、この時間は家庭の雑用にわずらわされずに純粋に両親との接触が保たれるので、時間は少なくとも密度が高いという。これは、わたしたちにある限界線を示唆しているように思われる。

そこで、ギリギリの線で残さなければならない機能とは何か、また、すでに失われたもので復権を考えねばならないのは何かなどについて問われている感じがする。

・現代における家庭の教育的機能とその問題点

一九二〇年にインドの農村で発見されたオオカミに育てられた少女の話は、家庭における教育的機能の重要性を訴えてあまりあるものがある。この少女は人間の社会に連れもどされても、当初は人間らしく生きることができず、昼間は眠り、夜になると闇を恐れずに四つ足になって歩きまわり、オオカミの声で遠ぼえもし、食物は床において口を近づけて食べ、人間らしいところは何ひとつなかったという。彼女には人間の家庭がなかったからである。

家庭における教育的機能の一つは、家族との人間的な交流を通して、人間らしい感情や習慣や行動様式を身につけていくところにある。それは、教えるというよりも、愛情のある働きかけに誘発された模倣に近い学習であろう。

したがって、一つには模倣される原型がどうかという問題、もう一つには模倣しようとする動機づけ、すなわち「好きな親のマネをする」という親子の愛情関係が問題である。

① **対人関係、対人的技術の訓練をする機能**

子どもが最初に対人的交渉をもつのは、家族とくに母親である。そこで、母親が授乳や身のまわりの世話などの最少限の交渉しかもたないと、子どもの対人的関心は伸びなやみとなり、各方面の発達も遅れてくる。また、子どもは、この交渉を通じて、どんな場面でどんな態度を用いるか、感じのよい接し方、感じの悪い接し方など対人的技術を身につけていく。

いいかえれば、いずれは家庭を離れて社会へ巣立っていく子どもは、社会人となる準備をしていることになる。

② **自立・独立の能力を養う機能**

子どもに対する親の願いを追究していくと、「ひとりで生きられる」という自立の問題につき当たる。親は、いかにして子どもに自立性や独立心を身につけさせるかに心するが、普通家庭には、たくまずしてその機能が備わっている。なにしろ、独立した両親が営む家庭生活の中に包みこまれて生活していく間に、子どもは自立した生き方を学び取っていくからである。

ただ、最近の親には、自立や独立をたいせつなものと考えていながら、その実践をさせるところが家庭だという意識が薄く、もっぱら、成績につながる学習へかりたてていることが多い。

また、家庭内が電化され、子どもが実践を試みる機会も少なくなってしまった。親にとっての便利さは、子どもの家庭教育の機能の低下につながるということは見落とせない。

③ **性教育の基盤となる機能**

ひとりの男性とひとりの女性が、一組の夫婦となって家庭を作るが、そこに生まれてきた子どもは、男性と女性の信頼や愛情のあり方、協力のしかたなどを両親から学んでいく。ターマンが指摘するように、両親の幸福な結婚生活は、共に生活している子どもの将来の結婚生活の幸福につながっている。

また、父親は男性としてどんな役割を果たし、母親にどんな態度で接するか、一方、母親は女性としてどんな役割を果たし、父親にどんな態度をとるかを示している。とくに、親と同性の子は、身近な手本として、異性の子は、異性を考える参考資料として、それぞれ学んでいくことは多い。これこそ、性教育のもっとも確かな手がかりであろう。

④ **労働観、金銭観の形成の機能**

家族は、なんらかの型の労働によって得た収入で家計をたてている。そして、現代では、収入の高低がそのまま家族の充実感、満足感を左右している。だが、もともと労働の喜びと収入とは一致するものではない。

親は生活の中で自己の労働観や金銭観を語り、その実践を展開してみせる。そして、子どもの労働観や金銭観は、しばしば親のそれと直線的に結びつく。

また、家庭内には、いろいろの型の労働があり、親は無報酬でそれに従事している一方、収入の得られる労働により家計をささえている。子どもをこれらの労働に適切なレベルで参加させれば、将来にわたる労働基礎がつちかわれよう。

⑤ **個性の開発のための機能**

わが国の家庭外教育の機関は、予算と人員の関係から、多人数を扱うのを常態としている。自然、画一的、平均的な集団指導に傾きがちで、ひとりひとりの要求、興味、特異性まで拾いあげることは困難である。

したがって、ひとりひとりの個性の開発は、家庭の教育的機能が負わねばならない宿命となっている。しかし、現代の学業成績主義は、この機能すら家庭から奪っている感じがする。

このほかにも、社会文化的遺産や家庭文化の伝統の伝達、価値感の形成、学習への動機づけなど、家庭の教育的機能が果たさねばならない課題は多い。

・家庭の教育やしつけの場の構造

家庭における教育やしつけの場の構造は、分析的、並列的なものではなく、相互関連や重複があるのがその実態だと主張する児玉省氏は、しつけの場の構造を図Ⅳ—1のように表わしている。図の各分野が関連し重複して現実のしつけがなされているのである。

4 家庭の治療的機能

家庭の機能に欠陥があるとき、家族、とくに幼い子どもに問題や障害が起こるが、逆に、家族がもっている問題を治療するという家庭での機能も見落とせないものであろう。

それは、問題の要因となった家庭環境や機能を改革して効果をあげるという大手術的なばあいも考えられるが、日常の生活の中での人間的な交流の小さなくふうや心づかいによって、そのつど、治療されていくという機能もある。

そして、この後者のばあいの積み重ねが、意外にも人間の心身の

図Ⅳ—1　**しつけの場**

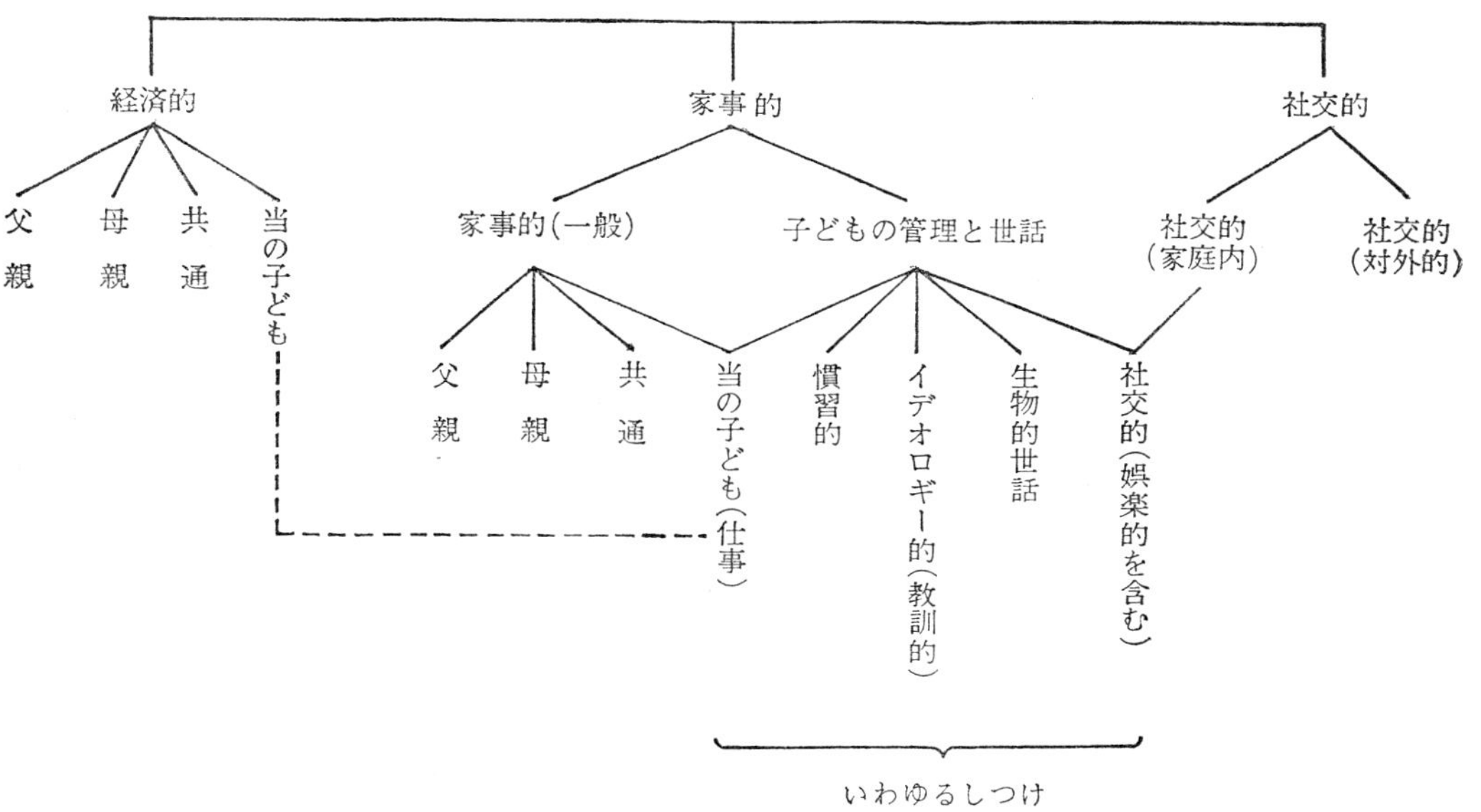

健康を守っているように思われる。たとえば、つぎのようなちょっとした会話を親と子でかわしていることがある。

「あら、どうしたのその顔の引っかき傷みたいなのは?」

「うん、B君とけんかしたとき、こんなにされたんだよ。ぼくは、そんなにひどいことしなかったのに。」

「まあ、じゃB君のほうが乱暴だったのね、きっと。あなたはそのとき腹がたったでしょ。」

「腹がたったよ。だって、ぼくは乱暴しないようなけんかをしようと思ったんだもの。」

「でもあなたはがまんしてたわけね。」

このばあい、「かわいそうだったわね」とか「弱虫だから、そんなめにあうのよ」などというよりも、子どものそのときの気持ちそのものに理解を示してやるほうが治療的な効果がある。

このように、日常生活の中で、高ぶった感情、怒り、悲しみ、憎しみなどの緊張した感情が、家族との交流で理解され、トゲトゲした感情が落ち着いていく。あるいは、このような受容的なふんい気を予測しているために、家庭へ帰ったというだけで、緊張感がほぐれ安定感がとりもどせるばあいもある。保育場面でみる子どもと、家庭でみる子どもとにちがいがあるのも、このへんに一つの原因があるのかもしれない。

また、未成熟な子どもの不安の中には、現実に問題が起こったというのではなく、「ひょっとすると、ぼくはとても悪いことをするかもしれない」とか「なんだか、失敗してしまいそうだが、もしそんなことが起こったらどうしよう」という不測の事態に対して、自分の能力や抑制力の未熟さを考えて不安に陥ることが多い。したがって、このようなばあい、「きみが悪いことをしないように、お父さんがちゃんと気をつけていてあげるよ。もし悪いことをしたら、しかってでもやめさせるよ」、とか「あなたが失敗しないようにおかあさんは教えてあげますよ。もし、失敗したときも、どうすればよいか考えて助けてあげますよ」といってやることが、彼らの不安を柔らげるのに役だつのである。このようなことは親子の間にはよくあることだが、夫婦その他の成人した家族の間にもみられるものである。

だが、このばあい、親子にしろ、他の家族にしろ、人間的な結びつき、とくに情緒的な交流が円満にいっていないときには、治療的機能は低下してしまい、ときには、治療とは逆の関係も起こってくる。子どもが、親に受け入れられていないとか、承認されていないとかと感じているばあいは、小さなストレスにも耐えられないで、問題を起こしやすい。といって、家庭内はもとより、社会においても、人間的な環境も物質的な環境も、数かぎりないストレスをはらんでいるのが現代である。親の知らないところで子どもがどんな敗北感に襲われ、絶望感に陥っているか、夫がどんな挫折感を味わっているのかを、他の家族は知るよしもない。

そこで、これらの自力で立向かわねばならないストレスに対して、抵抗力や耐性を養っておくことも、また、家庭での治療的な機能ではあろう。そのためには、一方では、抵抗力や耐性を養うような精神的な訓練も必要なら、他方では家族との情緒的な結びつきによる安定感が防波堤の役割を果たすものと考えられる。

(2) 家庭のふんい気

1 親の性格

子どもの人格形成や問題行動は、彼らが生活の大半を過ごす家庭のふんい気に大きく左右される。だが、親は意図的な教育やしつけについては、熟慮もすれば検討もするが、無意識のうちに作られるふんい気についてはとかく配慮が及びがたい。ところが、子どもに対する影響は、ときには意図的なものより根深く強固であるばあいも少くない。ここに、臨床的な角度で家庭のふんい気をさぐる必要があるといえよう。

家庭のふんい気はじつにさまざまな要因のからみあいによって作られるものであるが、その中核となるのは、夫と妻、すなわち両親である。

家父長制度の存在した戦前の家庭では、ただひとりの父親の人間性が、その家庭のふんい気を左右したこともあった。そして、勤め人の父親の多い現代の家庭のふんい気は、留守をあずかる母親の性格によって決定されているようにもみえるのである。

ともあれ、夫婦と子どもという二世代家族が現代の代表的な家族のパターンであるとするなら、両親の性格は家庭のふんい気を作る重要な要因であろう。

D子が五歳で一年保育に入園してきたとき、保育者の多くは、彼女を「自閉症」と疑った。いつも保育室の片すみで、声もたてずにひとりで色紙をいじっていたからである。ある保育者は「暗いとか、おとなしいとかいうより、色も匂いも音もしない物体みたい」と評している。だがまもなく、保育者たちが希望を抱くようになったのは、D子が保育者や友だちに関心を示し、急速に対人関係をもつようになったためである。そして、D子は卒園ごろにはやや幼稚だが普通の子どもに近づいた。

D子の問題の原因と推測されるのは、家庭のふんい気、とくに、母親の性格に基因するふんい気である。彼女は、内向的というよりも、内閉的といったほうがいいほどの性格で、「人が自分のことを意識していると感じることに耐えられない」ために家に引きこもっているというのだが、家庭にいても、必要以外にはしゃべらず、D子に対しても、まるでおとなに対するような筋道をたてた扱いをする。子どもとふざけたり、笑い合ったりすることはほとんどない。いつもきちんとして、まじめで知的で礼儀正しい。他人が「とりすましている」とか「お高くとまっている」とか「冷淡だ」とかいっているのも百も承知だ。子どもが少し大きな声を出しても、彼女は静かに冷静に注意する。「静かにしてください。声をたてないでね」と。そのすぐあとで、「これでは母親的ではない」と悩む。「だからといって、どうしようもない。どうもできない」と考える。また「自分がおかしいのではないか、もしそうなら、どうしたらいいのだろうか」とも考える。

彼女は考えて悩んでいるのだが、客観的には、空気も動かないほどの静かな中で、親は考えに沈み、子どもは山と積まれた絵本と色紙を前にすわりこんでいる。子どもが声をたてないかぎり、ふたりの間に会話はない。近隣の人も「声を聞いたことがない」という。暗く、冷たく、重苦しい静けさ。これがD子が浸っていたふんい気だ。

このふんい気が長期間続いたのは、D子の父親が長期の外国勤務についていたせいもある。

母親の自閉的傾向がとくに強くなって、暗い冷たいふんい気がD子を閉じこめたのは、D子が三歳になってからの約一年間である。四歳になったとき父親が帰国し、驚いて母親を神経科へ連れていった。「離人症らしい」と医者はいった。D子は、三歳という、はじめて他者の存在を認識し、交流をもとうという時期に、このようなふんい気に閉じこめられて、一時的に自閉的な行動をみせたものと思われる。

その後、母親の病気は好転したようだが、内閉的で暗く冷たく静かな性格は相変わらずだ。

ただ、D子は幼稚園から学校という新しい環境の中で、もう一つのふんい気を味わい、家庭とは異る人間関係をもって彼女なりに成長している。

2 親の人生観と生き方

人が、人生をどのように考え、また、どのように生きるかによって、家庭のふんい気は特色づけられる。そして、子どもは親を選べないものである以上、どのような人生観をもち、どのような生き方をする親とめぐり合うかは、まさに運命的な影響を受けることになろう。四歳で入園するまで、ときには親の意図的な教育よりも強い影響を受けることも珍しくない。

つぎにしるすものは、家庭のふんい気作りの重要な要因となり、また、それが子どもの人格形成や問題行動とかかわりが深いと思われるものである。

・現状肯定的な人生観と現状否定的な人生観の影響

社会のしくみや社会のできごと、政治、経済、社会的習慣など家庭以外のことに関心があり、それについての批判、批評が多い家庭がある。よくいえば批判精神がおう盛で、現状改革の意欲があるということだが、悪くすると、ぐち、文句、不平、不満となり、なかには直線的に自分の生活を結びつけて、「こんな世の中に生まれてきては、どうしようもない」などという現状否定論者になる。

また、この傾向が、自分の家庭、自分の子どもなど身近なところへ向けられるばあいもある。「こんな狭い家ではしょうがない」「あんな夫にはあいそをつかした」「うちの子はどうして、こうできが悪いのか」などとなると、むやみと注文や不平が多くなり、トゲトゲしたふんい気となる。子どもがはいっている幼稚園に対しても、要求や不平が多く、しかも、それを子どもの前で話題にする。

逆に、社会や政治のことなどに関心がないわけではないが、批判や攻撃をするより、この程度ならと肯定的で、わが家のことも同じように肯定的で不満がない。幼稚園についても、「お任せする以外ないし、お任せしたら、むやみと批判はしないほうが」と現状を受け入れる。したがって、ふんい気としても穏やかで他人への信頼感が強い。

子どもは、前者のばあいも後者のばあいも、親の考え方、生き方の影響を強く受け、似通った態度を身につけやすい。人生を自分の手で探索しない子どもが、早くも、親の人世観を取りこんでしまうところに問題があろう。幼児にもその傾向は認められる。

S家の両親は現状否定的で、折にふれて、子どもたちに政治のあり方を非難し、社会のしくみの歪みを批判し、働きに比べて豊かにならない経済の不合理を憤慨し、教師の質の低下を批評するという状態であったが、三人の子どもたちは、成長につれてラジカルな革命分子となり、ついには、彼らに批判精神をふきこんだ親を批判して、家をとび出していった。

・堅苦しい考え方と柔軟な考え方の影響

家庭のふんい気の堅苦しさ、柔軟さは、そのまま親の人生感や生き方を具現したものといえる。そして、このようなふんい気を作る親は、同時に子どもに対する扱いにも同じような傾向をもつようである。子どものなかには、このような親の考え方を先取りして敏感に反応するものもいる。しぜん、園での行動との間にズルが起る。

T児の母親は『うちの子どもはいつもオドオドとしていて、何をやらせても自信がありません。絵なども描いたことがないんです。それに、わたしがあれほどやかましくいっているうそをちょくちょくつくんです」と保育者に訴えたが、保育者は一瞬信じられない思いをした。というものも、T児は、明るくのびのびとしていて、なんでも集中してよくやる子どもで、すばらしい絵も描く。うそをつくなど信じられない。

T児の両親は、人生の意義をまじめに生きることにおいていて、誠実、正直、勤勉そのままの生き方をしている。子どもにも、不誠実、怠惰、ルーズ、ごま化し、うそなどいっさい許さない。一円のお金でも拾ったら届け出るようにしつけ、話題も品位のないものは許さず、家庭は修養道場のようなムードである。

おそらく、T児の問題は、このふんい気が原因と考えられる。

逆に、家庭は家族が気楽に過ごすところと考え、外ではいえないような話も出せば、ふざけたり、遊んだり、気ままで愉快なふんい気の家庭もある。子どもにも、特別のことがなければ、なんでも自由にさせ、堅苦しいことはいっさいいわない。うまくいけば柔軟な考え方と人生の楽しみ方を身につけるが、なんの制限もないところから、わがままで放縦なための問題を起こすおそれもあろう。

・開放的ふんい気と、閉鎖的ふんい気の影響

家庭がいつも外に向かって開かれていて、他人がわが家のように気軽に出入りする。やってきた他人は、わが家にいるように気楽に振るまい、迎え入れる側も、それを楽しんでいるという開放的ムードの家がある。おそらく、そのような家庭の人々は、他人といることが喜びであり、他人に与えること、他人から得ることに意義を見いだしているのであろう。

一方、特別の事件がなければ、他人もやってこないし、こちらも呼ばない。余暇時間も、家族だけで過ごすか、家族もそれぞれ別の趣味を楽しむという閉鎖的な家庭もある。

このことは、幼児期ならば他人への適応や対人関係の技術など、社会性の成長や問題に、多くのかかわりをもつものと想像されよう。

また、大きな子どもたちのばあいも、人間観や人生観を左右する要素と考えられる。

・**仕事中心主義か、団らん中心主義かの影響**

家庭を仕事場と考えねばならない商家、農家、医家、著作家などと、仕事が外にある勤め人とでは、それぞれ家庭のふんい気は異なったものになるのは当然であるが、なかには、わが家が仕事場であっても、仕事と家庭の団らんの時間をはっきりと区別し、団らんの時間は、もっぱら楽しむという考え方の人。反対に、勤め人であるが、家へ帰っても仕事のことばかり考えていたり、家でも別の仕事をするという仕事好きもいる。要するに、人世の目標をどちらにおくかという考え方の問題であろう。

ところで、両親が子どもの前で、せっせと仕事に精を出しているばあい、子どもも自分の遊びや作業に精を出してフル回転していることが多い。もっとも、子どもが親の仕事のじゃまになるものと考えられたり、相手にされなければ、情緒的に不安に陥ることもあろう。現実には、子どものことも真剣に考えているが、仕事に追われて、振り向けないという親がたいへん多く、子どもが幼なければ、この親の立場が解らないままに不満を抱いているケースをよく見かける。

逆に、家庭は家族の団らんを第一にと考え、金がなくとも、時間がなくとも、おっとりのんびり集まって、語り合い、慰めあい、楽しむというムードの家庭もある。おそらく子どもは情緒的にも安定して、人に対する信頼感も育つであろうが、一つ危険なのは、社会へ出ていったとき、その落差の大きいのに適応していけるかどうかであろう。

これと似通ったニュアンスをもつふんい気としては、実利的か趣味的かという視点もあろう。

・**合理主義か、ムード主義かの影響**

ある子どもが、保育者との交渉の中で、しばしば「なぜ、そうするの。なぜかわからないのボクやらない」、「これは、ちゃんとわけがあるんだ」などと、すべて理づめ。母親にたずねてみると「うちは理屈に合わないことはやらない合理主義で、子どももそうしつけた」と満足げに話したという。この子は、保育者の扱いが理づめなら耳を貸すが、理論的に説明できないものには価値も意欲も見いださない。友だち間の感情の機微、空想の話や笑い話など、いわば人世の潤滑油的なものがわからない。

逆に、何よりもたいせつなのが人間の感情や家庭の暖いムードと考えている親もいる。ときには、親も子も情に流されて収拾に困ったり、きびしい現実に傷ついたりすることもあろう。

多くの親は、親自身の人生観や生き方と、子どもの人格形成と結びつけて、意識化し検討することなく過ごしがちである。もし、保育者が、よい悪いの価値判断をぬきにして、それについて親と語る機会がもたれれば、子ども、親、保育者ともに、理解の面でも、教育の面でもプラスになるであろう。

3 親の児童観

「子どもはどのような存在か」という子どもに対する考え方、すなわち、親の「児童観」によって、子どもに対する扱いや教育は大きく異なってくる。子どもからみれば、親がどのような児童観をもっているかによって、彼らのおかれている環境も境遇も、決定されるということになろう。

そして、現代の親の児童観はつぎのような要素によってささえられ、変革され、形成されているように思われる。

・家庭や家族についての考え方の影響

戦前の日本の児童観は、「家」を中心とする家族制度から発想したものであった。子どもとは、家の後継者であり、家系を存続し発展させ、家憲、家訓を体現して、家名をけがさないことが期待され、しつけられた。また、社会保障に代わる家族保障ともいえる一族の助けあいや協同、家業を受け継ぎ、財産を守ることが期待されて、個としての子どもに対する考えはきわめて薄い。自然、家の勢力、労働力として、子どもの数も多いことが望まれた。

一方、現代は「家」はなくなり、家族計画の思想が普及して、家族は少人数化をたどり、子どもも「少なく生んで、よりよく育てる」少数精鋭主義の考え方に変化した。この考え方は、一見子どもを個として尊重しているかにみえるが、その実競争主義、学歴偏重、進学重視など世相を反映した親の本音がかくされていて、必ずしも個として子どもが尊重されているとはいいがたい。

このように、親の児童観は時代の流れ、社会の変化、家庭・家族の考え方によって、揺れ動いているようなところがある。

・社会体制の影響

「人はいかに生きるべきか」の命題は、「いかに生きる人間に育てるべきか」の命題にも通じる。

そして、このことは、特定の民族、世界、社会体制の問題と深くかかわりをもってくる。

子どもに対していかに自由な考え方をする親であっても、親が属している社会体制をぬきにして、児童観を打ちたてることは困難であろう。

たとえば、ソ連の親たちの児童観は、一九一七年の社会主義革命の前と後とでは、大きく変わったと聞いている。古くは、子どもは親の所有物であり、親は自分の願いを子どもに託し、子どもは親の期待に沿うべく努めるという、きわめて個人的、家族的な関係だった。しかし、革命後は、子どもは社会の財産とみなされ、親は未来の公民を育てる役割と責任を社会から委託されていると考えられているという。

一方、アメリカでは、子どもといえども、個性的な独立した人格であり、また、そうなるべく育てねばならないという児童観をもっている親が多い。したがって、子どもの生活とおとなの生活をはっきり区別し、自分のことは自分でやれる自立心を育て、社会に奉仕する精神を養うようにと考える。彼らが誇りとする自由の精神が、責任感や規約を守ることに裏づけされていることを教えようと努める。

その他、伝統的なイギリスの人格重視の児童観、中国やイスラエルなどの特色のある社会体制下の児童観など、つねに児童観の基盤には、これら社会のあり方が根深くからまっていることは見のがすことはできない。

・親の価値観との関係

親がこの世で価値あるものと考えているものは何か、何を生活の中でもっとも強く求めているか、このような親の価値観を通して、子どもの理想像も考えられていることが多い。

ある母親は、「自分も子ども時代はなかなかの秀才だったが、家が戦災にあい、父親は病いのために戦場から帰るという事情のために、中学卒で終わってしまった。自分よりパッとしない友だちが大学を出て活躍しているのを見ると、胸がキリキリ痛む。学歴がありさえしたら、学歴こそ最高の価値、子どもには、もっとも高い学歴を」と考えて、典型的な教育ママとなってしまった。このように、人生経験がしばしば、その人の価値観を左右し、それに従って子どもを考えることが多い。いわば価値観のフィルターを通して子どもを考えているのである。たとえ子どもが親の価値観を批判できる年齢になっても、この価値観から抜け出すことはむずかしい。

あるいは「人間の値打ちは、知識をたくわえていることだ」と考える親は、むやみに子どもに知識を詰めこむことを考え、子ども本来の個性も伸びる力も認めようとしない。また、「人性の価値は競争に勝つこと」という競争主義的価値観もある。そして、子どもがそれを達成する手段にされることが多いのである。

・親の発達観

子どもを考えるためには、子どもについての科学が必要だが、親の心情だけで子どもをみている親がいる。発達についてはとくにこの傾向が強い。ある親は、子どもがひたすら早く発達することを願って、子どもの発達のペースも能力も年齢もかまわず、やみくもに早教育を考える。子どもはいつも自分にぴったりの扱いを受けることなく、せきたてられて問題を起こす。

また、ある親は、子どもの発達の上で当然起こってくる混乱や遅滞を認めようとせず、もっぱらきびしくしつけようと考える。

ある親は、人生の最後に到達できるかどうかというような、高い期待を子どもにかける。その結果、子どもはいつも「困った子」、「悪い子」よばわりをされて、伸びようとする意欲を失わせてしまう。

その意味で、親の科学性に基づいた発達観の有無が、児童観を左右するといえるのではなかろうか。

4 親の教育観

若い父親の集まりで、子どもの教育やしつけについて話し合われた際に、「子どもの教育やしつけはきびしいのがいい」という意見が圧例的に多いのに驚かされたことがあった。なぜきびしいほうがいいのかとたずねてみると、「自分が子どものときに、親にきびしい教育を受けて、このような人間になれた。もし、甘いしつけだったら、一人前にならなかったろう」というのが、これまた、圧例的な意見であった。「きびしさと甘さのかね合いがたいせつ」などという意見はきわめて少ない。もし、これが実際なら、さぞ、子どもは緊張し、オロオロと暮らしているのではないかと考えて聞いてみると、それほどのことはないという。おそらく、意識と実際とにへだたりがあるのであろう。

ところで、もし、ほんとうにきびしい一方の教育観でやられたとしたら、緊張と恐怖にさいなまれながら過ごすことになり、必ず問題行動に発展しよう。むろん、逆に甘い一方の教育やしつけでは、独立心も自主性も社会性も伸びないという問題が起ころう。

親の教育観とは、子どもにとって家庭のふんい気であり、環境である。しかも、かなり強圧的なふんい気である。前述のように、親の教育は、親自身が受けた教育、親の人生経験、それから生み出された価値観などにより形成されていて、容易に変革できない性質をもっている。たとえば、世間に「教育ママ」批判は数多くあるが、その割に教育ママを改変することはむずかしい。というのも、彼女たちには、それぞれの人生経験があって、教育観が打ち立てられているうえに、加えて子どもの未来を考えるとか、社会の動きに耳を貸すとかという柔軟な体質の持ち主ではなく、自分の心情に従って子どもの教育を進めていくという傾向をもっているからである。批判は彼女たちには無縁のものかもしれない。多かれ少なかれ、親は自分の教育観に信念をもっている。それだけに問題があるばあい、子どもの受ける傷は大きく深い。

だから、教育とは子どものためにあるものだが、うっかりすると親のためのものとなりかねない。たとえば、「よごしてはいけない。散らかすのはよくない。暴れるのは悪い子」などと、子どもらしい活動をすべて禁止する親がいる。これでは、おとなにとってつごうのよい子どもができても、子ども自身は発散の場もなく、また、幅の狭い経験しかさせてもらえないことになろう。このように、親の教育観はしばしば親のつごうに裏打ちされていることが多いからである。

また、子どもとは、未熟で、たよりなく、非文化的で価値の低い存在という児童観をもっている親もいる。この種の親にとって、教育とは、子どもにおとなの文化を詰めこみ、価値を附加してやることと考えがちである。したがって、子どもらしくあることは、教育されないことを意味しているので、もっぱら、おとなのようにふるまうことを強制される。

しかし、一方では、教育などというものは、しろうとの親がうまくやれるようなものではない。学校や幼稚園で専門家によって教育してもらうにこしたことはない。親は子どもの生活のめんどうをみればよいという前近代的な教育観をもっている親もいる。

あるいは、子どもというのは、けがれのない神のような存在であるから、俗物の親が教育などしようとするのはまちがいである。親は子どもが居心地のいい環境を作ってやり、信頼と愛情を注いでやれば、子どもはその子なりに伸びていくという信仰に近い教育観をもっている親もいる。

いずれにしても、子どもはこれら親の教育観に包みこまれ、それからのがれるすべもなく生きねばならない。

また、保育者は親の語る教育観とは別に、子どもが現実に包みこまれているところの教育観や教育環境に視点を合わせてみる努力が必要であろう。また、親が自ら考えてみる材料を提供してやる働きかけも必要である。

(3) 家族関係と子どもの問題

1 家族構成と子ども

昔の家族制度のもとでは「家長」を中心に血縁の一族が集まり、一大集団を形造っていた。

このような「家長」絶対の秩序の中では、子どもは家長をはじめ年配者たちの意見にさかわらないように、遠慮深く従順に、そして礼儀正しく緊張していて、現代の子どものように自由に気ままにふるまうことはなかったであろう。しかし、他方では大勢のおとなたちに見守られて、不安のない毎日であったようにも思われる。

このことは、はじめて子どもを育てる母親のばあいも似通っていて、大勢の経験者に囲まれて緊張感も遠慮もあったが、しかし、他方では自分ひとりで子どもを育てていかねばならないという、現代の母親なら多かれ少なかれ持っている不安や恐れをいだくことは少なかったのではなかろうか。

それに比べて、現代の家族構成は大きく変わった。現代の家庭は、結婚した一組の夫婦を基本の単位として構成され、そこに子どもが生まれてようやく二世代という核家族である。だが、このきわめて小さい家族構成員も、かなり複雑な立場をもっていて、男性と女性、おとなと子ども、親と子というように、それぞれ異なってしかも重複した役割を果たしながら生活している。

しかもこの家族構成は、「ライフ・サイクル」からみれば、大きく四つほどの時期に分けられて、「家庭をもった夫婦ふたりだけの時期」「子どもが生まれ成長し、家庭から離れていくまでの親子二世代の時期」「子どもを独立させたあとの老夫婦ふたりになる時期」「老夫婦の一方が亡くなり一方だけが残る時期」という周期をくり返すことになろう。

一方、家族の心理的な関係も刻々と変化し、親はいつもはじめての経験として、ある発達段階に達した子どもを迎え入れることになる。昔の大家族構成とは異なり、後見人的年寄りも、経験者としての年配者もいない、いささか大げさないい方をすれば、まさに孤立無援の状態で子どもを育てていかねばならない。

とくに、サラリーマン家庭の多い現代では、「わが家の家長は母親だ」という子どもがいるように、昼間は母子家庭さながらの家族構成で、母親がいっさいをとりしきることになる。年寄り不在の気楽さはあっても、二十代、三十代の若い母親には荷が重すぎることもある。

彼女たちは理性や知識ではどうすることもできないイライラや不安に陥り、自分でもあきれるほどの気分やになり、ヒステリックに子どもに当たり散らしたりする。そして、このばあい、子どもが逃避する相手はひとりもいないのである。

いわば、昔の母親には指導者と大勢の家族の圧迫があった。現代の母親には指導者がなく、自分を抑制するブレーキもない。感情のままで子どもを扱い、母親ひとりの考えで教育やしつけをすることになる。ここに、子どもの科学が進み、役だつ情報が多い割に、子どもの臨床的な問題が減らない一つの原因があるように思われる。

ある母親は、不安から子どもに対して過保護になり、ある母親はきびしくなる。また、ある母親は自信のなさから、絶えず育児やしつけの方針を変えて、子どもをとまどわせる。そして、ある母親は自分の失敗を見きわめようとせずに、すべて子どもに原因があるという。

E児は、保育者と視線が合うと、おびえてでもいるように逃げ出していく。E児は恐ろしいおとなに出会ったことでもあるのだろうかと先生は考えこむ。

E児の父親はのんびりしたタイプだ。母親は気弱わでオロオロしている。だが身体検査のとき、E児のアザだらけの身体をみて先生はびっくりしてしまった。

E児の母親は、神経質に育児書通りにE児を扱おうとして、思い通りにならないとE児に当り散らしていたのだ。

これでは、子どもは親に不信感をいだき、不安定な気持ちに陥れられる。しかも、父親の影が非常に薄いのが、現代の家族構成だ。

② 夫婦の関係と子どもの問題

人間同志の関係は、いつもダイナミックに変化する。ひとりの男性とひとりの女性が結婚して家庭を作った当初の夫婦の関係と、子どもが生まれ育っていくころの夫婦の関係は、多かれ少なかれ変化している。また、生まれた子どもがどのような成長過程を歩んだか、両親を悩ます問題があるかどうかによっても、夫婦の関係は変化していく。このことは後にも述べるように、ある家族の問題が、他の家族との関係を変化させて、その変化がつぎの変化の原因になるという因果関係をもっている。たとえば、夫婦のひとりが異性問題を起こして、夫婦間の争いが絶えない。そのふんい気の中で育つ子どもは不安定になり、いろいろの問題行動を起こす。親はお互いに子どもの問題の原因は相手の態度にあると争う。子どもはますます問題を悪化させるというのが家族関係の病理である。だれかひとりだけを取り出して、その感情や行動を考えることは、臨床的な見方ではない。関係そのものに視点を合わせる必要がある。

といっても、無力な幼児にとって、親の関係を動かす力はない。子どもの行動と自分のあり方を結びつけて親自身が考える以外にあるまい。したがって、保育者が客観的立場で、子どもの心理を代弁してやることの意義は大きい。

・夫婦関係の見方と考え方

俗に、夫婦の関係ぐらいわからないものはないといわれ、他人が介入しないことを人生の知恵としているのは、その関係が外見的にはわからない内面的、心理的なものにより大きな比重が置かれていることと、しかも、それが変化するという特徴をもっているからであろう。だが、この複雑な関係をとらえる視点として、キャッテルという心理学者は、つぎのようないくつかの次元をあげている。

① 愛情のある態度か——関心のない態度か
② 相手に依存的か——自己充足的か
③ 敵対的態度か——関心のない態度か
④ 支配的か——服従的か

⑤　しっとがあるか――相手を信頼しているか
⑥　相手を誇りにしているか――相手を恥ずかしいと思っているか
⑦　性的魅力を感じているか――性的に無関心か
⑧　相手に対して保護的か――そのことに関心がないか
⑨　相手を尊敬しているか――相手を軽蔑しているか

これらは、いずれも重要な次元であるが、年代を経て夫婦の関係が変化するにつれ、各次元の重みも変わっていくものと思われる。たとえば、⑦の次元などは、若い夫婦にとっては重要な基本的な条件であるが、年老いた夫婦にとっては、他の次元が重要性を増してくるかもしれない。また、夫婦が相手に対して、何をより強く期待するかという個人差によっても関係は異なってくる。⑥の相手を誇りにしているかどうかの次元も、「誇りに思うほどではないが、愛情を感じ、保護の責任を果たしている」という夫と「わたしは夫に依存し、保護されることを望んでいるので、少しぐらい軽蔑されても、支配的であってもかまわない」と割り切っている妻ならふたりの間には問題は起こらないかもしれない。もっとも、子どもが存在すれば別の問題が出現する。

要は、相手が自分に何を期待しているかに敏感で、その期待に添えるように努めるか、あるいは、その期待に添えなくとも、代償としてこたえてやる要素があるかどうかが問題であろう。また、人間は基本的に異なった存在であり、完全な理解に達することは不可能に近いという人間観、個性観でつき離した見方ができれば、これまた、要求や期待のしかたも変わってこよう。

また、夫婦間のトラブルの調査（近藤貞次氏による）によれば、もっとも多いトラブルの原因は、両者の性格の問題であり、つぎに家庭内の役割であって、愛情や性の問題、生活態度や社会的態度などは、不満があっても、表面化した争いになることは少ない。

また、両親として子どもの前でトラブルを起こすことはさしひかえるべきだと考えて、子どもがいると不満を内攻させる親も少なくない。だが、子どもも小学生以上になると、両親が不満や敵意をうちに押し殺している不気味なふんい気に耐えられないのか「けんかして早くケリをつけてくれたほうがいい」などという。争いが家庭の発展や向上のためか、それとも破壊的なものかでムードも異なってくる。そして、同じ争いの当事者でも、夫と妻とでは、争いの原因がなんであるかの認識にかなりの狂いがあるといわれる。それほど夫婦というのは近い関係にありながら、一面では遠い存在なのであろう。

・夫婦の関係と子どもの問題

危機的な夫婦の関係と子どもの問題は微妙にからみあっているが、大きく分けて、三つの点に問題を見いだすことができよう。

その第一は、夫婦間のトラブルのくり返される家庭で過ごす子どもは、例外なく情緒的な不安に陥れられるという点である。とくに、相手と離れるのではないかという不安ぐらい子どもを恐怖に陥れるものはない。幼い子どもにとって、両親はあくまでも一対というイメージがある。したがって、両親のどちらかが、相手の悪口や批判を子どもに吹きこむことは、子どもには耐えられない苦痛である。子どもはどちらかを選べるほど、両親を差別して考えてはいないのである。

ある家庭で毎夜のように夫婦げんかがくり返された。眠っていると思っていた子どもが、そのつどとび起きて叫んだ。「パパ、ごめんなさい。ママ、ごめんなさい。わたしいい子になるから、けんかしないで」と。子どもは、このように両親の問題を自分と結びつけて心を痛める。

第二に夫婦に不調和があると、親とくに母親は、子どもの世話や教育の手を抜くことになる。当然のことだが重大な悩みをかかえている人間は、ほかのことに関心を振り向けることはできない。ある保育者は「子どものお弁当が急に粗末な簡単なものになる。衣服が汚れたままに放られている。忘れ物が多くなる。両親になにか起こったのではとすぐ考える。そして表面に現われている以上に、子どもが心理的に放られているのではと心配になる」といっている。

第三に、子どもは親をもっとも身近なサンプルとして、生き方やふるまい方をなぞって成長していく。男性としてのふるまい方、女性としてのふるまい方、また、夫婦としてのふるまい方は親から学ぶものである。このサンプルが正常でないとき、子どももまた正常な生き方、ふるまい方を身につけることはできない。幸福な結婚の条件について研究したターマンは、その有力な条件の一つとして、その人が育った家庭で両親が幸福な結婚生活のサンプルを示したかどうかをあげている。

このように、両親の危機的な問題の影響は、現時点において子どもの上に現われるもの、遠い先の将来において現われるものなどさまざまであろう。

F児は、あと半年で小学校へ入学する六歳児。F児の担任の保育者は、この半年ばかりの間にF児が非常に幼く聞き分けが悪くなったのを不思議に思って、いくども母親に思い当たるところがないかとたずねてみた。しかし、母親は「いいえ、うちではとてもものわかりのいい子で、気の毒なほど私たち親に気をつかっているみたいです。それに、小学校の入学が近づいたせいか、なんでも自分でやろうと緊張しているみたいなんです」と否定した。ところが、ある日、母親に代わってF児を送ってきた手伝いの人に聞いてみると、F児の両親には争いが絶えず、両方とも離婚を考えているようだという。そして、F児は両親の間を心配し、まるでおとなのようにふたりが仲よくなるように働きかけているのを見ていて胸がいっぱいになると語った。いわば、F児の保育所における退行現象は、家庭での緊張と苦悩の代償としての要求なのであろう。

一方、夫婦の関係と子どものパーソナリティーの関連性を研究したアメリカの社会学者ストラウスはつぎのような報告をしている。

① 夫優位の夫婦関係では、子どもは情緒的には比較的安定していて、向上心も強いが、学業は中位、親子の関係では、親に対してやや反抗的でもあれば拒否的でもある。

② 妻優位の夫婦関係では子どものパーソナリティーは四つの夫婦のパターンの中で情緒的にはもっとも不安定で、また、向上心も乏しい。ただし、学業だけは優秀。親に対してはかなり反感が強い。とくに、この反感は弱い父親に対して強いようである。

③ 自治型、すなわち夫婦対等の関係で、よく話し合い、互いに相手の立場を尊重して協力しあうという夫婦関係では、四つのパターンの中で子どもはもっとも情緒的には安定度が高く、同時に向上心

も高い。学業も優秀で、親子関係も親密度が高い。

④ 葛藤型、すなわち、相互に主導権を争って、トラブルが絶えない夫婦関係では、子どものパーソナリティーは危機にひんしている。情緒的にもかなり不安定で、向上心は四つのパターンの中で最低、学業成績もこれまた最低。親に対してはすこぶる拒否的傾向が強い。

この四つのパターンを全体的にみると、妻優位が学業を除いて、もっとも危険度が高く、つぎが葛藤型、ついで夫優位型。もっとも子どものパーソネリティー形成に望ましい影響を与えるのは、自治型の夫婦関係とストラウスは報告している。

一般に、かなり問題があるとみなされる夫婦も、子どもがいなければ見過ごされよう。逆に、子どもがいたら、ささいな問題でも放置できない。したがって、保育者がこの種の問題に参加する角度は、子どもの成長やパーソナリティーの問題としてでなければ、両親のプライバシーに触れるおそれがある。

3 親子関係と子どもの問題

子どもに問題傾向がみられると、だれしも、まず親子関係を考える。それほど親の子どもに対する態度や扱いが、子どもの人格形成や問題行動と関係が深いと考えているわけだが、同時に、そのような考え方をささえる研究資料が多いことにもよろう。

たしかに、人格形成のはじめの時期の、毎日の生活を通じての多面的、直接的なかかわりあいは、測り知れない大きな影響を子どもに与えることは想像にかたくない。そのせいか、親が一定の態度や扱いをすれば、子どもにもそれに見合った特定の性格特徴や問題行動がみられるものと信じている向きさえある。しかし、細かなこととなると、そう直線的には結びつかない。ただ、親の人生観や児童観、その考えに基づいたあるいは無意識の親の態度や扱いなど、かなり広い範囲のしかも長期にわたる親の傾向は、子どもの人格形成や問題行動と密接な関連性があると考えられる。

また、親子関係の重要性が叫ばれるあまり、親に代わる集団保育は意味がないと考えたり、マイナスの傾向があるのではと不安になったりする人もいる。しかし、共働き家庭で、幼児期から保育所に預けられた子どもたちが、すでに、中学生、高校生までに成長しているが、初期の危惧感は薄れ、むしろ、核家族の中で育てられた子どもより習慣形成や社会性の面で好ましい傾向すら認められると主張する保育者もいるほどである。

だが、この問題はなかなか微妙なニュアンスを含んでいる。たとえば、前述したようにイスラエルの農業共同体のキブツでは、子どもは生後、両親から離れて「子どもの家」で育てられ、母親はときどき授乳、入浴、着せ替えの世話に訪れることはあっても、ほとんどのことは専門の保育者に任されていて、両親とは同居しない。子どもは成長するにつれて「幼児の家」に移され、四歳で幼稚園にはいる。その後、義務教育期間の高校卒の一八歳まで、両親と別れて集団生活をし、集団教育を受ける。そして、六〇年間のこの計画の実践結果として、「どのような生活形態をとろうとも、親子関係は永久的なものである」「子どもの養育にとって親子の間の情緒的関係は欠くことができないものである」という二点を強調している。

このことは、改めて親子関係の微妙さを考えさせられるのである。だが、「キブツの子どものほうが、純粋な親との対話の時間をわれわれの子どもより多くもっている」とか「巣立っていく社会機構によって、問題の見方も異なってくる」とか論議は多い。しかし、親子の関係をみる一つの視点として興味深いものがある。

ところで、一般に「親子関係」と呼ぶばあい、両親を一括して考えていることが多い。しかし本来、父子関係と母子関係は異なった人間関係で、一括するにはむりがある。また、乳幼児のばあい、接触の多い母子関係を中心に考えがちであるが、このばあい、単なる母子関係より、夫婦関係をふまえて考えるほうが自然であろう。いわば、臨床的に親子の関係をみるときには、それぞれ、父子関係、母子関係と別々にみながら、しかも夫婦関係をはじめ、その他の家族関係との関連の中でとらえる姿勢が必要ではなかろうか。

・親子関係の見方と考え方

① 愛情関係

親から子どもを離して集団保育をしているイスラエルのキブツにおいてさえも、前述のように「親と子の情緒的関係」をもっとも重視しているように、親と子の関係では、愛情の交流が基本的な要素であろう。それは、親の愛情が、なんらかの理由によって断ち切られたときに、子どもに起こるさまざまな問題行動をみても予測できるものであろう。

一般的には、親は子どもに対して無条件で愛情をもっていることが多いが、ただ、子どもが求めているような型で、親が愛情を演出するとは限らず、そこに問題が起こりやすい。堀秀彦氏は親の愛情と教師のそれを対比して、「親は子どもを知る前に愛している。だが、教師は子どもを知るにつれて愛するようになる」と指摘している。

しかし、臨床場面で親子の問題を扱っている人たちは、そのことを信じながらも、あまりにも多い例外の親にとまどいを感じていることも、また事実であろう。おそらく、世間一般にも、そんな疑問があるのではなかろうか。たとえば、親は「愛のむち」と称しながら、それとはほど遠い、憎しみそのものを表現していることがある。「独立心を育てる」といって子どもを疎外する。「子どものため」と称しての親のエゴイスティックな働きかけもあれば、明らかに「取引きの愛情」と思われるものもある。

したがって、望ましい親子関係を保つためには、何よりも親自身が成熟し安定していて、子どもの行動に対して一貫性のある態度をとってやることが、子どもの安定感を守り、ものごとの筋道を教えることになる。とくに、幼児は全面的に親に依存しているので、親が安定して、自信のある生活態度で接してやることが、子どもに不安を与えないポイントでもある。

② 教育関係

現代の親には、「子どもの教育に自信がない」という人が多い一方、「子どもはスパルタ教育で」と自信にあふれている人もいる。だが、堀秀彦氏にいわせれば「親の教育は教育的アマチュアの教育」だという。もし、親がこのアマチュア性を自覚していたら、もっと子どもを慎重に扱うのではなかろうか。

親と子の教育関係での最大のメリットは、親を通して人間を学び、人間の生き方を身につけ、その関係を学ぶことであろう。日常の生活の中でくり返される教育は、たとえ親が意図しないものであっても、非常に強力である。

したがって、「教育ママ」に代表される指導過多は、子ども自身の伸びていく芽を摘み取り、子どもの創造性を枯らしていく。「子どもは何も知らない。知っている親が教えるのが教育」と主張するが、教え込むだけでは幅の狭い教育しかできない。一方、これとは逆に「子どもの自主性を尊重して」と称して、その実、指導を放棄している親もいる。あるいは、親自身の問題で手一杯で、子どもの教育まで手がまわらないという親もいる。

しかし、かりに親が高い目標を掲げ、指導法を研究しても、子どもが親に好意や信頼を寄せてくれなければ、教育は実現しない。その意味で、前記の愛情関係を抜きにして「教育」を考えることはできない。保育者としては両方の関連に眼を向けて診断したい。

③ 依存と自立の関係

親と子の関係は、子どもの成長につれて変化していくが、なかでも、大きな変化は依存と自立に関しての親と子の関係である。これは、子どもの社会化の過程でもある。

だいたい、依存にしろ、自立にしろ、親と子の相互関係であって、子どもは成長につれて依存傾向が減少していくが、もし親が保護的で、子どもの年齢や能力に関係なく世話の手を引かなければ、子どもの依存傾向は長びき、それだけ自立を遅らせる。また、親が子どもの自発性を認めず、自由を制限し、支配的であれば、同様に依存的であって自立は進まない。

一方、親が子どもの自立を促すような働きかけをし、自立に必要なしつけや訓練をすれば、子どもは自立の必要性を学び、その技能を身につけようと努力する。しかし、それには、親の愛情、励まし、指導などが必要であることはいうまでもない。「うちの子は、いつまでも甘ったれでしょうがない」とこぼす親は非常に多いが、そのわりに自分の子どもに対する姿勢を検討してみようとしない。このあたりにも保育者の客観的な目が必要かもしれない。

④ 家庭の行動と園の行動のズレ

夫婦の関係は他人には容易に理解しがたいものというのが常識になっているが、親子の関係については、だれでも定型的な判断を下しがちである。とくに、保育者のばあいは、自分の目に映じた子どもの行動を基準にして判断しやすく、しかもそれを通して親子関係をも推測する傾向がある。

だが、子どもの、家庭の行動と園の行動が一致するものとはかぎらない。それは、子どもが意識しての行動のばあいもあるが、多くは無意識のものであることが多い。行動の違いが、何に由来するかは一概にはいえないが、その一つは、人間関係の違いである。それは単に、家庭では気楽な関係であるのに比べて、園では他者を意識しての行動であるというような公式で割り切れるものばかりではない。たとえば、保育者の見たE児は「典型的なひとりっ子。引っ込み思案で不活発、不器用でミスが多く、いつも友だちのあとに従っている。これは、上の子が病死した後のひとりっ子で、親が過保護のせいである。第一、外へも出さないほど母親は心配症だという。ところが、母親は「わたしは過保護どころか、むしろ冷淡。気をつかっているのは子どものほう。それというのも私たち両親がいつ爆発するかしれない冷戦状態にあって、子どものことなどかまってやれない。子どものほうが、逆に神経をとがらせて私たちを見ている。だから、園ではボーっとしているのでは」という。こうなると、この二面は一つの問題に対する表と裏の行動ということになる。「親は子どもを客観的に見られないもの」と決めてかかることは危険だ。どのケースも、既成概念を捨てて初心で見る必要がある。子どもは、それぞれ異なった人間関係を背負っている。

・親の態度と子どもの問題

親子関係から起こる子どもの問題行動については、古くから多くの文献があるが、ここに紹介するのは、他の章で取り上げられた「田研・両親態度診断検査（幼児用）」の基礎理論となっている親子関係と子どもの問題行動についてである。もともと、この検査は、サイモンズの「受容と拒否」、「支配と服従」の親子関係にみられる二つの軸からヒントを得て作製されたものであるが、内容はかなり異なったものとなっている。

臨床場面で問題のある子どもを扱うとき、どの子どもにも共通してみられる原因が親子間の不調である。そして、多くのケースを整理し要約してみると、やはり二つの軸が浮かびあがってくる。一つは、親と子の愛情関係の問題であり、他の一つは教育関係の問題である。見方によっては、親はこの二つの軸にそって子どもと交渉をもつことが多く、また、そこに問題も起こりやすい。とくに、二つの軸の両極端、すなわち、愛情関係では、親の愛情の不足した拒否的態度、逆に世話のゆき届き過ぎの保護過多症も危険である。教育関係では、親が支配的で指導過多になるのも、逆に子どもの意のままになる服従的態度も問題行動を起こしやすい。といって、二つの軸の中間点、平均点が安全というわけではない。こうみると、親と子と相互関係の中で、要求に応じて力動的に変化させることが一種の安全弁ではなかろうか。

つぎにしるすのは、この二つの軸の両極にある特徴的な親の態度とそこで起こりやすい子どもの問題行動である。

① 親の拒否的態度

親に愛情がないばあい、愛情があっても子どもにそれが伝わらないばあい、子どもの要求するレベルを満たさないばあいなどであるが、それを親の具体的な態度でとらえると、つぎの二つがみられる。

(1)子どもに対する不満

子どもに対して不満のある親。いわゆる「ムシが好かない」、「しっくりいかない」などという親には、自分の期待レベルに子どもが合わないような気持ちをもっているのであろう。それが、さらに進むとあきらめてか無関心、相手にならないなどの態度となる。

子どもは、相手になってくれない親の代わりに、保育者やその他のおとなに甘えたり、まつわりついたり、注目をひく行動に出たり、不安のためにおもらしや指しゃぶりがあったり、そのほか多くの愛情の欠乏症状を起こす。

さらに、この状態が長期に続けば、情緒不安定は度を増し、何事にも集中できず、向上心も失い、無表情で活気のない子どもとなる。そのため保育者はしばしば子どもの知的能力に疑問を抱かせられることがある。

(2)子どもに対する非難

子どもをおどかしたり、どなったり、ささいなことにも体罰その他の罰を与えるなど、荒っぽい非難や憎しみを現わす親の態度。

この親に対する子どもの問題行動は、親の態度を受けて、同様に反抗的で攻撃的。落ち着きなく、活動過多、不信感が強く、協調性に欠けて、年齢が上になれば、社会のルールに対しても反抗的、敵対的で非行に走る子どもも多い。ただ、年齢が低いばあいは、恐れと不安から神経症的問題を起こすことも珍しくない。

② **親の過保護的態度**

子どもの年齢、能力を無視して、保護し世話をやき、心配しすぎる親の態度。世間で「過保護」といわれる親の多くは、この類型にはいるものであろう。ただし、親の態度としては、つぎのように多少異なる二つのタイプがある。

(1)子どもに対する干渉

子どもの能力からみて、責任をもたせて、手を貸す必要のないばあいでも、失敗を恐れて口をはさみ、手を出すという親。ふんわりと暖かい感じの過保護ではなく、うるさく、やかましいので、幼児などは自分が愛されている結果とは考えられない。

子どもは、親がやかましく干渉すればするほど、自立心に欠け、依頼心が強くなり、「しっかりしなさい」とうるさく注意されればされるほど親を当てにするようなる。また、子どもに任せてやらせようとしないために、生活技術的な訓練は不足し、スロモーで要領が悪く同年の子どもと比べ一段と幼稚にみえる。そのため、交友関係もスムースにいかない。

(2)子どもに対する心配

子どもの安全、健康、成績、交友関係、その他あらゆることを、特別の理由もないのに心配の対象にし、そのために子どもを保護する。たいてい、親自身になんらかの不安傾向があり、その現われとして子どもを保護することが多い。

子どもも親の不安傾向を受けて、親とよく似た傾向を示す。慎重、潔癖、おく病、こわがり、少食、心配症、不眠など、さまざまな神経質徴候を現わす。また、戸外の活動も、活発な友だち遊びも禁じられて、社会化も遅れ、交友関係も発展しない。

③ **親の支配的態度**

親と子の教育関係、指導関係の軸の一方の極にあるのがこの類型で、親の考え方、親の要求を強い統制力と権力で子どもに押しつけて、一方的に子どもを支配する態度。いわば親本位で、子どもはそれにふりまわされる。いわゆる「教育ママ」などもこのタイプに属する。このタイプにはつぎの二種がみられる。

(1)子どもに対する厳格な態度

親の考え方を通すために、つねに子どもの行動を命令、監督し、子どもが多少でも、それからはずれることがあると、きびしい態度で制限し、絶対に許さない。叱責、禁止、罰などを用いることが多く、子どもの自由度はきわめて低い。

子どもに起こる問題は、無気力で依存的、自発性、自主性が乏しく、創造性も意欲もない。成長につれて反抗的になることもある。

とくに、愛情表現が少なくて厳格なばあいは、子どもの不安、恐怖が大きく、いろいろの神経症的な問題を起こす。

(2)子どもに対する期待的な態度

子どもに対する期待だけではなく、親の成就要求の現われと考えられることも多いが、親の高い期待水準にしゃにむに子どもを引きあげようとする。そこには親の競争心、虚栄心などもひそんでいて、つねにわが子が優位な地位にあることを期待している。

子どもの能力が親の期待に添えるばあいは、子どもも親の目標や価値観に同調し、競争に優越感も抱く。だが、子どもの能力が期待に応えられないばあいは、表面的には親の方針に従いながら、裏ではその抑圧の解消をはかるという二様の適応をする。とくに、年齢が上になると、この生活態度が功妙になり、まったく努力を放棄してしまう子どももいる。また、成績第一主義のため、いわゆる日常のしつけや生活習慣の形成、社会化の面などに指導の手がゆき届かないための問題も起こる。

④ **親の服従的な態度**

支配的態度とちょうど反対の態度で、教育意識が低く、子ども中心、子ども上位で、親は子どもの要求に応じ、子どもに奉仕する。これにも二種類の親の態度がみられる。

(1)子どもに対する溺愛

子どもを親の慰めの対象と思い、子どもに去られることを恐れ、むやみとサービスし、見さかいなく要求を入れてやる。いわば、教育性、指導性の欠落した態度であり、俗に「ねこかわいがり」などといわれるベタベタした親。

子どもは、わがままで暴君、親を使用人のように動かして要求を満たすので、外へ出ると耐性がなく不適応状態となる。「うち弁慶の外すくみ」などといわれるのはこのタイプ。また、自由、気ままの生活のため、園や学校などの規則的な生活をきらい、登園、登校拒否などの問題に陥ることもある。情緒的に未成熟で、ささいなことに怒る、泣く、わめくと赤ちゃんぽい反面、おとなとのつきあいが多いため早熟な一面もみられる。

(2)子どもに対する盲従

子どもの考えや要求を尊重するあまりに、指導ができない親の態度の多くは、親に心理的な問題があり、そのために、子どもに弱くなっているばあいが多い。たとえば、親が病弱で指導ができないとか、親自身に欠陥や問題があって、子どもにひけめを感じているとかである。必要なときもきびしい態度がとれない。

子どもは教育不在、しつけ不在の中で育てられ、自己中心的でわがまま、他者の存在を無視し、勝手なことをする。欲求不満に耐えた経験がなく、自己統制力が弱い。要求を満たすためには手段を選ばず、無軌道、無責任できわめて横柄。家庭外の対人関係ではトラブルが多く、心のかよう友だちもできない。

⑤ **親の矛盾、不一致の態度**

親に情緒的な問題があって、態度に一貫性がなく、子どもに対しても矛盾した扱いが多い。

また、両親間に子どもの教育や扱いについて一致度が乏しく、食い違った扱いをする。

(1)子どもに対する矛盾した態度

親の自己統制力が弱く、気分的で、子どもの同じような行動に対して一貫した態度がとれない。また、それに気づかない親もいる。

子どもは、親の態度の変化にふりまわされて、安定感を失い、何事にも集中できずオロオロする。成長するにつれ、親への信頼感も薄れ、家庭にいるのをきらうようになり、親に対する愛情と憎しみの矛盾感情に苦しむ。

(2)子どもに対する両親の不一致

両親には子どもに対する多少の考え方や扱い方のズレがあるのは当然だが、それを話しあってみたり、調整しようとしたりする意欲のない親である。むろん、両者に不満があれば不一致になりやすい。

子どもは二つの権威、二つの命令系統に混乱し、不安定に陥り、自立心を失う。親への不信感、反感も強く、成長するにつれて反社会的な行動も多くなっていくことがある。

4 きょうだい関係とその問題

・きょうだいの人数と問題

きょうだいの関係は、人数、出生順位、年齢の組み合わせ、性別などさまざまの条件を総合的に考えねばならない。また、きょうだい関係は親と切り離して考えられるものではなく、親を含めてのかかわり合いに焦点を合わせることも必要である。

① ひとりっ子

ひとりっ子であること自体が、すでに問題だといわれた時代もあったが、現代では、人格形成の上でプラス面とマイナス面を同時に持っていると考えるのが一般的傾向である。

ひとりっ子は、おとなの生活の仲間入りをしているうえに、おとながら相手をしてくれる時間も長く、言語発達は進んでいる。また、言語を媒体とする抽象的思考の発達も早く、WISC《ウィスク》知能診断検査の結果をみても、動作性より言語性に高い得点がみられる。

一方、親の保護や干渉が多いために、自立心や自主性に乏しく、また、外での活動の機会も少なくなりがちで、運動機能や社会性の遅れがみられることもある。

また、きょうだい関係の経験がないため、要求が阻止される体験が乏しく、わが家での地位を外の社会でも期待しているようなところがある。とくに、集団保育の場では、保育者が特定の子どもだけに関心を傾けることができないのに、その状況が理解できず、保育者にことさら甘えたり、すねたりして独占しようとする。このようなばあい、保育者が個人的な交渉をもちながら一方では、集団のひとりとしての扱いをして、ひとりっ子的ハンディから抜け出すようにしてやる必要があろう。

また、保育者として注意しなければならないのは、ひとりっ子をもつ親には、「ひとりっ子だから、たよりない」といわれたくないために、ひどくきびしくしつけたり、さらに、「ひとりだからこそ、りっぱにしたい」と少数精鋭主義で鍛えたりすることである。

また、まれなケースかもしれないが、もともと子どもぎらいで、ひとりだけでじゅうぶんという親もいる。

ひとりっ子といえども、さまざまである。

② 少数きょうだい、多数きょうだい

現代の家庭の子どもの数は平均して一・八人。「ふたりっ子」の家庭が最も多いようである。

これまでの常識では、「ひとりっ子より、ふたりっ子がいい」ということになっていたが、はたしてそうであろうか。

たしかに、ひとりだけでもきょうだいがいるという点では、ひとりっ子の経験できないきょうだいの関係を体験することになろう。だが、ふたりというのは、意見が同調しやすく、一組のカップルとして同じ行動をとることになり、個としての自我を確立しにくい。とくにその傾向が強いのが双生児である。したがって、親や保育者は、ふたりを比較したり、同調するよう働きかけたり、いつもいっしょに遊ばせたがったりしないように注意したい。双生児といえども、ひとりひとり別個の人間として成長していくように、できれば、クラスも別に、友だちも別にして二人三脚的でない生活をさせたい。親はとかく一対の子どもと考えがちであるから、保育者は、親の考え方の変容に力を貸してやる必要があろう。

ところで、ここにきょうだいがさらにひとり、三人になると、二人三脚の同調関係は破られて、はじめて、別々の三様のかかわりあいが出現する。いわゆる「小さな社会」ができるわけである。これにひとりが加わり四人きょうだいとなると、グループとしてまとまるばあいと、ペアの二組ができるばあいに分かれるが、これは、年齢差、性別、性格などにより異なるようである。

そして、三人もしくは四人ぐらいまでは、親とのかかわり合いも親密で、子どもが親に対して不満をもつことは少ない。また、子どもの発達も、家庭に特別のマイナス条件がなければ、順調に、また、早く伸びるといわれる。

しかし、ひとりっ子のばあいと同様、親の保護や干渉がゆきわたり過ぎると、子どもはおとなの仲間のような意識をもつ。

一方、五人以上のきょうだいのばあいは、おとなとの関係は薄くなりがちで、指導の面でも手が抜かれやすく、子どもも親との心理的な距離が遠くなり多少の不満をいだくこともあるが、それに代わって豊かなきょうだい関係をもつことができるのである。

とくに、多数きょうだいの中で育った子どもは、背伸びしておとなの仲間にはいろうとすることもなく、きょうだい同志のつきあいの中で、実力相応な地位を得て子どもらしい子どもとして育っていく。しばしば、子どもどうしのコントロールや抑制が、親の指導以上に子どもの社会性を伸ばすこともある。

そこで、保育者としては、多数きょうだいの中での子どもの地位について正確に把握し、疎外されている子、抑圧されている子、敵視されている子などに、適切な手を差し伸べてやることが必要であろう。とくに、きょうだい数が多いと、親がそれを統轄するのに強力なリーダーシップが必要らしく、専制的、権威的な態度に出やすいといわれる。その不満が園で型をかえて現われることもめずらしくない。

・出生順位と問題

世間で俗に「総領の甚六」とか「末っ子の甘えん坊」などというように、きょうだいの出生順位による行動特性は、学者の研究においても、また明らかである。

たとえば、シャクターは「人は不安な状態において、他人とより親和傾向を示す」という考え方をしているが、このばあい、長子とひとりっ子は「他人といっしょにいたい」傾向が強い。

ひとりっ子はともかく、なぜ、長子がそうなのかを考えてみると、第一に、長子は親の愛情をほしいままにしたひとりっ子時代があったのに、下の子の出現により、その座を追われている。第二に、育児に未経験な親が一方では過度の緊張をしながらも失敗をくり返し、試行錯誤的な一貫性のない扱いをしてきた、それなのに長子に対しては、他のきょうだいよりも高い期待をかけるという矛盾がある。

また、長子は他のきょうだいよりも、神経質で、いろいろの問題を起こしやすく、また、耐性が弱いといわれている。これも、前記のような要因と関係があるのではなかろうか。

また、末っ子に対しては、昔から、親がこれが最後の子どもだという意識から、他の子どもより甘やかす傾向や、いつまでも、幼くあってほしいという親の要求で、年齢以下の保護が与えられて、甘えや依存的な傾向や勤勉さに欠けるなどの問題があるといわれてきた。しかし、現代の親が末っ子をもつときの年齢は若く、はたして、そのような気持ちになるかどうかは疑問である。

しかし、他のきょうだいとの関係においても、末っ子は自力で開拓していく必要はなく、上のきょうだいのあとをついていけばいいので、努力せずに要領を身につける。また、他のきょうだいのしっとを避けるためにも、親ときょうだいの間をうまく立ちまわる必要もあって、他人の気持ちに気をつかわねばならない。そのため、自己の独自性を伸ばしそこねることもあるかもしれない。また、末っ子が育つころには、父親は仕事の上の責任も重くなり、忙しいうえに子どもへの興味も薄らぐせいか、末っ子はより母親とのかかわり合いが深いといわれる。

一方、中間子の中には、しばしば、情緒的に不安定になる子どもがいる。おそらく、長子や末っ子が前記のように親との関係が親密であるのに比べ、関心をもたれることも、期待されることも少ないからではなかろうか。

「次男のきかん坊」といわれるのも、そのための攻撃性かもしれない。保育者は努めて中間子の苦悩を察してやりたい。

・性別と問題

親の子どもに対する期待には、子どもの性別によって差異が認められるのが普通である。

たとえば、女の子がやさしい態度を示したときはほめられるのだが、男の子だとそうとはかぎらない。また、男の子が活動的なのは歓迎されても、女の子は禁止されるというように。

一方、男の子は、幼いときから、集団の中で自分がになう役割を同性である父親を模倣して身につけていき、それが適当であれば親からも承認されてますますその傾向を強めていく。このばあい、父親が欠けていたり、また父子関係が不調だったりすると、男性らしい行動の学習が遅れる。

これと似通った問題は、母親と女の子においてもいえるが、ただ、母親によっては、女の子に対しては関心が薄く、そのため子どもが母親との同一化を避けようとするばあいもある。

つぎに、きょうだいが同性か異性によっても、子どもの性別による学習、いわゆる「男らしさ」「女らしさ」は異なってくる。その一つは、異性のきょうだいをもつ子どもは、異性の「らしさ」をより多く身につけ、しかもこの傾向は、年下の子どもにより多く現われる。これは社会学者ブリムの研究だが、年齢差の小さなきょうだいにおいて、とくに強く現われるという。

また、ブリムは、兄をもつ男の子の性格特性として、競争心、野心、攻撃性、計画性などが認められ、姉をもつ男の子は親切心、快活さ、おとなに慣れやすいなどの女性的な特性がみられるという。

一方、姉をもつ女の子の性格特性では、おもしろいことに、親切心、快活さ、おとなに慣れやすいなどが、かえって低いという。また、兄をもつ女の子は、競争心、野心、自信など男性的性格特性が、姉をもつ女の子より強く出ている。

しかし、このような相互関係は、きょうだいの人数が多くなり、また、年齢差も大きくなると影響は薄くなるのではなかろうか。

・きょうだい間のトラブル

保育の場面で、もっともよく見かけられるきょうだいの問題は、愛憎やしっとではなかろうか。また、多様な徴候はうっかりすると他の問題と見誤ることも珍しくない。

いわば、きょうだいのある子どもにとっては、愛憎やしっとは、最初の危機であり、その体験のないひとりっ子が、他の子どもと異なる一面はここにあるともいえる。

しっととは、自分のものと考えていたものが他人に奪われることによって起こる、怒り、敵意、敗北感の心理である。そして、表面に現われる徴候は、実にさまざまだ。攻撃、乱暴、競争などばかりでなく、ぐず、欲ばり、不眠、白昼夢、夜尿、食欲不振、不安、恐れなど、予想もしない現われ方をする。そのため、つい対策が見当はずれになったり、治療時の処置が手遅れになったりしやすい。保育者としては、これら子どもの行動に注意して、親の気づきにくい点を拾い上げてやる必要があろう。

親の中には、しっとはきょうだい間の問題で、自分とはかかわりないように考えている親もいるが、しっととは親を含めた三角関係なのである。したがって、親がどのような態度に出るかによって、問題は変わってくる。

一般に親が失敗しやすいのは、しっとの感情まで指導しようとする点にある。「赤ちゃんは、あなたの妹なの。だから、かわいがらなくちゃ、しゃくにさわると思ってはだめよ。あなたはお兄ちゃんですから」などといったりするが、これでは、子どもは救われない。「赤ちゃんが生まれて、あなただけとお話してあげられないから、赤ちゃんなんていないほうがいいと思うでしょ」と子どもの気持ちを受け入れてやり、また、子どもにも自由に感情の表現をさせるのがいい。おとなは、子どもの感情を受け入れ、子どものことばどおりに「こう思ったのね」と返してやる。それにより、子どもは不満を解消し、受容された満足感を味わい、さらに、自分のいったことを考えてみる。しかし、子どものしっとを防ごうとして、偏愛したり、甘やかしたりするのは、かえって危険である。なぜならば、人間の子どもが当然経験しなければならない苦悩であり、またそれによって得るものはあまりにも大きいからである。

一般に親は、きょうだいが仲よくしてくれることを願うあまりに、無理な注文を出しやすい。「この世の中で血を分けたふたりだけのきょうだいだから仲よくしなさい」などというが、親を中心にお互いにライバルでもあるきょうだいは、たてまえどおりにはいかない。

ささいなことで、きょうだいげんかをするというのも、常に底流にライバル意識が潜んでいるからでもある。したがって、けんかのときに、親がとび出していったり、その場の条件だけで判断したりするのは、かえってきょうだい関係を悪化させる。

しかし、けんかをしながらも、きょうだいは、親和感と愛情を交流しあうようになる。とくに、子どもが他者の気持ちがわかりはじめる三歳過ぎからは、下の子どもの世話をすること、遊んでやることを通して愛情を育てていく。また、五歳過ぎの子どもの中には、下の子どもの世話に責任を感じているばあいも珍しくない。

一方、親はきょうだいを公平に扱うことにこだわり、同じ物を与え、同じようにほめてやるように気をつかいがちだが、これは、親の心に潜む不公平さへの恐れの現われかもしれない。たいせつなことは、ひとりひとりの子どもが、何を求めているかに応じて考えるべき問題で、表面的な公平さだけで子どもが満足するわけではない。その意味で、しっとに苦しむ子どもに、保育者として治療的な配慮をすることも必要だが、より必要なのは、親の意識を呼び起こす働きかけであろう。

5 祖父母との関係

・祖父母の生活状況

同じように祖父母と呼ばれる人たちでも、その生活内容や他の家族との人間関係は、実にさまざまである。

① 自立している祖父母

生活力も経済力もあって、子ども夫婦とは別居にしろ同居にしろまったく独立した生活をしている壮年並みの祖父母がいる。たいてい、意識の面でも現代的で、孫の養育や教育の主導権は子ども夫婦に持たせ、必要があれば経験者として知恵と技術を貸してやる。孫との関係も、両親の役割を犯さない程度にとどめ、むしろ、両親が与えられないような経験をさせてやることで、孫に厚味のある人間教育をするというのどかな関係である。

むろん、子ども夫婦が共働きなら、孫の養育や教育も肩代わりできる能力をもっている。

だが、このような状態はいつまでも続くものではない。

② 自立のできにくい祖父母

生活力も経済力も意識も体力も、老夫婦だけで自立して生活するには無理が起こるようになるのが自然のなりゆきである。

このばあい、すべての面に衰えがくれば、孫の養育や教育などに関心を払うことはむずかしくなるが、このうちの一つ、もしくは二つの条件が衰えても、他に元通りの力があると、祖父母（あるいはどちらかひとり）と子ども夫婦の間にトラブルが起こりやすい。

だいたい、年寄りの感情としては、生活のしかた、近隣とのつきあい、子どもの教育すべて、かつて自分が主導権をもっていたときのようにやってほしいという要求をもっている。だが、子ども夫婦は自分たちの価値感にしたがって新しい生活を創造したいし、子どもも新しい育児や教育の理論や技術で育てたいと思う。ここに両者の葛藤《かっとう》が起こる。子ども夫婦にしてみたら「世話になってきたのだから悪いようにはするわけがない。黙っていてほしい」ということかもしれない。このばあい、世話をするのが娘夫婦なら、まだ、生活面に共通のものが多い。しかし、むすこ夫婦となると生活面での共通性は少なくなり、葛藤も激しくなりやすい。そして、孫はこの二世代にはさまれ、揺り動かされるばかりか、ときどきは、自分のことが原因で両世代が争うとなると、子どもの不安はたいへん大きくなる。ある五歳児は登園のつど念をおす。「ぼくいい子にしているから、みんなけんかしないでね」と。

・祖父母と孫の関係

① 孫に対する祖父母の心理

年寄りは能力のあるなしにかかわらず、子ども夫婦から孤立しやすい。その結果、しばしば孫に近づいていく。情緒的に不安のある年寄りには、人間的な結びつきがほしいのである。ある子どもが「おじいちゃんはきらいじゃないけどうるさくていやだ。なんべんも、おじいちゃんが好きっていわせるから」といっているが、愛する対象、愛される対象を強く求めているのだ。孫に過保護になり、むやみに金品を与える祖父母には、孫を喜ばせたいだけでなく、それにより自分を印象づけ、好意を寄せてもらいたいという感情があるのであろう。

また、孫も乳幼児期なら、祖父母を批判することもなく近づいていく。そして、子ども夫婦ならきらわれる助力や世話をよろこんで受け入れてくれる。「自分もまだ役だつことができる」というのは年寄りの大きなよろこびであろう。

そのうえ、心身の衰えを感じている祖父母にとって、孫の元気な活動は、未来への希望につながる。年寄りは孫と同一化することによって、生命力を感じているようである。

② 孫に対する祖父母の治療的役割

孫の側から祖父母を見ても、祖父母の心身の状態により、かなり異なった関係になる。

祖父母が心身ともに健康で、自己抑制もよくできるばあいは、広い視野から親子関係や教育のあり方を検討して、不足がちのところへ力を貸すのを役割と考えている。ある幼児をもつ祖母は、幼稚園の園長にこう語っている。「ママはよく考えて子どもを育てていて、わたしは口出しする必要はないんです。ただ、どうしても、よその子と比べて競争し、何かと知識を教えたがる。ですから、わたしは孫に、野の花を見せたり、小鳥の声を聞かせたり、いわば、この世でいい味のものを与えたいと思っているんです」と。したがって、この年寄りは、自分の孫だけでなく孫の友だちにも人気がある。

また、祖父母は気持ちの上でも、孫を救ってくれることが多い。両親は、子どもを教育しなければという責任感がおう盛なため、とかく期待過剰で、干渉や叱責が多くなりやすい。祖父母はこの両者の間のクッションのような役割を果たしていることがある。というのも、年寄りは弱者の気持ちがよくわかる立場にいるからであろう。

・中心となる両親の役割

祖父母と孫との関係は、両者の連結のところに位置している両親の「とりなし方」によって、大きく左右される。たとえば、母親が孫をしかっているのをみると、祖父母はどうしても孫の肩をもつ。このばあい、もし母親がこのような年寄りの心理を察して「おばあちゃん、あれはしかった方がいいでしょうね?」と、しかる前に声をかけてみる。まず反対する年寄りはいない。いわば、年よりの存在を無視しないのである。

このような中間的で、中心的な役割意識をもっていて、しかも、両親間が円満で良識的なら、塚本哲氏のいうように、三世代は両親を中心にして「求心的結合」を計り、中心が危機的状態だと家族は「遠心的分散」を計り、バラバラとなって「はみ出す」人も出てくる。子どもの問題も、両親が翻訳者になって年よりに理解させることが必要だと氏は主張する。

保育者としても「年寄りっ子」などという一様の見方や考え方を警戒すべきである。

(4) 家族関係の治療

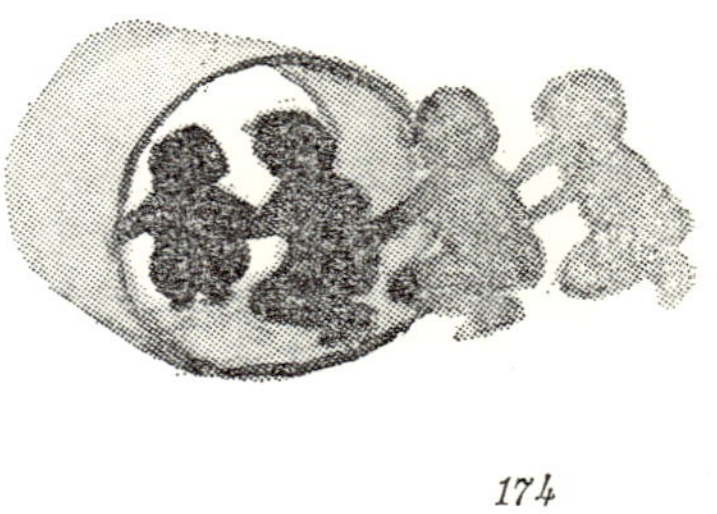

1 集団としての家族の見方・考え方

前述した「家族関係と子どもの問題」では、家族を構成している個々のメンバーに重点をおいて、個人的なかかわりあいとしての夫婦、親子、きょうだい、祖父母などの相互の人間関係を見てきた。だが、ここでは、これらの個々のメンバーが構成している家族を一つの単位として、「集団としての家族」を考えてみたいと思うのである。したがって、焦点は、家族集団であって、個人はその中の一要素とみなされる。むろん、一要素の個人が問題を起こせば、たちまち、家族集団におよび、一つの有機体として力動的に変化、適応し、あるいは不適応を起こすと考えるわけである。したがって、個人の問題を治療する場合も、問題をもつ個人だけを扱わずに、家族集団全体を扱うことになる。

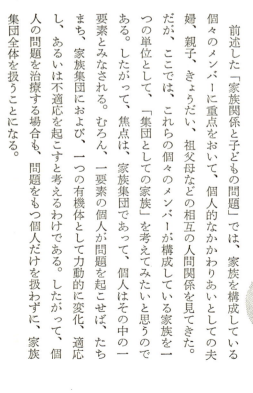

そして、このような考え方は、心理学的立場からも、精神医学的立場からも出発しているが、いずれもきわめて新しい分野である。

だが、教育相談とか児童相談とかの臨床面で、実際に家族を扱った経験をもつものなら、家族が一集団として深いかかわりをもち、特定個人だけを抜き出して扱っても思わしい治療効果があがらないため、家族全員を対象に対策をたて、治療を進めていくという経験をしているのが普通であろう。

・健康な家族集団

ところで、家族集団を治療の対象とする前提として、問題のない家族集団、すなわち、健康な家族とはどのような特徴をもっているものかを知る必要があろう。

①健康な家族集団といえども、問題や葛藤がないわけではない。しかし、それを解決し、乗り越えていこうとする意志が集団にあり、また、そのためには、集団内の各メンバーが相互に関連しながら問題解決のための方法をもち、また能力もあること。

②家族集団は、年齢、性別、役割など、異質のメンバーを含みながら、よく統合されて、先に記した家庭の機能を発揮できること。

③家族のメンバーの活動が、それぞれ家族集団に受け入れられ、ささえられ、補いあって、個人としても集団としても満足感と安定感をもっていること。

④家族集団としても個々のメンバーとしても、社会の要請にこたえながら、社会に適応していくこと。

⑤集団内の子どもの成長が順調になされるように、子どもの発達のペースを受け入れながら、援助してやる力をもっていること。

そして、集団としての問題も、個々のメンバーに起こった問題も、集団内で解決する力を失ったとき、病的な方向へと進んでいく。したがって、ひとりのメンバーが困難な問題を背負ってくずれかかっていても、集団として回復する力をもっている間は、希望がもてるわけである。

たとえば、子どものひとりが問題をかかえて立ち上がれないばあいも、他の家族集団が、この子どもの問題を解決しようと考え、努力するときは、治療が期待できるわけである。

・問題となる家族集団

家族の集団が、集団として問題があったり、病的な傾向を示したりということは珍しくないが、その類型を探すとなると、じつにさまざまで、家族集団の数だけ類型もあるという感じがする。

ここに紹介するのは、アカーマンやその他の学者の設定した類型のうちのいくつかに過ぎない。

①集団内部での統合を欠いている家族集団

特定のメンバーが親密に結びついて、他の家族を疎外しているばあい、またはメンバーがバラバラになっていて相互関連性のないばあいなどあるが、どちらかといえば前者のケースが多いようである。たとえば、息子夫婦と老人夫婦の間が緊密を欠くというように。あるいは、子どもの一方と父親が他方の子どもと母親が結びつき、その組合わせ間に対立があるというように。

②自己中心的な家族集団

家族のメンバーがそれぞれ自分の要求を優位と考え、その達成にエネルギーを用いて、他のメンバーとのかかわりあいを極端に少なくする。そのためにトラブルが起こることも多いが、とくに、子どもは軽視される。集団として共通の目標がなく、家族集団を単位とした行動はとれない。

③未成熟な家族集団

家族集団の中核となる父親と母親の両方か、あるいは一方が未成熟で、他人に依存的なため家族集団として独立することができない。多くは祖父母に依存して大家族に傾くことが多い。

④社会的に不適応の家族集団

社会との関係に問題のある家族集団だが、そのパターンはいくつかに分かれる。たとえば、社会に対して扉を閉ざし孤立している集団、また、社会や他人との交流が頻繁だが、家族の統合がうまくいかない。おそらく家族集団として機能できずに、外へ逃避しているのであろう。あるいは、社会の規範や習慣に反抗する集団、これも、家族は統合がみられて、家族集団として社会に反抗するばあいと、家族バラバラのばあいとがある。

たいてい、社会の現実に即して、考えたり生活したりできず、非現実的な思考にとらわれて問題を引き起こす。

⑤崩壊傾向をもつ家族集団

家族集団が継続できないような深刻な問題をかかえている家族。相互の反発や敵意が強く統合が不可能の家族などで集団として成立していけない家族。

2 家族療法

・家族療法の考え方

先に述べた「集団としての家族」を一単位と考えて、家族全体を心理療法の対象とするのが「家族療法」である。

たとえば、問題行動のある子どもだけを治療の対象としないで、子どもを養育する単位である家族集団の他のメンバー、すなわち、父親、母親、きょうだい、祖父母、同居人など、子どもとかかわりのあるメンバーはむろん、直接的な関係の浅いメンバーまで、すべて家族集団に属している人を対象とするわけである。

したがって、治療者側もひとりとは限らず、複数の治療者によって合同でおこなわれることもある。

このような治療法の根拠となる考え方としては、つぎのような視点があげられよう。

①家族の地位や役割はもとより、その行動や態度は、家族集団内で相互に影響しあっていて、一メンバーの問題も家族集団の問題とみなされる傾向が強い。

②とくに、成長期にある子どもの人格形成は、家族集団全体の影響を受け、もし、家族集団に問題があれば、そこで育った子どもが家族集団を形成する場合も問題の集団をつくる可能性がある。

③一メンバーの問題を個人に起因する問題と考えないで、家族間の均衡を保とうとすることにより起こるものと考える。

・家族療法

新しい治療法として登場した家族療法については、理論的にも技術的にも、将来の研究にまたねばならないところが多く、その効果も明確ではない。

しかし、子どもの問題を扱うものとしては、それがいかに家族集団のもつ病理と深いかかわりがあるかを予測しているだけに、家族療法に対する期待は大きい。そして、研究者の話によれば、たとえ、ひとりの子どもの問題となって現われているばあいであっても家族集団に原因のあるばあいには、家族療法の効果は大きいとのことである。

また、家族療法については、研究者により定義や方法も一様ではないが、鈴木浩二氏はつぎのように紹介している。

①単独面接法＝ひとりの治療者による一家族員に対する個別面接で、たいてい家族集団に重要な影響を与えてきたり、今後の治療に重要な意味をもっていると考えられる人を選ぶ。

②並行面接法＝ひとりの治療者が多数の家族員に並行して個別に面接治療する。

③協働面接法＝家族成員にそれぞれ担当の治療者がつき、個別に並行して面接がおこなわれ、治療者間には協働体制がある。

④同席面接法＝ひとりの治療者による個別面接に、他の家族員を適宜同席させておこなう。

⑤重畳面接法＝単独面接をおこなった治療者が、他の治療者の面接場面に同席して、対象者間のコミュニケーションのチャンネル障害を発見し、調整する。

⑥合同面接法＝ひとりの治療者が同じ場面で全家族員に面接する。

このほかにもいろいろの種類の家族療法があるが、いずれにしても、家族全員の相互関係、相互作用によって家族システムが変わることを原則としている。

また、家族療法と集団心理療法と混同するむきもあるが、家族療法は治療のために構成された暫定的な小集団ではなく、長期にわたり家族として生活してきた集団を対象とするのである。

さらに、集団心理療法は、構成員相互の関係により個々の問題を解決していくことをねらいにしているが、家族療法は家族システムの変化をねらっている。

３　家族のかかわりあいと子どもの問題

ここに記す事例は、家族ひとりひとりの心理的な問題と、加えて家族全員のかかわりあいに問題があるというケースであるが、その中で育てられる幼児に焦点を合わせて考えてみたい。

・保育者の見た問題

①幼稚でマセている子

Y児は五歳の男児。入園二年目になるが「少しも保育効果がみられない」と担任の保育者を嘆かせている。

Y児の問題は、無気力、めんどうくさがり、依存的、わがままと数えあげれば限りなくあるが、総括すれば未成熟というところ。ただし、他の未成熟な子どものように、一見して幼いというのではない。友だちに「これあげるからぼくのもやって」などと要領よく頼むところなど、巧智にたけている感じすらする。ある園児は、万事利用されて自分のことができなくなり、泣き出すほどに、こき使われた。気に入らないことがあると、大声で泣きわめくが、それも一種の演出のようだ。

集団行動で、Y児がはみ出すことが多いが、本人は「ぼくはやらなくていいの」と平然たるもの。そして、「疲れているから」「気持ちがわるいから」「きたないから」などいちいち理由を並べたてる。「やることは幼稚だが、気持ちのマセた子」というのが保育者の印象だという。

②両親の役割を代行する祖父母

保育者が、さらに疑問に思うことは、Y児が入園以来まだ一度も両親が園に姿を見せないことである。

保育参観日にやってくるのは、きまって祖母であり、日曜日の父親参観日に姿を見せたのは祖父だった。

保育者が家庭訪問をしたときも、両親とも同席していたが、話相手をつとめるのは祖父母で、両親は他人事のようにきき役にまわっていた。そのうち、母親とY児はおもちゃで遊びはじめたが、母子という感じより、姉と弟という感じであり、ふたりに対する祖父母の態度も、そんな印象だった。父親もただニコニコとしているだけで、何をたずねても祖父母が代わって答える。「こんな親もいるのだろうか」と保育者は信じがたい気持ちだったという。

・Y児の家族のかかわりあい方

保育者のすすめで教育相談にやってきた家族の話で、Y児を中心としたこの家族の心理的な交流や役割意識は、非常に特異なものがあり、それがY児の問題の原因となっているものと考えられた。また、両親や祖父母にもそれぞれ問題のあることが明らかになった。

家族との面接は、最初一回だけが各人一対一で行なわれたが、その後は、祖父母組、両親組とふたりずつに分けたり、Y児を除いておとな全員を対象とした。つぎに記すのは、各人が一対一で相談者に話した概略である。

①祖母の話

「Y児の母親は、わたしたちがふたりの子どもをなくしたあとへ生まれた娘で過保護の見本のように育てられた。とくに過保護だったのは娘の祖父母で盲愛的で、わたしなどメイド扱いだった。

ところが、いつまでたっても幼稚だと思っていた娘が、大学へ入った途端に結婚するという。むろん、相手も学生。卒業まで待つようにと反対したが、子どもができて、これまた娘の思い通りになってしまった。

はじめは、ふたりでアパート暮らしをさせたが、生活のことは何もできないので、毎日、わたしを呼びつける。やむなく、別棟を建てて住まわせたが、それからが大変。

子どもが泣くと荷物のように母屋へ置いていく。子どももママよりわたしがいい。娘は平気で大学へ通い出す。つい孫がふびんでめんどうをみる。孫はわたしたち祖父母相手でわがままいっぱい。近所の友だちのところへ連れていっても、我が通らなければ、すぐに帰ってくる。

祖父は、おとなしいタイプの人で、娘をしかることも、婿《むこ》をたしなめることもできなくて、「困った、困った」とわたしにいうだけ。わたしは婿に「これでは子どもと親の縁が薄くなる」と注意しても、なにしろ、まだ学生でピンとこないのか、「頼む、頼む」の一点張り。わたしもなんとかしなければと思いながら婿と孫にすまない気持ちでついサービスすることになってしまう。娘はそれをいいことにしているみたいに、平気でわたしをこきつかっている」

祖父の話

「いちばんの問題は、家内が世話やきでマメ過ぎること。母親がみんなやってやるから娘は一人前にならない。孫もおばあちゃんのほうがゆき届いているから、そっちに傾く。婿だっておふくろさんのほうがめんどうがいいから入りびたりになる。この問題は家内が死なねば治まらない」

③父親の話

「五歳の子どもと、妻はとてもよく似ている。

気分屋で忍耐力がない。依頼心が強い。自分はどんなわがままも通せる存在と考えている。母が病気になると「困るじゃない」という始末。ふたりとも過保護で育てられた。しかし、ぼくはまだ学生で無収入、生活いっさいのめんどうをみてもらっているので、何もいえないし、いいたくもない。だが、子どもはまだ小さいし、これからでも教育できると思っている。ぼくたちが卒業したら再出発のつもりで考えたい」

④母親の話

「家庭にはいろんな型があるはずだから、家族がなっとくしていれば、世間通りでなくてもいいと思う。うちは、両親もまだ年をとってはいないし、とくに母には、これという仕事もなく孫の世話に意義を見出しているから、ちょうどいい関係だと思う。わたしは学生だし、子どもの世話はきらいだ。むろん、自分の子どもだからかわいいが、かわいいからめんどうをみなければとは思わない。なにしろ、まだ小さくて動物的存在だから、大きくなってから指導すればいい。子どもの問題だって、いずれ成長すれば治るはず。あまり気にしていない。夫もこの点は同じ考えである」

・問題の見方・考え方

Y児の祖父母と両親のかかわりあい方は特異なものであったが、この家族のひとつの救いは、お互いに批判しながらも感情的にあまりこじれていなかったことであり、比較的、平静に話し合いができたことであった。とはいえ、各人が自分の態度を非難されるときは、反感や怒りをあらわに表出したときも少なくなかったが、同時に他の家族がこれに対して同情や慰めや解説をして、しぜんコントロールされる結果になった。

また、この家族はあきらめも含めて、わが家の現状は問題だということに、それぞれ気づいていたので、解決への意欲が早く出てきた。やや困難だったのは、「Y児の問題は、単なる祖父母の過保護が原因」というようなものではなく、両親が放任なら子どもへの同情から祖父母は過補償となりやすいこと、また、それが両親に対する見せしめかもしれないというような家族のかかわりあいがあり、全員が一つの問題になんらかの形で参与し影響しあっているということを理解させることであった。

一般に子どもの問題の原因を家族のなかに探るとき、とかく、特定の個人に焦点を合わせて考えることが多い。たとえば、「母親が放任的だ」とか「祖母が過保護だ」というように、このばあい、母親の放任も祖母の過保護も原因にはちがいあるまい。だが、家族が幾人かいれば、全員がいろいろな形でかかわりあっている。

かりに、父親が必要以上に世話好きだとしたら、母親はバランスを保つために放任にならないともかぎらない。逆に、父親が放任主義のために、母親にも放任することをしいられているかもしれない。あるいは、祖母の過保護が両親の冷淡さへの抵抗であるかもしれない。

したがって、家族を見るときは、全員の心の交流のしかたや、生活のかかわりあい方を総合的、全体的にとらえる努力が必要である。

だが、うっかりすると人は、自分がたまたま得た特定個人の情報で判断しやすい。ここにも家族全員をグループで扱うことの意味があろう。また、治療や指導も適確さが保てよう。

といっても、Y児の問題のように全員が問題を理解しても、その複雑さに手も足も出ないことがある。このときは、再び、対象をひとりひとりにしぼって、各人の問題に応じて扱うことも必要であろう。そして、このばあいのひとりの変化は貴重である。

Y児のばあいは、「いまさらどうにもならない」という祖母、「わたしにはできない」という母親とくらべ、父親が冷静に問題を認識し、最初に解決の意欲をみせた。そこで、彼を中心にして一家が転回していった。

父親は母親と根気よく話しあって、祖父母依存の生活から少しずつ脱皮していった。Y児は保育所へ移された。それにつれて、祖父母の意識や態度にも変化が起こり、つとめてY児を両親の生活圏におこうとするようになった。

家族が問題を理解し、ひとりが変わりはじめると、家族の関係はダイナミックに少しずつ変化し、家族システムにおよんでいくのである。

●感情反射法

おとなが子どもの気持ちを理解しているということを子どもに知らせるばあい、「どんな気持ちかわかっているよ」といっても、子どもはほんとうに自分の気持ちがわかってもらえたとは考えない。それよりも、子どもの感情を自分のことばにおきかえて、それからまるで反射（おうむがえし）のように相手にもどしてやることのほうが心から理解されていると感じさせるのに効果がある。たとえば、ある子どもが「やっちゃんがぶったの」と泣いて訴えてきたとき、そのときのいきさつで詳しく聞いてなぐさめてやるよりも、感情をこめて、「やっちゃんがぶったの。それであなたは怒っているのね」と、そのときの子どもの気持ちをことばでフィードバックしてやったほうが、子どもは自分の気持ちが受け入れられたことに満足し、早く安定をとり戻すことができる。これは、一九四〇年にカール・ロージャスがカウンセリングの専門的な技法として考え出したものであるが、それだけにとどまらず、家庭教育や保育指導の場面でも非常に効果のある方法である。

用語解説

＊離人症

自我意識の障害ともいうべき症状で、自分が考えたり行動したりしている実感がなく、また、自分が現在一個の人間として存在しているという実感も薄い。したがって、対人関係でも周囲から浮いてしまう。この傾向をとくに人格感消失と呼んでいる。一方、外界に対する認識があやふやになり、物がぼんやり見えたり、色彩が失われたり、遠近感がなくなったりするのを現実感消失と呼ぶ。離人症は精神的打撃のために自我が傷つけられて起こることが多いといわれる。いろいろの精神疾患に混じって現われることもあるが、これが独立して現われるばあい、とくに離人神経症と呼ばれている。

＊過補償

劣等感や不足感をカバーしたり擬装したりするために、他のすぐれた特性をオーバーに表現して、心理的均衡を保とうとすることを「補償」と呼ぶが、この傾向が度を越して、単に心理的な均衡を保つだけにとどまらず、過度の努力をするのが「過補償」である。

＊発達観

発達をどうとらえ、どう考えるかであるが、発達とは、単なる成長の過程をいうのではなく、心身の構造や機能が変化し形成されていくことを意味している。いわば、前段階から次の段階へどう再体制化されていくかの変化の性質や関連性に意味がある。したがって、発達の完了した状態を価値的な基準にして子どもをみるのではなく、ひとりひとりの子どもの特殊な発達の法則に目を向ける必要があろう。たしかに、発達は社会文化的環境とのかかわり合いで進められるが、それはあくまでも、子ども自体の発達の速度や性質によって決定されることを見落とせない。

＊ライフ・サイクル

ライフ・サイクル（家族周期）とは、主として家族構成が一定の変化をくり返す周期をいうのであるが、これが注目されるようになったのは比較的新しい現象である。というのは、戦前の家族周期と比べて、最近の家族周期に変化が起こったからである。だいたい、家族周期は三期、あるいは四期のサイクルがあると考えられていて、第一期は結婚によって家庭がつくられた夫婦ふたりの家族構成の時期、第二期は夫婦と新しく生まれてきた子どもの三世代の家族構成の時期、第三期は子どもが独立して再び夫婦ふたりの構成にもどる時期、そして、第四期は夫婦のどちらかが死亡してひとりが残る時期であるが、戦前は子ども数が多く第二期が長かったのに比べ、現在は第三期、第四期が長くなった。また、第一期の出発においても、戦前は親との同居が多く夫婦ふたりの時期は短かった。この周期の変化は生活内容や生き方の変化にもつながっている。

＊かん黙児

口をきかない子どものことをかん黙児という。ただし耳・口その他の障害があって、発語できないばあいは除く。

耳もよくきこえるし、発語機能にもなんらの障害もないのに、口をきかない、といったばあいである。したがって多くのばあいは、家ではよくしゃべるのに園や学校ではしゃべらない。あるいは両親以外の人がいるときには、しゃべらないといった傾向をもっている。これを場面かん黙といい、かん黙児の大部分は、これである。

＊洞　察

ものごとがわかるというときの、目の前に示されたことがらがわかるというのは単に「知る」ということである。それに対して、前後の因果関係、先の見とおしといったものも含めてわかるというとき、それを洞察ができたという。

たとえば目の前の数学の問題の解き方がわかったというのは「知る」ことであり、その背後にある公理・公式までがわかり、同様の問題が出されたとき、簡単に解きうるようになる。そうした「わかり方」を洞察と呼ぶのである。

V

幼児の心理的治療はどのように行なわれるか

治療は専門的な理論や技術を必要とするので、園だけで治療を行なうことはできない。しかし、専門的な治療法の中にも、園で治療的保育を行なうのに参考になるものも少なくない。

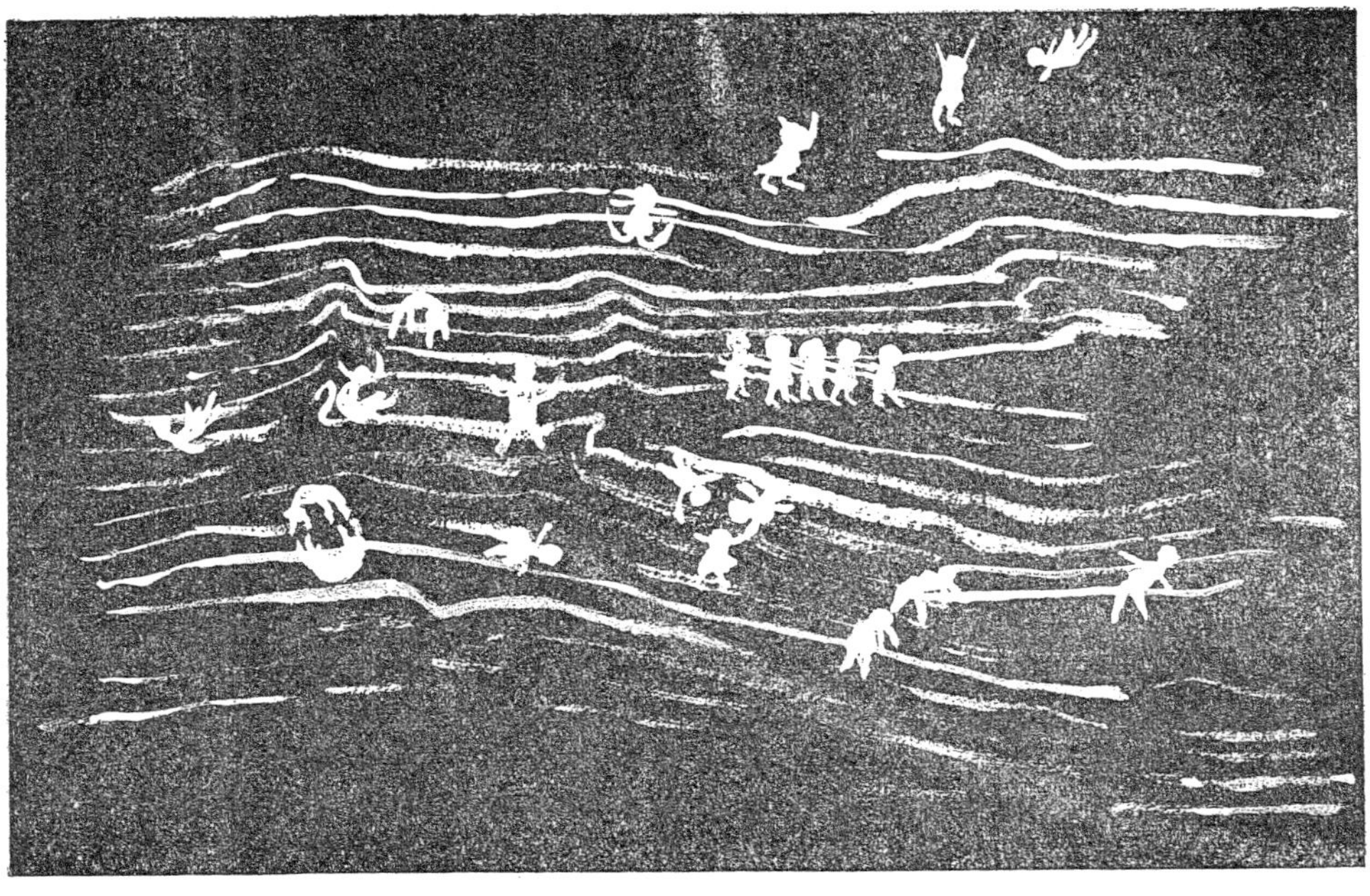

(1) 遊戯療法

〈事　例〉

園庭で遊んでいる子どもたちを見て、T先生は不思議な感じがした。保育室にいるときは、借りてきたネコのようにおとなしいK君が、園庭では、まことに元気よく遊んでいるのである。もっともすぐに禁止したくなるような遊びをよくもつぎつぎに見つけて遊ぶものだと感心してしまうくらい遊びをみつける天才なのである。砂場に木片で橋を作り、川の中に水を流すという遊びを飽きもせず三十分ぐらいつづけるのである。子どもにとって自由に遊べることほどたいせつなことはないと思ってはいるが、このようにいきいきと遊べるK君を見ると、保育室の中でのK君は、いったい何が問題となっているものなのであろうか。

T先生は、保育の中にもっと自由遊びをとり入れなければならないという主張をもっているのであるが、遊びの内容については、何がK君をひきつけているのか、よくわからないでいたのであった。そしてできれば、子どもの自由遊びの中に先生がとびこんで、その関係を深めていくことができたらよいと思い、プレイセラピー（遊戯療法）について勉強してみようと思いたったのである。T先生はつぎの日から、子どもの自由遊びの流れにはいりこんでみようと思い、とくに自分になついてくれないK君とうまく遊ぼうと心がけてみたのである。K君には平生親しく感じているつもりであるが、K君のほうがよく思ってくれているとは思えないので、おとなのほうからあまり積極的に誘うことをしないで、きっかけをつかまえていっしょに遊んでみたらどうかと思ったのであった。それには、

＊まず遊んでいる子どものふんい気になれる。
＊ときおり、静かに同じようなことをまねして遊んでみる。
＊子どもがこちらを注目し、働きかけてきたら応じて遊ぶ。
＊やがて子どもはおとなのする遊びを気にしなくなって、いっしょに遊べるようになる。

などという、一連の場面を考えていたのである。ところが実際やってみるとなかなかうまく遊べないものなのである。T先生にとって、プレイセラピーが何であるかもわからないうえに、やみくもにとりくんでみたのであるから、ほんとうに自由な気持ちで遊べなかったものといえよう。

ここに多勢豊次氏の『プレイセラピーの魅力の秘密』に関する文があるので紹介してみよう。

幼稚園や学校、あるいはよその家に行くのをいやがる〝問題児〟がいる。だが、こういう子どもたちがけっしていやがらないところがある。それは〝遊戯療法の場所〟である。ある記録を見てみよう。

第一回、〇月〇日

S子は、はじめ母からはなれるのがちょっと不安そうだったが、部屋の入口から中をのぞき、そこにオモチャがたくさんあることを確めると、治療者（セラピスト）の軽いうながしの言葉とともに入室した。

（中略）

終りを告げられると、素直にいすを立ち、退室した。そして、母の姿をみると、とんで行って抱きついた。治療者が母と二言三言、次の日時などを打ち合せているのを、そばでニコニコしながら聞いていた。ちょっと恥ずかしそうにセラピストに会釈をし、母に手を引かれて帰って行った。

第二回、○月○日

母からすぐはなれ、元気に入室する。部屋をさっと見渡して、オモチャの名前をたずねたりする。（中略）

終りを告げられると、もう少し遊んでいたそうにしていたが、間もなく退室、治療者と元気よく母のところへもどる。抱きつくことはしなかった。治療者に〝サヨナラ〟と自分でいう。母の先に立って階段を下りて行った。

遊戯療法はなぜこのような魅力をもっているのだろうか？　第一回目に子どもはオモチャのあることを確認してから入室した。ということは、オモチャに引かれたのだろうか？　それとも第二回目に、治療者にニコニコしながら話しかけたり挨拶をしたりしたことから治療者が好きになったのが原因なのか？

使うオモチャは人形、粘土、積み木、自動車、ピストル、画用紙、クレヨン、ゴムマリなどでそれらが部屋の棚や机の上にただ並べられてあるだけである。オモチャの数や種類は、家や幼稚園よりもはるかに少ない。だから、オモチャそれ自体に引かれているわけではなかろう。

治療者は、子どもが自由に遊ぶのを関心あり気に見ていて、話しかけられれば合いづちを打ち、質問にも答える。しかし、とくにおもしろく遊んであげるわけではない。そのへんのよいお兄さんやおねえさんのほうが、ずっとおもしろく遊んでくれるであろう。

こうみてくると、遊戯療法の魅力はどこにあるのか？　これを発見するには遊戯の場面を単に表面的に考えるだけではだめである。家庭や幼稚園や学校では経験できない何物かを遊戯療法は与えているのにちがいないが、それは何か？　答えは簡単である。欲求を満たしてくれるものである。それはどんな欲求か？　満たされていない欲求である。ではなんの欲求が満たされていないのか？

子どもの異常行動を生じさせるような圧力として五つのものをあげることができるが、問題児の等しく抱く満たされない欲求とは、これら圧力の裏返しのものということができる。

(1) 不安や怖れや禁止を〝与えられる〟〝経験したくない〟
(2) 指示や干渉を〝与えられる〟〝受けたくない〟
(3) 関心を示して〝もらえない〟〝もらいたい〟
(4) 欲求を入れて〝もらえない〟〝もらいたい〟
(5) 自己価値を否定〝される〟〝されたくない〟

いわゆる問題児でない正常な子どもであれば、このような圧力を深刻な「体験」としてはもたないであろうから、別に欲求として、とくに渇望することはないにちがいない。正常な子どもにとっては、ふつうの場面がじゅうぶんに楽しい場面なのだが、問題児にとっては、欲求が満たされない、苦痛を感ぜざるをえない場面であって、遊戯療法の中でこそ、圧力を感じることなく自己の欲求を満たし、楽しさを味わうことができるのであろう。

遊戯療法にはいろいろの理解と立場とがあるが、結局、これらの欲求を充足させるために、それぞれ効果があるのだという仮説をとりたい。したがって、あまり効果のない方法は、欲求充足が部分的であるのかあるいは、その方法とねらいが欲求の充足にではなく、別なものにおかれているためであると考えられるのである。以上のような遊戯療法の魅力に接近できるような保育の中での遊びを考えていかなければならないのである。

遊戯療法の基礎理論

遊戯療法は、自由な遊びによって心理治療を行なうものである。とくに、幼児期にあってはもっとも自然な形で遊びの中に子どもの感情が表出され、遊びを媒介として対人関係を学習し、このような「準現実」を通して現実へと近づいていくという心理的特質があると考えられている。

遊戯療法には、いろいろな理論的立場があり、この立場に基づいてそれぞれの方法が考案され実施されてきている。その代表的な理論的立場は、遊びを心理療法にはじめて導入した精神分析学の考え方と、非指示的方法の理論を基礎とする児童中心の遊戯療法とがある。この二大思潮の流れの経過につれて数多くの方法が生まれている。

1 児童精神分析の立場

精神分析は、フロイドが創始した心理学体系である。無意識の心理過程を重視し、自由連想や夢などの内容に精神分析理論に基づく解釈を加え、これを患者に知らせ、無意識過程を意識化する。このような方法で問題行動を治療するものである。この理論を適用して子どもむきに修正した精神分析技術の工夫が行なわれ、そのひとりであるメラニー・クラインは子どもの遊びを成人の自由連想と同じであると考え、面接の姿勢で向かい合ったり、ベッドに横たわるのではなく、遊具を媒介にして行なった。そして遊戯場面の中に示されるいろいろな表現を、治療者が象徴的に解釈することを主体とした。たとえば、子どもが人形を投げつけたり踏みつけたりすれば、それは父親や母親に対する攻撃衝動の現われと解釈し、「お父さん、にくらしいのね」などといってみる。治療者は子どもの抵抗をできるだけ起こさせないようにしながら、さらにいろいろな解釈を提供しながら会話を展開していく。

アンナ・フロイドは、親に連れられて治療にくる子どもには受ける心構えができていない点を強調し、まず、治療にはいる前に友人になるまで子どもと自由に語る。第二に、子どもの遊びや仕事をいろいろ手つだい、治療者に対してなんでも自由に話すと(分析を受けると)利益があることを体験させてから本格的治療にはいる。分析に対しては、子どもの回想が不完全であることが多いので親の報告で補い、子どもには夢を報告させて解釈をする。

児童分析においては、その他いろいろなものがあるが、だいたいにおいて、治療者による解釈によって子ども自身の洞察を導き出すことに目標がおかれ、解釈を加えてやると子どもの問題行動は解消するという考え方である。

2 関係療法的立場

関係療法的立場の主張は、患者と治療者との間の現在の治療関係そのものが、心理治療のおもな契機であるとするものである。すなわち患者が治療者との治療的人間関係を通して、みずから自発性を回復し獲得していくという考え方である。こうした考え方を児童の心理療法にもちこんだアレンは、個性化へ向かう生物学的力と、個性化の様式を変容し、規定する社会的な力（環境や家族）との二つが働いて、力動的現実をつくりあげ、この力動的現実が子どもの成長課程であるとし、健全な成長過程では、二つの力は調和した平衡を保ち、子どもの問題はこの二つの力の間の葛藤であるという考え方をしている。したがってアレンの治療においては、かつての外傷的体験を再体験して洞察するとか感情のカタルシスを行なうとかということではなく、子どもの感情や考えをともにしながら、子どもの新しい体験を見守り支えていくというものである。

3 非指示的な立場

非指示的な立場の基本的な考え方の主流は、個人が成長し、健全になり、適応しようとしていることを重視する。そして、心理療法の役割は、こういう個人の成長への力を解放してやり、再び前進できるように、障害を除いてやることであるとしている。この立場をより具体的に実践し、児童の場合に適用したのはアクスラインである。アクスラインは、非指示的遊戯療法として、つぎの八つの原則をあげている。

① 暖かく親密な関係を作りあげる
② 子どもをありのままに受けいれる
③ 自由なふん囲気をつくり、感情を自由に表現できるようにさせる
④ 子どもの感情を認知し反映してやる
⑤ 自主的に解決できる能力を尊重する
⑥ 行動や発言は子どもにリードさせる
⑦ 治療は急がない
⑧ 治療を現実の世界と関連づけ、子どもにそれを忘れさせないようにする

この中で子どもは治療者から「無条件に受けいれられている」と感じることにより、不安を軽減し、自発的に振舞うようになっていく、ここでは、「洞察する」というよりも「体験する」ことであり、「カタルシスする」ということより「自己表現する」ことである。

4 解放療法的立場

心理療法に共通の治療機制の一つとして、うっ積された感情の浄化あるいは解放が考えられる。レヴィは人形遊戯療法の中で子どもの家族や特定の場面を構成するような人形を用意し、遊びの中で母子関係、兄弟関係、教室の場面などを展開させ、洞察に導いたり、敵意や憎しみ、不安や怖れがかつての体験場面に結びついており、洞察はそれらの感情からの解放に伴って得られていくということを強調した。これが解放療法の最初ともいわれる。幼児のパーソナリティは発達の途についたばかりであり、生じた問題は比較的新しく、固定されたものではないから、抑圧され、阻止された感情を自由に表現させる機会を与えることは、一時停滞し、あるいは、横にそれた発達の方向を正常な向きにかえ、促進させるために、大きな効果をもっていると考えられる。

実施の方法について

1 条件の整備

子どもは自分の意志によって遊戯療法を受けにくるのではないので、まず遊戯療法を行なう部屋は、暖かで、子どもに親しみを感じさせる感じに設計されていることが望ましい。

プレイルームの広さは、約一〇平方メートルで、原則として水遊び、砂遊びの設備がほしい。また壁にボードや黒板がついていたり、簡単な舞台などが備えつけられていると、遊びが多様になってよい。床はすべらない木製のものがよい。また遊具としては、家族人形、ミニチュア・セット、描画の道具、粘土、のりもの、ピストル、刀、たいこ、積み木、ゴムマリ、水、砂、色紙などである。ただし絵本とかパズルのようにひとり遊びの道具は、ひとり遊びを必要とする子どもとか、そのような時期に特別用意したほうがよい。相手かまわずこのような遊具を入れておくと、子どもは心理的に逃避したり、フラストレーションを起こしたりするようになる。

プレイセラピーは母親との契約によって行なわれるが、一般に週一回で、約一時間とされている。これにはあまりはっきりした根拠はないが、経験的にいえば、一時間以上ともなると遊びの分化がみられ、途中休憩とか、中断とかいう事態が起きやすいためである。しかし、これも週二回になり、一回のセッションが一時間をこえても積極的に否定するものではないので、今後検討を要する問題であろう。

一般に子どもを無理やりプレイルームに入れようとする傾向がみられるが、これとても子どもの気持ちが向くまでは根気よく話しあいを続けていく気持ちが必要となってくる。

2 遊戯の技法

いちばんたいせつなことは、セラピスト（治療者）の人間観である。プレイの場面は、子どもとセラピストの裸の人間交流の場である。ここで形成されるクライエント（来談者）とセラピストの関係は、常識的な関係ではなく、子どもの自発的な気持ちの発揮によって、新しい学習が可能となり、発達がすすめられるものである。おとなのカウンセリングと同じように、子どもの気持ちの受容こそ基本におかれなければならない。

多勢氏（前出）は、プレイセラピーの中でセラピストが気を配らなければならない事がらとして、つぎの五項目をあげている。順次解説をすすめていきたい。

① 不安や怖れを感じさせない

(1) セラピストは、終始できるだけにこやかな表情で、快活な口調で、しかもゆったりした態度で子どもに接すること。

どのような子どもでも、セラピストがどんな人間かに注目し、同時に、おとなの圧力を自分に与えるであろうと、一応悪い予測をもって臨むものである。そのためセラピストのちょっとした口調、表情、動作などを敏感に感じとり、少しでも圧力を感じれば不安に陥ってしまうことが多い。

(2) 敏感に反応してやる

子どもがセラピストに何か話しかけてくれば、そちらを向いて関心をもって対応してほしい。子どもが黙っていれば、こちらから話しかけないほうがよい。場面の緊張を解こうとして、子どものやっていることに口出しをしたり、家や幼稚園のことをたずねたりすると、セラピストが自分を詮索していると感じたり、黙っていることをセラピストがいけないと思っていると感じさせたりして、子どもは不必要な態度を示すようになるものである。

(3) しかったり禁止したりしない

プレイルームでは、積み木を窓ガラスに投げたり、仲間やセラピストを攻撃するようなことは禁止されるが、それ以外のことはほとんど許容される。初期のうちは、まず禁止は必要ないが、中期になり感情の表出が活発になり、攻撃的行動がではじめたとき、やたら押えるような態度に出ると、セラピストに対して再び怖れを抱き、元の萎縮へと退行してしまう。この辺の呼吸がむずかしいので、許容を多くし、抑制の反応をのんびりしたほうがよい。

② **指示や干渉や禁止を与えない**

(1) 自由に遊ばせる

どんな遊びをどのようにするかは、子ども自身の決定にまかされる。セラピストは子どもの動きに応じ、話しかけられればにこやかに応じ、関心をもって見守るだけでよい。プレイルームは子どもが自分で遊びを展開していくのをセラピストにじゅうぶん認めてもらえた、妨げられなかったという体験をさせるところである。

(2) セラピストの意見、考えは述べない

子どもの遊びを見ていると、歯がゆくなりつい手や口を出してしまうことが多いものである。しかしこれは、子どもの遊びに立ち入り規制してしまうことになる。また子どもが「○○ちゃんが、ぼくのを取ったんでけんかした」といってきたばあいはあっさりと「そう、○○ちゃんとけんかしたのね」と反応するにとどめるべきである。これはおとなのカウンセリングにおける「簡単な受容」とか「感情の反映」とかいう反応に相当する。

(3) 出来事に立ちいらない

他の子とけんかを始めたばあい、やめさせたり「仲よく」などと声をかけることもいけない。けんかには気づいているという態度で、静かに見守ることである。いじめられたほうがそばにやってきたら「そう、けんかしちゃったのね」とだけいい、「さあ先生と遊びましょう」などと元気をつけてやろうとしたりしてはいけない。これは子どもの主体性を脅やかさないという意味なのである。

③ **関心をじゅうぶんに示す**

(1) 遊びのほうにいつも眼を向ける

子ども自身が展開していく遊びにセラピストは承認を与え、展開した内容は決してつまらない内容ではないと感じていることを子どもに伝える必要がある。そのためには絶えず子どもの遊びのほうに眼とからだを向けておくことである。

(2) 働きかけにすぐ反応する

セラピストに笑いかけたら、すぐ笑顔を返し、話しかけてきたときはすぐ応答しなければならない。ことば数の多少よりも、反応が遅れずそっけなくならないようにすることがだいじである。

④ **要求に応じる態度を示してやる**

これは、なんでも子どものいうことをききいれてやることではない。要求は拒否せず、応じてやる気持ちがあることを示すことであ

る。要求は子どものほうからの積極的な働きかけであって、いろいろな意図をもっているから、これに対する反応は非常に重要である。

(1) 遊びや製作を求めていたとき

セラピストに何か作ってくれとか描いてくれといってきたときには、「先生に作ってもらいたいのね」といいながら、子どもの意図を確かめながら作業をゆっくりすすめる。子どもは作品が目当てではなく、セラピストが要求に応じてくれるかどうかをためしているのかもしれないし、甘えようとしているのかもしれない。多くのばあい、作ってあげるという気持ちを示すだけでじゅうぶんなのである。たいていの子どもはセラピストから作品をとり返し、自分で完成させようとする。セラピストの気持ちを確認して満足なのであり、自分で完成させたいという喜びを味わいたいのである。

(2) 依存してきたばあい

依存は、今までセラピストにある距離を感じていたものが、欲求や感情を卒直に表出してきたことであるから、それをしっかりと受けとめなければならない。甘えを歓迎しないという態度を示すと、子どもは感情を再び抑制して、セラピストから心理的に遠のいてしまう。しかし、逆に甘えを歓迎する態度を示せば単なる所属関係になってしまう。甘えを拒否しないという態度を感じさせるだけでよい。首に抱きついてきたら、抱きつかせるままにしておき、仲間の攻撃を逃れてきても、保護する態度は示さず、受容的なことばを発しながら、からだを利用するにまかせる態度をとるのが望ましい。

⑤ **子どもの人格を傷つけることをしない**

(1) 行為や作品をけなさない

はっきりだめだとかへただとかいうセラピストはいない。しかし、子どものほうにそのように受けとられる言動をしてしまうことがあるので気をつけたい。子どもが「失敗しちゃった」といってきたとき、「失敗しちゃったのね」と返すことは、へただという評価を与えたことになってしまう。子どもの否定的な表現に同調してはならない。こんなときは「うまくいかなかったのね」などと返すのがよい。

(2) 制限や禁止のしかた

攻撃や乱暴の始まる時期になると、セラピストがある程度制限や禁止を加えなければならなくなる。そのときすぐ「いけません」とか、「やめましょう」などと叫んではいけない。子どもはセラピストが自分に対していけない行為をしているという評価をしているというように感じるだろうし、グループのばあいは仲間の前で本人が傷つけられることになる。

攻撃が始まったら「電車が衝突しちゃったね」とか「○○ちゃんとおすもうしてみたいのね」などといってみる。そこから会話が発展して攻撃が収まっていくばあいも多い。それでも攻撃がひどくなってきたら「……やってみたいのね。でもそれすると怪我しちゃうからやめようね」といってみる。あるいは軽くやり返してもよい。子どもはこの辺でたいていもう少し危険の少ない別の攻撃に切り換えたりする。要するに本人の行為や人格を責めるのではなく、行為の結果を心配していることを伝えればよい。

(3) 子どもの話のきき方

セラピーの回数が進むと、子どもは家族のこと幼稚園のこと、学校のことなどを話すことがある。そうしたときの返事にはよく注意を払う必要がある。「ママがぼくのおしりをぶったんだ。そんなことをしてはいけません、といって」と語ったことに対しては「○○をしたらママがおしりをぶったのね」と起きた出来事の経過だけを述べて返したほうがよい。

以上多勢豊次氏によるセラピストとの治療的人間関係の場で、子どもの欲求を充足させるため補技法をいくつか述べた。これらはプレイセラピーのほんの部分的な例で、技法としても比較的簡単なものが多い。セラピーの場面は、子どもとの生きた人間関係の場であるから、個人が実際に経験しながら技法の価値を認識していかなければならない。もちろん関係技法以外にもっと積極的に子どもに働きかけていく遊戯療法があるということも付記しておこう。

遊戯療法に関するその他の心得

1 親への接し方

親自身の訴えから、子どもへの遊戯療法を実施することが多い。したがって子どもだけに問題があるのではなく、親のほうにも問題を感じることも少なくないのである。親に対しては子どもの遊戯療法と平行してカウンセリングを行なうものである。しかしこれはふつうのカウンセリングとは異なって、親に対しては最初のうち子どもの問題をめぐってのカウンセリングとなることが多い。したがって親の自主的な反省は容易に求められないことが多いのである。ただ子どもに手がかかるということは、その根本に親の生活やしつけに原因があるとすることは、カウンセラー側の論理としては筋が通っていても、親自身は気づいていないことなので、性急にカウンセラーの見解を示すことによって、ますます親の防衛的な態度を固めてしまうことになりかねない。

むしろカウンセラーは、親への受容を基本において、子どもの担当者からの報告を情報として好意的に知らせるように心がけていくべきであろう。子どものために努力するセラピストやカウンセラーが親を完全に共働者となし得たときに、親は自らの役割について改めて反省をし、自分の責任を自覚する転機をつかむようになっていくわけである。心得なくてはならないことは、いくら周到な診断を行なおうとも、受けいれるのは親であるということを忘れないことである。親から子どもの日常生活について深い知見を得ることは、予想以上にたくさんあることなのである。

2 親とのカウンセリング

保育者の主任保母になったKさんは、親との応待に悩んでいる。彼女がはじめて保母になったときは、「お願いします」「ありがとうございます」という親たちの態度を見て、この仕事は人の役にたっているよい仕事だという認識をもっていた。このような気持ちにささえられて仕事に励んできたともいえる。ところがこの十年間の間に、こうも変わるものかと驚かされるほど、親たちの注文がむずかしくなってきたのである。なにも表面的に感謝されたいという気持ちではなく、なにか手のとどかないところに母親たちがいってしまったという感じがするからである。「なぜか」……。

「うちの子は、夜泣きして困るが、昼間神経を使いすぎているのではないでしょうか」とか「家に帰ると必ず悪いことばを一つ二ついうのは、友だちの影響でしょうね」などと暗に保育所の生活が悪いといいたげな口ぶりをする親がふえてきているのである。Kさんはあるとき講習会に参加して、ある講師からこんな話をきいて、ますます考えこんでしまったのである。

「ひとりの子どもの養育にふたりのおとなが当たっているときに、どうしても自分の責任を認めず、お互いに相手を責めあう状態ができてしまう。これが親と保育者に認められやすい関係なのである。したがって保育者も親もこのような関係に陥りやすい相手を冷静にみて、自分の気持ちをコントロールしていかなければならない」

講師の話はKさんにとって衝撃的であった。親とのよい関係を求めていくために、なんらかの勉強をしていかなければならないと思ったKさんが最初にとりあげた本は児童相談であり、その中でケースワークとかカウンセリングという言葉が目についたのであった。親は子どもとは違って、目の前で心の中を相手にわかるようにさらけ出してはくれないのである。いやそれどころか、表面的には笑っているようであっても、心の中では深い悲しみに閉ざされていることが多いようなことも考えなければならない。おそらく保育者にとって母親の皮肉な話し方は、よく理解しようと努力すれば、違ったものになるかもしれない。Kさんは、自分の心の中に新しい光がさしこんでくるような感じをもったのである。カウンセリングという方法がなぜKさんの心の転換に役だつようになったのだろうか。

③ 基本的考え方

Kさんの心にひらめいた新しい発想は、クライエント(カウンセリングの対象となる人、来談者)に対して、その人の生活はその人自身が決めていく責任があり、自由な環境にあっては、どの人でも自分を発達させていく能力をもっているものであるというカウンセリングの基本的な考え方を知って湧きおこってきたものであった。Kさんは日常生活の中で、どうかすると、母親が、自分の保育という仕事を尊重してくれないという不満を持っていたのである。しかもそれは当然母親として感じていなければならないことだという期待をもっていたのである。だからほんとうは母親の表現していることばを母親の感じている水準で受けとめなければならないのに、母親がどう感じているのかもわからぬままにかってな憶測や、先ばしった解釈にはしっていた自分に気づいてきたのであった。

カウンセリングは他人への深い理解を前提条件としているが、このことは、まず自分自身についての深い洞察によって可能になるということを知らなければならないのであった。カウンセリングは日常のよくある習慣的な人間づきあいとはまったく異なっているものと考えてよい。したがって保育所での母親との面接は、いわば常識的な考え方を交換するという浅い関係であってカウンセリングではないのである。しかし母親との接触において、それが浅い関係であるから、カウンセリングなどは不必要だとはいえない。むしろ簡単な指導や助言であっても、カウンセリングが必要だと考えてみなければならない。とくにカウンセリングの基本的考え方こそは、人間関係の仕事をしている人にとって必要不可欠と考えることができよう。

とかく常識の枠を越えることができない話しあいのために無意識

にお互いを傷つけあう結果を招いてしまうのではなかろうか。くり返していうが、人は他人の成長、発達についてそれをひきうける力をもってはいない。自分の成長発達は自分自身だけが負えるものなのである。むしろ自分の責任をきちんと果たすことによって、相手の生活によい影響を与えうるものなのである。自らが生きていく姿勢を正すことによって、他人に対してもよりよい生き方を求めうるものなのである。常識の枠をも超越するなどというだいそれたことが、そう簡単にできることではないと思われるが、しかし日常生活においても、信頼できる人に対しては世俗的なつきあい方をしていないものである。ことばの数こそ少なくとも、そのことばの内容は、人をしてほんとうの姿として認めさせることができるものである。常識的な既成の枠の中だけではけっして、人のほんとうの気持ちはわからないものなのである。カウンセリングにおいては、むき出しのなまの人間の心を求めあうものであり、このことから日常生活には認められない人間関係の暖かさときびしさを知るわけである。

4 刺激を制限する療法

周囲の刺激を過敏に受けてしまう子どもは、一般の遊戯療法ではなく、かなり刺激を制限していく方法をとってみることも必要になってくる。このばあい、玩具の種類や数を減らしてみたり、セラピストからの働きかけやことばなどを少なくしたり、部屋の明るさを調節してみることである。とくに多動的な傾向をもっている子どもは周囲の刺激にあれこれ反応していることが多いので、とくに大きく刺激の制限を試みることであろう。また刺激を制限する別の方法として、遊びの種類を限定して、最初からセラピストがかなりはっきりとした指導の方向で働きかけることも考えてよい。子どもの生活研究所において軽度の自閉症児に試みている方法は、スベリ台と階段の組合わせのランニングウェイを毎回、何回か決めて動かすという方法から、しだいに遊びの形態を固めてしまう方法をとっていて、かなりうまくいっていることをお知らせしたい。この方法は幼児施設においてもとりやすい方法と考えられるので、応用してみてほしい。

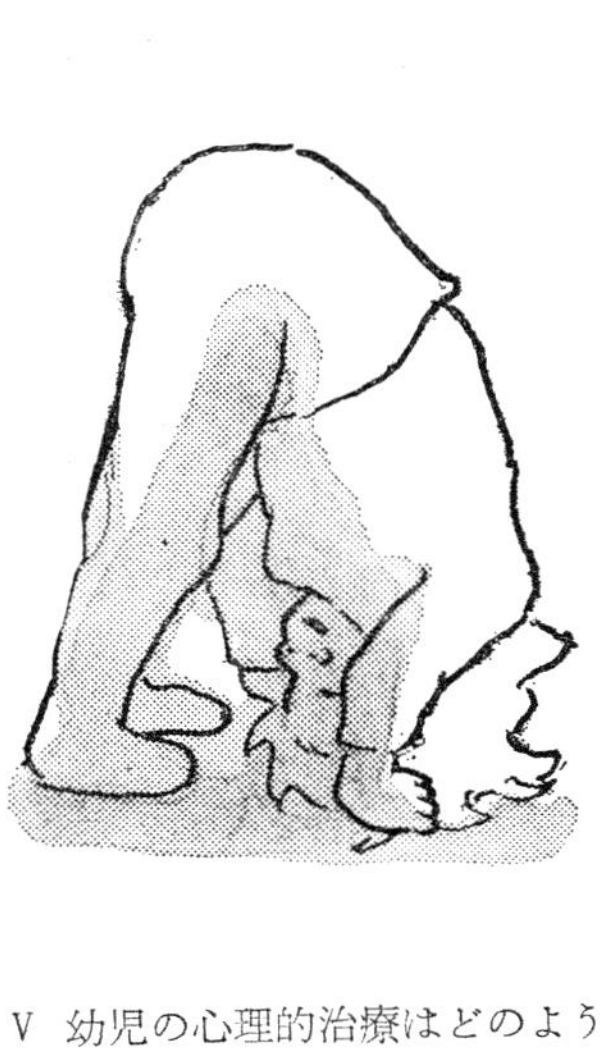

(2) 心理劇

〈事　例〉保育の中の心理劇

三歳児保育を行なっている日本社会事業大学幼児生活グループでは、昨年一年間を通して、ドラマチック保育を試みたのである。このドラマは、子どもたちから生み出されたものである。入園して一カ月ほどたったある日のことである。裏山の木に絵をぶらさげてその下でお弁当を食べるというカリキュラムにそって、子どもたちは、自分たちがかいた絵を木にぶらさげて、その絵を見ながらお弁当を食べたことがあった。当然その絵を翌日見に行きたいという希望が子どもたちから出された。そして行ってみると、そこには絵がなかったのである。子どもたちの驚きは大きかった。あたりを捜しているうちに子どもたちは、そこに怪獣の足跡を発見したのである。

ここからドラマが始まっていくわけであるが、大きな穴を怪獣の足跡とみたてた子どもたちは、徐々に怪獣へのイメージをつくりあげていったのであった。それから保育の中にこの怪獣が毎回のように登場した。ときには、子どもたちは不安におののき、ときには、友だちのように親近感をもったりした。怪獣をやっつけるために「強くなる体操」を行なった後、怪獣をやっつけに出かけたり、また宮沢賢治の『泣いた赤鬼』からヒントを得て、怪獣に手紙をかいて怪獣をなぐさめたりもしたのである。

このように怪獣との情緒的なコミュニケーションがなされるようになったのである。このことは、一年間の連続的な流れの中で多様に変化し、少しずつ怪獣との深いつながりを生んでいったのであった。もちろん怪獣からの働きかけも子どもたちの動きと平行して行なわれた。子どもたちからの手紙の返事をかき、強くなるキャンディをプレゼントしてくれたりした。こうして卒園式に子どもたちが名づけたブタゴン怪獣は、卒園式を卒園まつりと称して、ブタゴン双眼鏡をプレゼントして、子どもたちの一年間の思い出をそのプレゼントに托して別れたのである。

このドラマを通した保育は、単にごっこ遊びだけにとどまらず、子どもたちのパーソナルな側面を引き出し、自発的に創造活動ができるように考えられたものである。この考え方は心理劇を活用したものである。すなわち心理劇により、自発性を育て集団生活を向上させるという積極的な考え方を保育の場の中にとり入れていこうというわけである。

幼児は発達的にみて創造的な生活を送っている。しかし創造的に暮らしていると思われる幼児も、必ずしも自分の思いどおりにならない事がらなどに気を使わなければならない。

他人の存在をいやおうなしに意識させられ、その抵抗を乗り越えうと必死に努力しているのである。しかし、現実の壁が大きいことを知らされると、ネガティブなイメージをもってしまったりすることも多くなり、空想的な世界に逃避してしまうことになりやすいのである。逃避すればするほど現実とのギャップも大きくなってしまう。こうしたばあい、現実とのギャップを少なくすることを考えなくてはいけないのは当然のことである。このことを保育者はどう考えたらよいのであろうか。このときドラマが必要になってくるのである。つまり保育者が媒介となって空想を展開し、そのプロセスに現実に適応すべき事がらをふやしていくことなのである。このように空想を展開していくことにより、多様な面の経験がなされる。多様な探求的・発見的経験をくり返すことによって行動的・実証的な習慣が身につき、こうした活動により現実生活の喜びが深まり、自分の自信となってくるのである。生活の重点がまだ空想におかれている幼児にとって、ドラマによる保育の展開はしぜんに無理なくとり入れられる。そしてドラマの中での自己表現が抵抗なく行なわれる。そのときの子どもの反応、葛藤《かっとう》を保育者が即興的に工夫し、状況に応じた適切なかかわりかたをすることにより、子どもに勇気を与え、活動を前進させることができると思われる。子どもから出てくる空想性、自発性を、積極的に広げる連続性をもたせたドラマにおいて激しく全身をもって表現することが、仲間意識を育て、人間的なコミュニケーションを生み、集団生活をさらに意義あるものとするものなのである。

このドラマは子どもたちから生まれ、事件が起き、その事件がつぎつぎと発展して最後にそれがはっきりしたある結末で終わった。このドラマを楽しくわかりやすく進めていくための必要条件として、保育者側の先取りや説明を行なってはならないということである。すじはそのときどきに決められて、即興的に行動が生まれてくるが、しだいにつぎのこととの因果関係がはっきりし、論理的に結びついてくるのである。これが単にごっこ遊びだけにとどまっていたならば一時的に子どもを感情的に興奮させたり、楽しませてもすぐに忘れられてしまう。この愛情、情緒に関連したドラマにおいては、劇活動を行なった子どもたちの活動は、いっそう進展性をみせるものであるが、しかしそれをただ子どもたちだけに任せておいては興奮のうずの中にまかれてしまうばかりである。

子どもの創造過程は、予期できないしかたで展開されるものであり絶えず変化するし、突然奇蹟がおこることもある。それを助長するためにはやはり保育者のいきいきした劇表現や適切な判断が必要になると思われる。そのためには、保育者は子どもの各時期の活動を細かく評価し、検討しなければならない。しかしこのときも注意しなくてはならないことは、先取りや強い刺激を与えすぎて混乱を招いたときなどは、すぐ反省し、子どもの創造意欲をかきたたせる方向にもっていかなければならないことである。そして子どもたちから起きたことをつねに子どもに返し、子どもたちの自発的な考えや情緒的反応を引き出すことによって、子どもたちと保育者とドラマの主人公との信頼関係を保っていかなければならないのである。劇という材料は保育者にとっても非常に重要なものであり、さらに治療的な意味を含むものであると思われる。

この観点から心理劇をより深く学ぶことが必要であろう。

基本的考え方

① 自発性

心理劇はアメリカの精神医学者モレノによってつくり出された劇による集団心理療法である。

モレノは人間のさまざまな不適応行動の源は自発性の喪失にあると考え、自発性の回復に治療の主眼をおいた。彼は自発性は少なくとも生まれるときから人間に存在しているものと考えている。そして、自発性こそ人間の生存にかかわる原動力と考えたのであった。

フロイドはそれをリビドーという概念で説明しようとしたが、彼の発想は、きわめて生物的、生理的な次元から生まれてきているのに対し、モレノの自発性は人間関係に重点をおき、人間関係において発揮されるものとして規定しているところに大きな特徴がある。

つまり人間の存在を社会的存在の側面からとらえようとしているのである。モレノによれば、子どもは誕生直後から人とのかかわり合いの中で自発性を育てていくということである。このかかわり合いということの意味は、子どもが母親によって刺激されるだけでなく、逆に子どものほうからも母親に「刺激」を出しているという相互的な状態としてとらえるのである。そのことは、母親が子どもに対してなんらかの全体的な働きかけをし、その働きかけから子どもに同じような全体的な働きかけをひき起こすというように、どちらが先でどちらがあとかということではなく、子どもの発した刺激が、母親としての刺激を規定するというような相互的な接触の過程においてみられるアクション、それが自発性の発揮であると考えた。

自発性という概念はあくまでも仮説であり、しかもかなり重要な概念であるから、これを体験的に説明することを求められることが多い。体験としての自発性はどのようなものであろうか。

一つにはやる気になっている状態、それは適度な緊張もあるし、活気もあるし、それから意欲というか何かをやろうという気持ちがあるときであろう。自発的活動というものは、何かをなんのためにやるという意識的な目的志向的な行動状態ではない。なんだかわからないけれどもという状態、行動の過程の一部分というとらえ方をすればよいのではないかという考え方である。この行動はきわめて主体的に発現されるものであるから、行動ということばを使わずに行為ということばを使っている。行為は何かをなそうとする状態から生じてくるのであって、これが新しい状況に応じて適度に発揮されてくればよいわけである。

ところが多くの場合、他人の意見や世間的常識、あるいは自分が前に経験したことなど自分の外側から自分を縛る材料を見つけてきて、自分を動かしていこうとする状態が多くなるわけである。行為というのは自分の中から自然発生的に自分を動かしていく状態ができてくるものでなければならない。したがって状況においてうまく行為できない状態は、自発性が不足しているということである。

また自発性は、ただやみくもに行きあたりばったりやるというのではなく、状況をよく見たうえでその状況にあった弾力的な見通しを持つ、計画をたてる、期待するということでもある。その意味で非常に自発的に生活している人というのは、創造的な人だということがいえよう。

創造的状態というものには常に新しいものを考えていく、常に新しさを求めていくということ、それは時には公式的なものを飛び越えるとか、公式的なものをひっくり返すとかいうことがあるのではないだろうか。したがって創造的になっているときは、状況をある程度まったく思いがけない観点からみるとか、あるいはそれをまったくひっくり返してしまうというようなことがあるわけである。

いずれにしても自発性を考えるばあいに、自分の目のつけどころを変えさせるということによって、今まで見えなかったものを新しく見させる、あるいは見ていたものに問題があるということに気づかせることから始めることになる。それがごく自然にできるばあいと、意図的に場面構成しなければならないばあいとにわかれるわけで、心理劇は意図的な働きかけと状況設定によってそれを行なおうとするものなのである。

モレノは心理劇という即興的な劇を演じることで、自発性のテストをすることを考えていた。このテストは五つの場面によって構成され、順次場面を追って演じていくように仕組まれている。第一場面は家具のある家の中を仮定し、部屋の中を歩いたり、そうじをしたりすることを要求される。第二場面では赤ん坊が眠っている部屋で火事が起きたという想定がなされ、そこでの対処のしかたから自発性の程度を測定する。

つぎに、被害者の妻が残っていて、救助が間に合わなければ焼け死んでしまうという場面になり、さらに赤ん坊の母(補助自我)が登場してきて卒倒し、同時に赤ん坊が泣き出すというような破局的な状況に至る。そして最後の場面では持ち出したい宝石と原稿とが二階においてあり、構造上、家族と原稿の両方を救い出すことは不可能といったきわめて困難な状況の中でどれだけ自発的に、場面に即応した行為をとることができるかをみるわけである。いうまでもなく一から五までの場面設定は、自発的な行為の困難度に応じてつくられてあり、モレノは瞬時に起きる場面の状況変化への適切な対応に、自発性の発現をみようとしたことが理解されるのである。

2 役割

心理劇を理解するために必要なもう一つの考えは、役割理論である。

改めていうまでもなく、われわれの日常生活をふりかえってみると、生活の中にはさまざまな役割があって、いやおうなしに人は役割を果たしている。しかも、これらの役割はどうも社会的に決められている面を多くもっているもので、何か自分をいきいきと押し出せないような感じでいることが少なくない。心理劇は、舞台の上でいろいろな役割を変化させることによって、自発的に役割を演じさせようと試みるものである。この自発的に役割を演じることをロール・プレイングという。

心理劇で使うことばの中には、ロール・テイキングとロール・プレイングがあり、さらにロール・クリエイティブということばがある。ロール・テイキングは単に役割につくということである。ごく一般的な意味で父親になる、先生になる、母親になるということである。ロール・プレイングは先に述べたようにいろいろな意味で違った父親をやってみることであって、かなり個性的に役割を表現することになる。ロール・クリエイティブとは、役割創造ということで独創的な役割をつくり出していくことである。役割を新しくつくるということは、そこに今までになかったような新鮮な味わいのある役割を設定することであり、心理劇のねらいはここにあるといえよう。

日常のわれわれは、ぶなんな内容、話題を捜し、ぶなんな表現をする。ぶなんなように逃げる、ぶなんなようにやりとりするというように、知らず知らずにぶなんさを求めてしまっているが、そのことは自分を公式化された役割、つまり、ロール・ティキングを演じているにすぎない。世の中の大方はそれですんでいるということであろうか。

しかし数年前におきた大学紛争は、従来考えられてきた教育する者としての権威や立場を根底からひっくり返すような状況を生み出した。公式化された役割—ロール・ティキング—では、どうにも対応できない立場におかれたわけである。

教師は学生とのやりとりの中で、いやおうなしに新たな教師像を描かざるを得なかったのではないかと思われる。その意味では大学紛争は、まさに社会的規模でくり広げられた一種の心理劇と考えてよいであろう。大学紛争を契機として教師の職を離れたり、活動の場を広げたりするなどの人たちがみられたが、いずれにせよ過去の教師像から離れて新しい教育者の役割を創造していく過程は、それほど安易なものではなかったはずである。苦しみ、もがき、傷ついてやっと手がかりを得るという体験を、どの教師もしているにちがいない。そのやっと得られたという過程そのものがロール・プレイングなのである。

心理劇的な役割には、ロール・プレイングつまり、いいかえれば新しい役割を生みだすウォーミング・アップが必要であり、それを通して生活の深みが明らかにされていくわけである。それは、本人も気づかない生活のひだの中につつみこまれたものであるばあいもある。それを明らかにすることで、治療がすすめられるのである。

③ 実施法

心理劇の目的は、「瞬時に適切な動き」をくり返し行なうことによって、自発性を促進させることにある。相手から働きかけられたり、何か事件が起こったばあい、瞬間的にその場に適応した行動がとれるということがたいせつなのであり、どうしようか、こうしようかと迷った一瞬、一瞬を自発的に生きていくということが要求されるのである。また、劇はあくまでも劇であり、現実の世界とは異なる空想の世界である。このことに意味があるのであって、劇の中で演じる人は現実の自分とはまったく違った自分を演じることで、新しい自分になることができるのである。

劇がたとえ空想の世界であっても、そこで現実に行為してみることで、人や物との現実的なかかわり合いが生まれてくる。劇の内容は空想であってもその中で行為すること自体は現実なのである。そこに空想と現実の接近がみられる。

心理劇の実施にあたっては、劇を演じる人のほかに、監督、補助自我、観客という三つの立場と役割の特徴を理解する必要がある。監督は劇を演じる人の心理を分析してテーマを考え、劇の場面を設定したり、時に必要とあれば劇の進行にストップをかけたりして、劇全体の運営を行なう。劇の中で演者の相手役を演じる補助自我を操作していくのも監督の役割である。心理劇がうまくできるかいなかの鍵をにぎっているのが監督であるといっても過言ではない。

第二の役割の補助自我は、劇を演じる人が自発的に行為しやすいように、行為する人の気持ちをくんで適度な働きかけをしたりする。あるときはその人の自我をささえたり、またあるときは適度に刺激を与えることでその人の中に葛藤を起こさせたりする。補助自我はいわば監督の分身で、監督の意向をくんで補助自我に必要な役割を演じることが要求されている。これも自発性が要求される役割といえる。

観客は演者に対して、社会集団としての基準をつくり出し、演者の考え方や行為に対して一種の社会的な影響を与えていくのがその役割である。監督は劇の進行中にストップをかけ、観客の意見を求めることができる。その意見をきくことで、演者は社会的評価を自分の行為に対して受けることになる。その一方、観客も演者と同一視することでカタルシスを起こし、自発的になっていくのである。

劇の成否が監督の技量に負うところが多いといったが、なかでも演者がスムーズに行為できるようにするためのウォーミング・アップの技術はたいせつである。役割演技は単に役割を与えて、即興的に動くように指示しても、簡単にできるものではない。役割の中にはいり込んでいって、演じる自分と役割とが統合されなければならない。そのためには役割の中にはいり込んでいくためのきっかけが必要になってくる。

ウォーミング・アップは、このきっかけを与えることであり、そのためには監督として、自らの言動を統制して、維持していく働きが要求されるのである。

監督が劇を進めていくためには、場面設定のチャンスをうまくつかんでいかなければならない。その意味では、監督もまた自発性が要求される。監督の指導性は、常に演者より一歩先じてウォーミング・アップされているところにあるし、そこから統制力も生まれてくる。

4 技　法

舞台に上がって劇をすすめるばあい、問題の性質によってさまざまな技法が用いられる。

① 役割交換法

日常の生活において、われわれはごく当然のこととして自分を主張し、他人に対しても、自分の立場からさまざまな要求をもっている。他人の立場に立って考えるということはあまりなく、あるとすれば何かその人との間にトラブルが起こったときであろう。しかしまた逆に、人との間にトラブルが起こったときには、ふだん以上に自分に固執し自己中心的になってしまうばあいもある。客観的に理屈の上では相手の立場、気持ちが理解できたと思っても、実際には相手の気持ちとはかけ離れたものであることも案外に多い。また理屈の上ではわかっていても、やはり自分の立場を守るために、自分を正当化してしまうこともあろう。

役割交換法は、ただ理屈として頭の中で理解しているだけでなく、実際に劇という形の中で相手の立場に立ち、その役割をとって行動することによって、もっと実感をもって相手を理解させる方法である。たとえば、いつも命令ばかりしていばっている子どもに、命令される役割を与えて友だちの気持ちを理解させるといったねらいをもつ。

② 鏡　映　法

鏡映法とは自分の姿を他人に演じてもらうことで、自分に対する新しい認識を深めていくためにに考えだされた方法である。そこで演じられる自分は、必ずしも完全な自分ではないかもしれない。他人がいくら真似をしても、鏡のように忠実に映すわけにはいかない。しかしこの鏡映法の意義は、そこにあるのであって、他人に映る自分を発見することにある。

友だちに玩具を借さない子どもに、他の子どもが同じような場面を演じて見せることで、その子どもは自分のしていることを客観的にとらえなおすことができるわけである。

③ **二重自我法**

人間は一般に、自分の心の中に相反する二つの気持ちをもっていることが多い。そしてそのことに自分で気がついていないばあいがある。あるときには一方を抑圧し、またあるときは他方を抑圧してしまう。そしてそのことが問題を生じさせていることもあるように思われる。二重自我法は、このように自分ですら気づいていないような心の中の矛盾をはっきりさせていく方法である。

いつも反抗的な態度を示す子どもでも、気持ちの動きを追って表現してみると、さまざまな迷いや弱さから一見強情ともみえる反抗的な態度をとっていることがある。このばあい、表に出している態度ではなく、その子どもの心の中の動きを、そのまま補助自我がそばから言語化していくのである。それをきいてその矛盾を発見し、解決していくのは、子ども自身の力による。

④ **移行法**

役割を演じさせるばあい、演者が新しい役割に強く抵抗を感じているときは、抵抗の少ない役割から徐々に抵抗の多い役割へと移行させていくことがある。たとえば、幼稚園にいきたがらない子どものばあい、それを医者にいきたがらないというように場面を変えて、役割も変えてみるのである。このばあい新しく与える役と現実の役割との間には機能的に深いつながりがある。いやな人がいやな所へ出かけるという機能をとらえて演じるわけである。

⑤ **役割再現法**

この方法は、基本として誰もがよくとる方法である。劇化すべきテーマを選ぶさいの導入法として、今日どういうことが起きたか、という指示のもとに実際に生じた場面と、その折りに演じた役割を再現してみようという方法である。保育の際にもけんかがもつれたとき、もう一度その場面を再現してみて、けんかになった原因や、その場の状況を検討し、考え合うといった方法は、しばしば利用されていることであろう。

⑥ **自我訓練法**

子どもの中には自分の考えや態度がはっきりしない子どもがいるが、そのような弱い子どもに対して、継続的にその性格指導を行なう必要を感じたときに用いられる。たとえば、意志薄弱な子どもには、劇の中でいやなことをしなければならない役割を少しずつ与えていくようにする。現実ではおよそできないようなことでも、劇の中でその障害からできる抵抗を弱めていってのぞませる方法である。これまでにも登校拒否児や、やや神経症的な子どもには効果をあげることができた。

この方法を用いるときに、注意すべき点は子どもの状態について常にじゅうぶん気を配り、安易な逃避や退行のくせをつけないように抵抗の度合を加減していくことであろう。

⑦ **役割代理法**

自発性の欠けている人は、進行する劇の中で行きづまってしまうことが多い。監督としては、なるべく放置しておいて苦労して場面を切り抜けていくようにさせることが必要である。しかしあまり苦労させすぎると、心理劇の場面から逃避しようとする傾向が出てくる。役割代理法は、このように行きづまった心境に救いの手をさしのべる方法である。補助自我が自分と違った方法で演じていくのを見て自己反省したり、新しいヒントを得たりして、自発性を活発にしていくことができる。

⑧ **状況参加法**

自発性は、未知の漠然とした状況の中にはいっていくことから活性化される。そこで監督の指示によっていろいろな状況が与えられる。たとえばつぎのようなものである。

(1) 何もない何の指示もない状況。これはいちばんむずかしい方法で、演者の空想だけがよりどころとなる。
(2) いすだけを置き、それを何かに見たてて劇を進める方法。
(3) 補助自我を何者かに見たてて始める方法。
(4) 補助自我のパントマイムにはいり込んでいかせる方法。
(5) 補助自我によって進行している状況の中にはいり込んでいかせる方法。
(6) いくつもの断片的な状況を与え、連続的にはいり込んでいかせる方法。

状況参加はウォーミング・アップいかんではうまくいく方法であるが、しかし幼児のばあいは困難であろうと思われる。

⑨ **情緒統制法**

アメリカのローズマリー・リピットは、火事恐怖症の子どもが自発的な劇として、何回かくり返し演じているうちに、自分が消防署の署長となって火事を消すという場面が表われてきたという報告をしている。

このばあい、火事への恐怖を積極的に火事を統制できる人として、消防署の署長の立場を認めることができる。同様にヘビに対してヘビ使い、幽霊に対して坊さんというように積極的に関係をつけて統制するような役割を劇の中で与えていく方法である。この方法も自我訓練法と同様に、初めからあまり刺激の強い方法でぶつけてしまうとかえって逆効果になる危険があるので、注意が必要である。

⑩ **空想生活劇法**

生活そのものを空想化し、心理劇化していく方法である。たとえば忍者、原始人、海賊などになりきって生活する。そのためにはことばづかい・服装・習慣なども変えてみるという方法がとられる。合宿など大がかりな状況設定を考えて実施することもよいが、幼稚園などでは、園の生活を劇化してしまうことが可能になる。登園すると、リスのしっぽをつけて一日中リスごっこをして子どもの人間関係に変化をもたらしたことがあった。

⑪ **ホーム・サイコドラマ**（家族劇法）

家族のメンバーの役割を互いにとりあって新しい家庭をつくっていき、それをテーマに劇をすすめていく方法である。メンバーは、祖父母、父母、姉弟、だれでもよいが、子どもの生活にあまり拘束されずに自由に演じていけることが望ましい。そのためには、現実の家族そのものではなく、新しいメンバーであったほうが、自由で思いがけない効果が期待できることがある。

子どもと心理劇をするさい、最初から、子どもに劇の進行を任せてしまうと、ふざけてしまって茶番劇になる危険があるので、初めのうちは監督が場面を設定し状況が安定したところで、子どもの思いつきをとりあげるようにしていくのがよい。

劇の内容は、これまでにあまり体験したことのないような事件をとりあげてみる。たとえば泥棒にはいられたとか、おかあさんが急病になったとかいう場面である。こうした新しい状況の中で、子どもたちは具体的にそれに立ち向かっていく方法を考え、意欲的に劇を発展させていくようになる。

このほか、ひとりのクライエントに対してのふたり治療者が面接し、お互いに監督、補助自我の役割をとり合い、関係を深める「三者面談法」や、最初はあまり自分と関係のないような役割を演じていくうちに、それがいつしか自分の問題となっていくような「自我不在法」といった方法もある。

心理劇的治療の実際

1 事例の概要

M子は来所当時（九月中旬）小学校3年であったが、六月末より給食ぎらいを理由に登校拒否をはじめ、七月末までほとんど欠席。夏休みをはさんで九月から一応出席はするが、朝出かける前に必ず吐き気と頭痛を訴え、朝食も食べられないという状況であった。

母親との面接から、幼稚園入園時には人みしりが強く、登園は無理だと思われたので入れなかったとのこと、四歳のときに妹が生まれたが、とくに変わったことは認められなかったこと、などが明らかになった。また今年の八月には家族で旅行に行ったが、バスに三十分ほど乗って吐いてしまい、旅館の食事も食べられず、たいへん困ったとのことであった。

家族構成は両親と妹の四人である。経済的には、とくに問題も認められず、また母親にやや完全癖の傾向も感じられたが、それが直接M子の登園拒否の原因であるとは思われなかった。

2 心理劇

そこでM子には心理劇を、母親にはカウンセリングを平行して行なった。

M子に対する心理劇は、まずM子自身〈学校に行きたがらない〉ということについてどのように感じているかをみる（再現法）ことからはじめた。また、M子がふだん日常生活においてやっていることを、そっくりそのまま他人がやるのをみて、それをどのように受けとめていくか（鏡映法）などをみるため、幼稚園に行きたがらない子どものドラマをこころみてみた。

M子は母親の役割をとり（役割交換法）、補助自我は、幼稚園に行きたがらない弟と、しきりに行くようにすすめるねえさんという役割をとった。M子は幼稚園に行きたくないとぐづつく子どもに対して「そんな子ども、おかあさんは知りません」「甘えるんじゃありません」など、非常にきびしい態度をみせた。これはふだんM子の母親のやっていることがそのまま出ているように思われるが、同時にM子自身も内心は「行かねばならない」ということを強く感じているのではないかと考えられた。また子どもの「どうして行かなきゃならないのサ」という質問に対して、「一度行かないとますます行きたくなくなるからです」といったのは、彼女自身の現在の気持ちの表現ではないかと思われる。

このように幼稚園に行きたがらない子どもを、何とかして行かせるようにするという役割を二回くり返したのち、M子は来所を拒んだ。しかしその二回のドラマにより、彼女は学校へ行かねばならないという気持ちを一方では強く持っていながら、また一方では現在の自分の状態に強く執着しており、どうしてもそこから脱けだせないという強い葛藤《かっとう》状態を起こしてきたのではないかということが推察された。そして来所を拒んだのも、このような葛藤状態によるものではないかと思われた。

現在のこの状態から脱けだすには、まず彼女が自分自身のまわりにつくっている強いカラを破ることが必要であると考えられる。そのために彼女が現実にはとることができないでいるような役割を与え、劇の中でくり返し、くり返し体験させるよう試みた。つまり劇の中でそれを体験し、そのカラを破ってしまって自分はだいじょうぶなのだ、という自信をもたせることによって、現実における困難も克服できるような力をつけていくことができるのではないかと考えたのである。

そこで、次回からは、人をリードする役割や困難な立場に立って、なんとか解決法を見いだしていかねばならない状態に彼女を追いやるような場面を設定してみた。具体的には母親の買ってきたセーターにシミがついているので、もう一度とりかえてもらいに行く役割や、とても恥ずかしがりやの妹をつれて、よその家を訪問する役割などである。はじめのうちは全体に緊張が強く、困難な場面にぶつかると(たとえばセーターをとりかえに行った店で「同じものはない」「このくらいのシミならいいだろう」などとつっぱねられる場面)、身体をかたくして黙りこんでしまうが、補助自我(前述の例では店員の役割)に助けられて、なんとかやりとげるという状態であった。

しかしこういったドラマを何回もくり返していくうちに彼女自身、とにかくやってみればどうにかなるという自信をつけてきたように見受けられた。ドラマの中では積極的に妹をリードしたり、ちょっとしたところに子どもらしい茶目っ気が目立つようになってきた。また実際の日常生活においては、朝学校にでかけるときもほとんど問題がなくなり、往復四時間ほどバスに乗る遠足にも、一度も吐き気を訴えなかったなどの変化がみられた。

そこでつぎの段階として、下の者をリードしていくという役割よりも、対立したふたりをまとめて仲良くやっていく役割を与えてみた。これは甘えていく役割、逆に頼られ、甘えられていく役割などにくらべると、一般にむずかしい役割と考えられている。M子も黙りこんでしまうこともあったが、それでもなんとかして解決していこうとする意欲がみられるようになってきた。

またそれまではただ与えられた役割を忠実に演じていたが、だんだん自分なりの想像や、思いついたことなどを取り入れ、素直に自分を表現できるようになり、表情も豊かになってきた。そして自分でドラマの場面を設定したりして、その展開に積極的に参加していこうとする態度もみられるようになった。このようにして学校へ行くことにも、ほとんど問題がなくなり、一月末をもってこの問題は終結した。

まとめ

このドラマの最初の目的は、再現法、鏡映法、役割交換法などを用いて、現在のM子の心理状態をさぐることであった。そしてその結果、学校へ行かねばならないと強く自分を責める気持ちと、やっぱり行きたくないという気持ちとが、M子の心の中で激しい葛藤状態をひき起こし、かたくなM子の自我をゆさぶることができた。

そこで、つぎにM子が現実にとることができないでいる役割を与えてみた。これはM子に現実の自分にこだわる必要がないということ、彼女自身それ以上の力をもっているのだということを劇の中の体験を通して知らせるためであった。そのため、まず人をリードしていく役割を与えたが、これはうまくできたときの成功感も大きいし、補助自我の助けを借りれば比較的容易にその役割をとることができるからである。

こういう役割がM子なりに自由にとることができるようになった時点で、年齢差、能力差のない対等な人とうまくいく関係をつけていくという役割を用意した。これは、なかなかとりにくい役割である。そこではお互いの自己主張がぶつかりあうからであるが、日常生活においてはもっとも重要な関係である。学校生活における友だち関係がそれだからである。

最後に、今までやったいろいろな役割をくり返してやってみたが、M子はそれぞれの役割をそれらしく、しかも自由な態度で演じることができた。そして劇の上での素直な表現が実生活においても表われるようになり、学校生活もうまく適応できるようになったのである。

この心理劇では、M子に対してまず容易にとれる役割から、徐々に困難なものへ、同時に現実的なものへと移行して与えてみたわけである。このばあい、M子自身の内的な成長をよくみきわめ、つぎにどういう役割を与えていけばよいかを決めていくことが、大きなポイントとなるのはいうまでもない。

3 ドールプレイ

幼児のための心理療法は、遊びを対象に発展したが、その中でもとくに人形を使った治療法がいくつか試みられている。その多くは主として外国において研究がすすめられており、いずれも一種の投映法としての有効性が認められるが、人形を用いた劇あそびという点で、次に述べる〈人形技法〉とも関連があるので簡単に紹介しておきたい。

人形あそびを解放療法の立場から利用したのはレヴィであった。彼は攻撃性の解放を必要とする子ども（とくに十歳以下の低年齢児）に対し、治療者が用意した遊具を用いて特定の筋書きにそった人形遊びをさせることを考えたが、そのさい選択される登場人物と劇場面が、子どもの問題の原因を考慮して設定されるのである。このとき、二歳から四歳の子どもにはいっさい解釈を与えないということが一つの特徴であろう。

レヴィのこのような、治療者による制限の下で行なわれる人形遊びは、子どもが治療者に対して疑惑を持っていたり、不安が強すぎたり、重症な神経症のばあいには、あまり効果が期待されないということである。またばあいによっては、洞察療法の補助的手段として用いられることもある。

このレヴィの方法を一歩進めていったのが、ソロモンの人形による治療法で、ソロモンはこれを積極的活動療法と名づけた。

ソロモンによれば、劇場面で示される情緒的表現は、そのまま日常の問題行動を映し出したものであるという。そこでまず治療者が最初にひとりの人形を選択し、その後子どもに、その人形に関連した人形を選択させる。遊びは人形遊びに限定され、子どもの自由な劇の展開にそってすすめられていく。その間に、子どもがゆがめられた情緒反応を表現したときは、その内容を明らかにするために治療者が質問することがある。

ソロモンがあげる治療機制は

(1) 子どもの思考過程の明瞭化
(2) 敵意の解放
(3) 罪悪感の軽減
(4) 治療的示唆の統合
(5) 問題を形成した状況を一貫してくり返し提示することによる敏感性の軽減

などがある。

このように自己の内的感情の表出が、治療者からの働きかけ（示唆）によって促進され、とくに、敵意を扱うときにはゲシュタルト心理学の原理にもとづいて、解放しやすいような示唆がなされるところに、積極的活動療法と名づけたゆえんがあるといえよう。

一方、リップマンは人形遊びを自我療法として考えているが、このばあいも、治療者による暗示と指示によって子どもの自由な表現を誘導し、子ども自身の自己理解を深め、情緒の安定をはかることに治療のねらいをおいているのである。

日本では仁科弥生がハータプとともに人形による心理治療を実施している。これは人形遊びに必要な家や家具などを用意した部屋で、自由な遊びの中から子どもの心理的葛藤を表出させ、治療者がその心理表出を援助するというものである。また特定の問題にしぼって観察したいときは、あらかじめ遊具の選択が行なわれるが、とくに攻撃性の問題について観察するときは、攻撃的行動が誘発されやすい。ゴム粘土の人形、家具、かなづちを用意するといった工夫がなされている。

仁科氏によると、人形遊びの臨床的効果は、

(1) 治療者との関係の樹立
(2) 情緒の開放的表現
(3) 象徴的表現
(4) 問題の客観化
(5) 現実への接近

の五つであるという。この点については、ドールプレイ・テクニックと呼ばれる遊戯療法のばあいには、共通して期待される効用であろうと思われる。

以上は人形を用いた個人治療の例であるが、ベンダーによって紹

介されたベルビュー病院での人形芝居は、グループを対象にして行なうという点で特色のあるものである。それは精神科の児童病棟に入院している子どもたちのために、精神医学者が中心になって計画、実践したものであり、まずグループの子どもたちに人形芝居をしてみせ、ある場面では子どもに主人公が問いかけるというやりとりの中で、芝居をすすめるという方法をとっている。それはドイツ伝説の生んだカスパーという男の子を中心に、サル、ワニ、魔法使い、カスパーの両親、美しい女の子などが登場するもので、芝居の筋書きは、観客の問題を考慮してつくられている。解釈は多分に精神分析的であるから、登場人物は常に象徴的意味をもつものとして演じられるのである。

ここでは、「半分芝居」といわれる劇中の葛藤《かっとう》が最高潮に達したときに、劇を中断するという方法や、子どもたちの芝居終了後のインタビューなどから、子どもたちの反応とその治療効果が確かめられた。ベンダーは人形芝居では劇中の人物と子どもの同一視が容易であること、また登場人物の非人間的特性によって、自分たちの情緒を罪悪感や不安の懸念なく表現できることの利点を認めている。とくにグループの観劇や話し合いを通じて個人的な面接で語ることのむずかしい子どもも、共同に語るようになることが、人形芝居の大きな治療効果であることを強調している。

④ 人形技法

人形技法は幼児に心理劇をするためのひとつの方法として考案されたものである。幼児は、一般に問題意識が薄く、舞台に乗せて「さあ、劇をしましょう」という誘いかけをしても劇への動機づけができにくい。そこで日常子どもにとって親しい遊びになっている、人形ごっこを利用してそこから心理劇の考え方に基づいた劇あそびへと発展させていくことを考えたわけである。

本来幼児は男女を問わず、人形あそびには強い興味をもち、自主的に操作するばかりでなく、人形に与えられている役割への同一視がきわめて高いという特徴がある。そのため、人形を媒介にした心理劇は導入が容易であるという利点をもつ。

① 導　入　法

人形技法は導入方法に二通りの方法があり、ひとつは子どもの遊びから自然発生的に劇化の方向をとっていくというものである。つまり最初は子どもの自由な遊びに任せ、その遊びの状態に応じて、治療者が劇化をはかるという方法である。これに対し、あらかじめ部屋の中に人形を用意し、他の玩具は出さずに最初から人形遊びに導入するといった方法がある。

保育の場では、しぜんな遊びの中から劇にしていくというやり方が、手近かな方法としてよいのではないだろうか。

② 遊びからの展開法

実施するばあい、子どもの遊んでいる玩具を利用し、ある人物にみたてるということから劇になることが多い。自動車を走らせている子どもに、かたわらの小さな石を取って「これ、運転手の小父さんよ。ハイのせてください。今日はどこまでいくのかなあ」などと話しかければ、もう劇は始まっているのである。

また子どもといっしょに折り紙をしているようなときに、折り紙を使ってキツネを折ったり、おかあさん人形をつくったりして、劇を始めるという方法もある。「これはワンちゃん、ずいぶん太ったワンちゃんね。ごはんをいっぱい食べるからかしら」など、子どもと話し合いながら、人形をつくるうちに、登場人物の性格や場面の設定が自然に進められ、それが劇をするウォーミング・アップになっていくわけである。

また、家族人形があれば、それを使うことで役づくりは簡単になる。とくに家族間の人間関係に問題のあるような子どものばあいにはその家族構成と同じだけの家族人形を用意すると、感情の投影が安易になるということがある。

つぎにウォーミング・アップについて考えてみよう。

自然の遊びから劇の方向へ展開させるばあいには、劇とは直接関係のない遊びを子どもがしているばあいと、子どもの遊びが劇らしくなっているばあいとがある。いずれのばあいにも最初は子どもに遊びの主導権が任せられているわけであるが、治療者の参加によってしだいに主導権が治療に移されていくようにすることが必要である。そこで子どもが遊んでいる中にはいって、子どもに押しつけがましくない劇化をすすめていくためには、どんなふうに働きかければよいのであろうか。

(1) 遊びが劇と無関係なとき

①遊んでいる子どものふんい気をつかむ
②そして静かにその中にはいり込んでいく
③子どもが注目し、興味をもつ行為を行なう
④子どもの自発的な態度を待つ

例 積み木遊びをしている子どもがいる。そっとそば近よっていく。子どもは気づかない。子どものかたわらにしゃがむ。子どもはその顔を見て積み木遊びの手を休め、治療者の行為を待っている。しかし治療者は何もしない。再び子どもは積み木を捜しては四角に積んでいる。治療者の手が伸び同じ積み木をとって、子どもの目の前においてやる。子どもはチラッとその手を眺めて「壁を作るんだよ」と話しかける。

そこで治療者は壁作りの手伝いをする。この壁作りとつぎの屋根作りが終わった後、治療者は小さな積み木をとって「これはおかあさんだよ、買い物に行ってきます」といって家の中から外へ動かす。子どもも真似て、小さな積み木をとって「これは子どもだよ。おうちでるす番だね」と家の中に入れる。つぎからは、積極的に積み木を使った人形遊びをはじめる。

(2) 子どもが自発的に劇遊びをしているとき

①子どもがその劇（役割）で表現しようとしていることは何かを観察してとらえる
②表現したいことがいっそう明確となるように役割を設定して子どもに働きかけてみる
③子どもの反応に応じてつぎの役割を用意する

例 机の上にあったミニチュアの動物を箱から取り出し、ブタとライオンを戦わせ、ブタがライオンを倒す。キリン、サイなど大きな動物がつぎつぎにブタに負ける。つぎにブタを中心にお城をつくり、二重に垣根をつくり、上から木や草をかけてブタをみえなくしてしまう。

治療者「この中には誰もはいれないし、外から見ることもできな

いんだね」
子ども「そうだよ。見えないんだ。こんなに草がのっているもの。ここにもう少し草をかけよう」
治療者はキリンを取って「キリンさん、あなたは背が高いからよく見えるでしょう。見てきてごらんよ」と垣根の所へ置く。そしてキリンの役割をとって「おや、何も見えないよ。草や木ばかりで森みたいだ」「変だねえ。キリンさんでも見えないのかしら」と一人二役を演じる。子どもはキリンを垣根の中に入れ「はいってきたけどやられちゃうんだ」とバタリと倒して、草の下に隠す。それから後も、垣根の中をのぞきにくる動物をみな殺して誰れにも見せない劇をする。

劇の終了後、母親の話から、その子どもが友だちから「ブタ」と呼ばれていること、前日クラスのボスにそそのかされ、弱い友だちを傷つけて大さわぎになり、先生や家族からいろいろ詰問されたことがわかった。その子どもは、ブタを自分と同一視し、その力を誇示すると同時に、自分の心の中を誰にも見せまいとする防衛的な気持ちを、動物によって表現していたのであった。

③　**意図的場面からの展開法**

子どもの人間関係を短時間に診断し、人形による心理治療を中心に考えるばあいは、意図的な場面設定をして、最初から人形技法を行なうことになる。部屋の中には人形あそびに必要な玩具（ままごと道具・家具など）以外は入れておかないようにして始める。

入室前に、短時間でもよいから、子どもと話をして親しい関係をつくる糸口をつけておくとよい。そのときに「これから、私とあの部屋でお人形さんごっこをして遊びましょう」と簡単な説明をして部屋へ誘導する。

(1)　指示の与え方

①人形の役割、名前を明確に伝える

②それぞれに演じる人形を選択する

「ここにお人形があるでしょう。これからこのお人形を使って遊びましょう。おとうさん、おかあさん、女の子（花子さん）がいますね」というように、そのときの目的に応じて、子どもに人形を選択させたり、セラピストが選択して与えたりする。父母人形を指すときは、その子どもの言い方（パパ、おとうさん）を使ったほうがよい。また役割を説明するときは、治療者が人形をいちいち手で押えて具体的に理解させる必要がある。口で説明するだけでわかるはずだが、ときには思い違えてかってに役割をとって動かしはじめる子どもがいる。だから子どもが人形を選んだときに、「あなたは花子さんね」と念を押して確認することがたいせつである。

もし子どもが人形を二つ選んだときは、先に主役を演じる人形をどちらか一つに決めさせる。劇が始まったら一人二役をすることがあってもそれでよいが、最初は混乱しがちだからである。まず一つの人形に同一視をはかることに治療者の努力がむけられなければならない。

(2)　働きかけ

①ことばによるもの

最初入室したときの誘いかけは、どうしてもことばの誘いかけになる。ことばは関係をつけるとき、いちばん重要な役割を果たすがそれだけに、失敗しやすい可能性ももっている。たとえば、お互いの会話が、単なる表面的なことばのやりとりになってしまったり、質問ばかりになって、つぎつぎに問いかけるというような関係になってしまうと、子どもはこの場から逃避しようとするので注意したい。

②人形同士の接触

話の内容とともに人形の自由がきくかぎり、お互いの人形を接触させることは、その場の動きを自由にするばかりでなく、人形を通して相手の気持ちを近づけるよい機会である。たとえばおすもうをするとか、物をやりとりするとか、おんぶするなどである。

③動作によるもの

子どもの気持ちがじゅうぶんに開放されず、動きが小さいとき、表情がかたいとき、治療者がいっしょに走りまわったり歩きまわったりする場面をつくることによって、緊張がゆるむばあいがある。このように大きな動作では、ことばの応答はあまり必要がないので、子どもはその場にはいりやすい。

④間接的な働きかけ

ひとりごとはいろいろなばあいに用いられる。たとえばひとりごとで治療者の気持ちを表明し、それに対する子どもの反応をみることができる。たとえば反抗的な態度でなかなか場面になじまなかったY子は、治療者が子どもの人形を使って「おかあさん、おみやげ買ってきてくれるかしら。カール人形、すごくほしいんだけど。あるといいなあ」とつぶやくと、離れたところから「ないもんね」と応答し、それがきっかけで参加してくるようになった。

また子どもは最初のうち、どのようにして人形を扱ったらよいかわからないために緊張してしまうことがある。そのようなときはいくらことばで誘ってもなかなか応じられないし、質問調になったり、先にのべたように場面から逃避するという形になって関係がつかなくなる。そこでウォーミング・アップのために、時間的余裕をつくる必要ができてくるわけで、このときは場面構成に直接関係のない内容であったほうがよい。

緊張したようすの子どものとき、治療者が自分の人形の髪の毛をいじりながら「わたし、髪の毛がくしゃくしゃになっちゃった」というと、それをじっと見ていて、つられて自分の人形の頭にさわりだす。そこで「花子ちゃん（子どもの人形）はいいなあ、おさげで。私もおさげにしてみたいわ」というと、子どもは「おさげにすればいいじゃないの」と治療者の人形のほうに手を伸ばし、髪の毛にさわるというような展開がみられるのである。

治療者のひとりごとに少しでも反応したとき、すかさずその機会をとらえて、子どもとの関係をつくり出す手がかりとすることがたいせつである。

④ 実践例

(1) 鏡映法を用いた例

玩具をけっして友だちに貸さない三歳児。治療者は、AとBの二役を演じている。

A「Jちゃん、このマリ、わたしが使ってもいいわね。」

B「Jちゃん、わたしに使わせてよ。」

（Jは困った顔、ふたりを交互に見て、何か言おうとしてやめる。Aが強引にマリを使いはじめる）

B「わたし、つまんないわ。だってあの子ばかり使っているんですもの。」
A「わたしだってマリが好きなのよ。」
B「わたしだってマリ好きよ。」
(数回くり返しているうちに、Jは違う玩具を出してきて、無言で人形に与える)
A「やっぱりかわいそうね。じゃ貸してあげましょう。」
B「まあうれしい。それじゃこんどは、わたしのおままごと貸してあげるわね。Jちゃんも遊ばない。」
J「ねえ、みんなでマリころがししない。」
A「マリころがしってどうするの。」
J「あのね、わたしがこっちからコロコローってころがしたら、あなたとあなたは、そっちからころがすのよ。」
(以下、マリころがしをする)
Jは人形Aによって自分の姿を見せられたことからいっしょに遊ぶ方法を考え出したが、この役から実際のばあいでも玩具を貸すことができるようになった。

(2) 役割交換法を用いた例

担任をこわがり、学校へ行きたがらない小学二年児、治療者はA、Bで生徒の役。Tというその子は先生の役割をとる。A、Bは積み木で作った犬の生徒、先生は、風船のついた笛を先生にみたて、子どもはそれにフーセン先生という名まえをつけた。フーセン先生はとてもきびしい先生で、学校に遅れたり、席を立ったりすると風船を鳴らしてしかりつける。これまでに幾度も怒る先生の場面をくり返してきた。

T「ベルが鳴ったの。帰りの。」
A「帰りのベル。さあみんな帰りましょう。なにかこんど、新しい学校ができるんだって。」
B「ワーいいなあ、行ってみようか。行ってみたいなあ。」
T「フーセン先生が見ていたの。」
A「ぼくね、先にネ、ちょっとひとりで行ってみる。」
T「そしたらこの先生がとめたの、ダメ、ダメ、ダメ。」
A「先生、見せて。」
T「フーセン先生だよ。(フーセン先生がこわいことを強調したい方をする)」
A「ほんとう。ボク、フーセン先生は苦手なんだよ。」
T「ブーッ。(風船を大きくならす)」
A「ワーッ。フーセン先生ってこわいね。」
T「女だよ。」
B「わたしがね。お窓の外から遠くをみていたのに怒るのよ。」
T「すごく大きな声で。」
B「あの先生、ヒステリーじゃないかしら。」
A「ぼくもそう思うな。あの先生ね、女だけどこわいぞ。何をやってもすぐ怒るんだぞ。」
T「ウフフフ、いいことは怒んないよ。」
A「今日なんてね、ぼくね、四回ぐらい怒られちゃった。」
T「いいことした人はこうなの。(やさしいしぐさ)」
A「こうなの。」

T「うん。」
A「あれ、ここに何か落ちてるね。なんだこれ。」
B「早く先生に届けてらっしゃいよ。」
A「じゃ、ぼく、ちょっと先生に届けてくる。アッ、先生、先生、先生ちょっと、こわいなあ。」
T「怒らなかった。」
A「先生、これ落ちてました。」
T「いい子のときには怒らない。」
A「よかった、先生、さようなら。」
T「ブーッ。（風船をならす）」
A「あらら……。」
T「今のは、ありがとうっていう意味。」

現実の担任のもつこわい先生のイメージをそのまま投映して演じているうちに、よいことなら怒らない先生という新しい側面をつくり出したこの子どもは、その後も病気になった生徒をおぶって家につれて帰るなどのやさしい先生ぶりを強調した。

劇はしだいに生徒から、好かれる先生になり、いっしょに合宿にいったりする。先生をてこずらせる生徒が登場するとそれのめんどうをみるという劇へと発展したが、三カ月後には、学校と連絡の後、再び登校するようになったのである。

集団療法

1 集団療法の特徴

患者と治療者が一対一で行なう個人療法に対して、治療者が一度に何人かの治療を行なう方法（ときには治療者も複数になるときがある）を、集団療法という。

個人療法も集団療法も、目的は同じであるが、その治療過程が異なっている。すなわち個人療法では、患者対治療者の間の一対一の関係が重要な意味をもつのに対し、集団療法では、治療者との関係だけでなく集団のメンバー（子どもどうし）との関係もまた重要な意味をもつのである。

集団療法は一九〇七年、米国の内科医プラットが、結核患者の集団を作り、彼らのもつ心理的悩みを、お互いに討議することによって解決していこうと試みたことから始まった。その後、第二次大戦をへて、アメリカにおいて多くの集団療法が発展してきた。そしてはじめは個人療法を集団に応用するという程度であったのが、集団内の人間関係の影響の効果が積極的に認められるようになり、独自の発展をしてきたのである。その主なものとして、モレノによる心理劇、スラブソンによる活動性集団療法、ロジャーズ派のホッブスによる非指示的集団療法などがあげられる。

モレノが一九四〇年代に創り出した心理劇が集団療法としての意味をもつのは、演じられている劇を見る観客がいることである。つまり舞台の上で演じている患者に対し、観客は社会集団としての基準をつくり出し、患者の考え方、具体的な行為に対してそれぞれの意見をもつことによって、一種の社会的な影響を与えていく。そしてそれと同時に観客の側でも、劇を演じていく患者の行為や劇のなりゆきをみることによって、そこに自分自身を見いだし、見つめていくことができるわけである。

このモレノの考え方の基盤となっているのは、人間は本来集団的な存在である、という考え方である。つまり人が情緒的な問題をもつようになった原因は、その人が自分をとりまく集団や、自分に影響をおよぼしている他人とうまく関係をつけていくことができないからである。と考え、劇という架空の状況の中で新しい対人関係を経験することによって、対人関係を改善していこうというのである。

スラブソンも、モレノと同じように、人間は本質的に集団的な存在である、という見方に立っている。人間は文明社会でも、原始社会でも、集団生活を抜きにして存在することはあり得ず、人間の成長・発展はその集団のもつ価値によって規定される、というのである。

このことを個人の発達ということからみてみよう。人間は一般に誰でも自分をとりまく人びとから快く受け入れられたい。排斥されたくないという強い願望をもっている。そのために人間は、自分の快楽だけを追い求めず、他の人びとに自分をあわせていこうとする努力をするのである。個人の発達ではまず母親との間にこういった同一化がなされ、そして小さな集団、せまい文化、広い文化へと広がってゆく。このように自我の発達にとって集団体験はかくことのできないものと考えられるのである。

ロジャーズ派の集団療法も基本的な面では、スラブソンと大きな違いはないが、ロジャーズ派の集団療法は、あくまでもその原則として個人療法を考えているのに対し、スラブソンは積極的に集団体験を治療の条件と考えているので、そこに大きな差があるわけである。

② 集団療法の過程

一般に集団は、集団を維持するために必要な価値を創り出していく。家庭や幼稚園や学校などで、それぞれの秩序を保つために、してよいこととしてはいけないこと、望ましいこと、望ましくないことが決まってくる。そのような集団の標準は、個人に対して圧力となってくることが多い。集団の性質が変化することで個人に対してかかってくる圧力も変わってくる。

しつけのきびしい幼稚園で問題行動を起こしていた子どもが、より自由な幼稚園に変わったことにより、問題行動が少なくなるということはよくみられることである。集団の標準が個人にとってどの程度の圧力になっているかは、個人の力と集団の力とのバランスの問題と考えれば、問題をもつ子どもはすでに家庭生活において発達をゆがめられていることが多いから、集団の圧力に負けてしまうことが多くなってくる。そこに質のちがう集団（治療集団）の必要性が生じてくるのである。

フロイドの考えによれば、問題をもつ子どもは超自我形成（良心、罪悪感など）の過程に問題があって、普通の子どもにくらべてはるかにきびしく自己を責めたり、ついに自分を保つことが困難になっている子どもが多いのである。このような子どもに、一般の社会集団の標準をもちこむようなことがあれば、問題をもつ子どもは、常に圧迫されていることになる。

しかし問題をもつ子どもによって集団が作られているときは、逆に集団内に標準ができにくく、集団がそのメンバーに対してもつ圧力や拘束力は弱まってくる。問題児は気楽に参加することができ、不完全な超自我機能を回復することが可能になってくるのである。すなわち集団（治療集団）のもつふんい気としてはいやがうえにも自由で、安定しやすくなっている。その上治療者が集団のメンバーに対してかなり許容的であることが子どもたちのもっている不安感をとり除くうえに大きな効果をあげることになる。

はじめ子どもたちは、治療者の許容的な態度になじめず、治療者をためすような行動がひんぱんにあらわれてくる。ここで治療者が子どもの攻撃的態度をどのくらい許容できるかが大きな問題であって、危険防止以外にはできるだけ子どもの情緒的な混乱を受けとめてやるわけである。

子どもの初期の不安が少しずつ減ってくると、子どもたちの攻撃的な言動は収まってくるようになる。小集団の中で子どもたちは、それぞれにいろいろな態度をとるようになる。あるときはわざと極端にわくをはずした行動を示したり、逆に治療者のきげんをとるような態度をみせたりする。このような行動の中には平生の習慣をそのままもちこんだばあいも多いし、また空想的で抑圧的な行動の表現であるばあいも少なくない。

しかし習慣的行動も、とっぴな空想的行動も、それを具体的に行為に移したときに、彼らが予想していたような反応（しかられる、拒否される、びっくりさせられる、ちやほやされるなど）が得られないため、必然的に自分の行動の意味を現実に即して理解していくようになる。ロジャースのいう「自己実現」ということばに示されるような現実的な行動になっていくのである。

また集団内で行なわれる遊びや作業なども、メンバー内での能力の比較がひとわたりすむと、他人の能力の高低を気にしなくなってきて、創造的な喜び自体にひかれるようになり、自分を没頭させて、しぜんな喜びを味わうこともできるようになってくる。創造する喜びは子どものしぜんの喜びであり、自信の回復に役だつものである。

自信の回復は新しい超自我機能を形成することにもなり、他人への受けいれの気持ちも育つようになってくる。ときには能力の低い子どもに対して援助するような機会に表われるようにもなるし、集団内での自己中心的な表現も少なくなってくるわけである。

この段階になってくると、治療者はメンバー相互間の関係を重視するようになってくる。治療者自身がとくに積極的に発言したり、直接メンバーの表現することに対して許可を与えるようなことは極力さしひかえるようにもなってくる。集団としてのメンバーの相互の話し合いを尊重し、正しいことを認めてやるということ、さらに子ども相互が認めあうということを助長するようにつとめていくわけである。

集団内における子どもの相互関係は、集団内の出来事を共通の感じで受けとれるように成長していくことであって、「わたし」という感じが「われわれ」という感じに拡大していくようになっていくわけである。これは連帯感というべきもので、集団の決定や、集団としての共通の目標の追求が行なわれているわけである。ここまでくればもはや集団療法としては最終段階をむかえたことになるわけである。

親によって超自我形成をしそこなった子どもが、集団において徐々に望ましい超自我の形成が行なわれるようになってくるわけである。親によっての超自我形成が、恐怖や不安によっていたのが、集団による超自我形成は大部分が自らすすんで環境に適応しようとした結果なのである。

③ 集団形成上の問題点

集団療法が成功するか否かは、その治療集団を構成するメンバーの選択にあるといっても言いすぎないであろう。そこでは、集団そのものが治療活動の主体であるから、メンバーの選択はじゅうぶん慎重に行なわれなければならない。ひとりひとりの問題を深く考慮しないで、便宜的に集団を形成することは、非常に危険である。まかりまちがえると、単にひとりの子どもにとってマイナスであるばかりでなく、集団そのものをめちゃくちゃにしてしまうおそれがあるからである。まずその子どもにとって、個人療法のほうが効果的であるか集団療法のほうが効果的であるか、という問題が考えられる。

スラブソンは前に述べたように、一般に人は誰でも他人から自分を受けいれてもらいたいという願望をもつと考えた。彼はこの願望を社会的飢餓と名づけたが、集団療法を適用するばあいには、まずこの社会的飢餓が前提になっている。人に受けいれられたいという願望は、乳児期あるいは幼児期の母親との間の密接な関係の中から生じてくると考えられている。母親との密接な関係を結ぶことになってはじめて子どもは、自分の欲求を満たすことによる喜びだけでなく、母親から自分が受けいれられていることの喜びもまた体験する。そしてこれが成長するにつれ、母親だけでなく友だちや自分をとりまく他の人びとからも受けいれてもらいたいという願望になっていくと考えられるのである。

したがって乳児期あるいは幼児期に、母親からじゅうぶんに受けいれてもらえず、そのことが原因で、現在問題をもっている子どもには集団療法は適当ではないと考えられるだろう。その子どもにとって現在必要なのは「集団」ではなく、かつて味わえなかった母親との密接な関係を、もう一度やり直してくれる相手だからである。

ジノットもスラブソンのこういった考えをとり入れ、集団療法を子どもに適用するさいのおもな配慮は、社会的飢餓の発達程度であるとしている。

彼は集団療法が効果的である問題症状として、引っ込み思案、未成熟な子どもたち、恐怖反応を示す子どもたち、よい子ぶった子どもたち、くせのある子どもたち、行動異常の子どもたち、などをあげている。また集団療法には適さない症状として、強い兄弟間の抗争意識をもった子どもたち、社会病とよばれる子どもたち、促進された性衝動をもつ子どもたち、倒錯的な性経験をもつ子どもたち、などをあげている。

またアクスラインは、その子どものもつ問題が、社会的適応を中心に考えられるときには、集団療法を適用することが有効であり、根深い情緒的障害に問題が集中しているときには個人療法が有効であるとのべている。また子どものもつ問題の内容とは別に、集団の人数、年齢差、性別なども集団形成上にたいせつな意味をもつ。

集団の人数についてスラブソンは三〜八人くらいが適当であると

しており、ジノットは五人を越えないこととしているが、いずれにせよあまり多くなると、ひとりひとりの問題を正しく理解することがむずかしくなるし、逆に少なくなると個別的になりやすく、活動そのものが不活発になってしまいやすい。

年齢差については、一般に一、二カ月を越えないことが望ましいとされているが、このことに強くこだわる必要はないと思う。年齢差よりも子どものもつ問題の内容のほうがより重要であり、その点での考慮のほうが優先されるべきであろう。

性別については、幼児のばあいには男女混合グループが、学童のばあいには同性同志のグループにするのが一般的傾向である。これは幼児のばあいはまだ性別による差がはっきり表われないのに対し、学童のばあいはその差がはっきりと遊びの内容にあらわれるし、子どもたち自身もその差を意識しはじめるからである。

ジノットは幼児期における男女混合グループは、姉妹のない男の子、兄弟のない女の子にとっては、とくに重要であるとし、積極的に幼児期における混合集団をすすめている。

(3) 治療教育

障害児を受けいれるという風潮がかなり広まってくると、どの幼稚園でも、保育所でも障害をもつ子どもを受けいれてみようと思いだす。しかしこのことは容易なことではない。障害児をひとりクラスの中に受けいれてみると、いままで行なってきた保育のしかたでは通用しないことが多く起こるものである。

まず悲鳴をあげるのは担当の先生であり、恐慌状態を示すのが、他の普通児の父兄であったりする。対外的にはものわかりのよい施設長も、内心は失敗感をもちはじめ、なんとか口実をつけて、この手のかかる子どもたちをほうり出そうと考える。そこで自分の施設では、この子が幸わせになれないといいはじめるのである。ではほかのどのような施設が、この子どもを受けいれてくれるというのであろうか。

また逆に非常に積極的に障害児を受けいれてくれる施設がある。四十人のクラス（幼稚園）に、二割も障害をもった子どもを入園させている例があった。一年間わいわいもまれて、小学校にはいることがこの子のために絶対必要であると、その園長は胸をはって主張する。園の先生たちには、「こういう子はよそへ行けないのだから、ともかく何もしないでよいから入れてやってくれ」と頼みこんでいるのだが、正直なところ、受け持ちの先生は、何をしたらよいかわからずに毎日をほうりっぱなしでいるのが実情である。わたしは今このような形で普通児の集団に入れさえすればよいなどと安易に考えていると、子どもの性格形成の上に一大汚点を残すことになると本気で心配している。子どもはただやみくもに普通児の集団に入れさせることがよいのではなく、集団参加の基礎的な力を育ててやってから、この集団参加をすすめていくべきと考えているのである。そこで治療教育の実践をどのようにすすめていったらよいかということを、ここで深く考えてみたい。

治療教育ということばが現場にかなり広く知られるようになってきている。とくに手のかかる理解しにくい子どもたちが、社会参加をすすめていくばあいに、現実の社会の諸機関がどのような受けいれ方を示しているものであろうか。まず第一にはっきりさせておきたいことは、治療教育に関する基本的な考え方であり、わたしは自閉症児の治療教育実践を通してつぎのことを主張するものである。

いままで治療教育の対象と考えられた子どもは、環境条件のゆがみによって生じてきた問題児であった。しかしここで対象となる子どもは、それよりも拡大された問題児を指し、素質的な原因を指すものである。

このばあい「素質」の内容は問題としなければならないが、乳幼児早期の発達障害をも含むことになると思う。

素質的な原因によって障害を起こしている精神遅滞児や精神障害児に対する治療教育は不可能であると考えている人も少なくないようである。しかしはたしてそうであろうか。最近の治療教育実践において、従来の定説をくつがえすような成果をあげ始めている例がふえつつあるので、この辺の実践を中心にして治療教育の基本を考えてみたい。

治療教育の成果は、行動の変化をもって考えることになるが、行動の変化は内的な環境を構成する素質と経験の集積を変化させることである。自閉的特質であるこの素質と経験の集積のもたらす構造のゆがみを外的環境との疎通性を高めることによって変化を期待することが可能である。

しかし外的環境との疎通性を高めることは、自閉的特質の程度によって方法を考えなければならない。したがって自閉的特質の少ない精神遅滞児のばあいは治療教育は非常に困難になってしまう。またこの疎通性を高める方法は、従来の遊戯療法では、子どもの自発的遊びの中での自我関与の状況と、セラピストに対する転移関係が唯一の方法と考えられていたが、最近では行動療法のような操作的方法も採用されるようになってきた。ここでは主として遊戯療法を中心に考えていきたい。

いままでの遊戯療法は、軽度の問題児に対して適用されることが多く、異常児に対しては適用不可能とされていた。しかし自閉症児に対する積極的な治療教育の実践からその方法上の検討がなされるようになり、治療教育の可能性も増大してきている。

一般的に治療的な人間関係においては、いわゆる転移関係とそれに対するセラピストークライエント関係がある。セラピストはクライエントと接触していくうちに、クライエントの態度に慣らされてしまい、態度変容を惹起するような関係をもちこめなくなってしまうことがしばしばある。そこでセラピストの確固とした立場が要求されるようになってくる。治療教育理論はセラピストの人格的基盤を確立させること、さらにセラピストがクライエントに対して関係を深めることがそのポイントとなっている。セラピストの人格的基盤としては、セラピスト自身の心理的安定と、満足の源泉をもっていること、また社会生活において文化的、倫理的価値の追求を行ない成熟した人格をもっていること、対人関係における自己のアートを創造することなどがあげられる。セラピストとしてクライエントとの関係を深めていくためには、共動・共感・受容・理解の過程からのみこみ、課題施行までの過程の追求が必要となってくる。

治療教育は対象となるクライエントの問題症状によっても、また治療教育を行なう機関によっても、その具体的な形態は当然変わってくるが、その基本にはつぎのような諸点が検討されなければならない。

まず第一点は子どもの自発的活動に対して自由な表現をどの程度認めていくかという点であり、積極的に認めていこうという方向から、逆にセラピスト側からコントロールしていこうという抑制的な方向まで、かなり幅があることである。

第二点はセラピストと子どもの関係で、ラポートづくりに向かってのセラピストの姿勢とか態度が問題になってくる。あるセラピストは治療教育の場をあくまでも限定された場として、操作的に意識したり、あるいはその場限りの独自な構えを必要だと考えたりする立場から、もっぱらセラピストとしての全生活場面からくる自然な人格の表現としてとらえる立場までが含まれてくる。

第三点は治療教育そのものについての考え方である。治療教育という営みのどの点に重点をおいてとらえようとしているのか、という点である。単に行動面での現象的変化としてとらえようとするのか、あるいは子どものパーソナリティ内部の変化としてとらえようとするのか、あるいはごく日常的な生活適応の方向性を変えていこうと考えているのかという点である。これは治療教育施設のあり方と関連して考えられることでもあろう。

以上の三点をふまえて、子どもの生活研究所では、過去六年にわたって実践してきた治療教育の中から漸次形成されるにいたった治療教育方法をまとめてみると、つぎのようになる。

第一点については、最初の子どもとのラポートづくりの過程においては、つとめて子どもの自由な自発的活動を尊重していくが、子どもとのラポートがつくられてからは、生活の動きのリズムとか規則性が子どもに伝えられるような抑制方法をとるようにつとめてきている。この点については、セラピスト任せにしておくと、とかくルーズになりやすいので、スーパービジョンとして治療管理を行なう必要がある。

自閉症児の治療に関していえば、この点で問題となるのは、最初の受容からしだいに生活適応をすすめていく過程での環境整備と治療者自身の心理的な変化である。また子どもの側に知的な展開や、集団への参加に対する興味が表われてきたとき、それに応じた新しい対策を組み入れた治療の場も用意していく必要が生じてくる。セラピストとしての力量が問われるのはこうしたときであろう。

第二点に関しては、子どもの生活研究所では従来の心理治療というわく組みをとりはずした治療教育の場をつくろうというのが基本的な考えである。したがってセラピストに要求されるものは、全生活場面からくる人格の表現としての立場である。

自閉症児が治療教育を受けにくるばあいは、普通児のばあいと異なり社会通念に反する行動があまりにも多く、受容しきれないことが少なくない。しかも学校問題とか家族とか、地域関係において、決定的な問題行動を起こしてしまい、将来に希望がもてないようなばあいも少なくないので、親は単に時限的な心理治療ではとうてい満足できない状態であることが多い。こうした親の切迫した気持ちをくみ、現実的な社会的問題を解決するための実践的な治療教育をしながら、今後の生活の見通しが得られるような方策もたてていかなければならないわけである。そこでセラピストの生活態度が、単なるプレイセラピィの範囲内にとどまらないで、自閉症児と生活を共にしていくという気持ちが必要になってくるわけである。そしてプレイルーム以外の治療啓蒙活動の実践もしていかなければならない。

第三点に関しては、現在の段階においては自閉症児の病理学的なアプローチは不可能と思われる。とくに自閉症児を症候群としてとらえる立場では、少なくとも原因を求めてそれに対する治療法を求めていくことはできないと思う。子どもの生活研究所では、治療教育と、人間どうしの相互的なふれ合いの中から生活態度の交流を通して、子どもの自発的行動の変化が得られるものと考えている。

はっきりした治療効果を期待するためには、治療が治療施設全体の管理体制の中で大きな矛盾なく営まれていかなければならないことはいうまでもない。たとえば、事務部門がセラピストの行動に対して積極的に協力するという役割を担うことなどである。

①　治療者の心構え

個人療法にしても、集団療法にしても、その中での治療者の人格、性格といったものの治療の効果におよぼす影響は、非常に大きいものがある。どんな治療でもその初期の段階では、まず子どもをありのままの姿で受けいれてあげることがたいせつである。子どもの現在の心理状態をありのままに受けとめ、認めてあげることがその子どもの治療場面における緊張をとき、自由な自己表現をさせるためにもっとも必要なことと考えられるからである。

この「受容」ということは、単に子どもがどんなことをしても黙ってみているということではない。その行動を客観的に、冷静にみて、表面的にとらえるのでなく、〝なぜそういうことをしたくなるのか〟ということをよく理解し、それをともに感じることがたいせつなのである。そのためには治療者自身が、柔軟性に富んだ性格の持ち主でなければならない。かつてひとりのこういう問題をもった子どもが、こういう行動をとったからといって同じような問題をもっているようにみえる他の子どもが同じようにするとは限らない。いつも、一つの行動と一つの問題が一致しているとは限らない。別の子どもには別の新しい見方をしなくてはならない。治療者の「思いこみ」ほど恐ろしいものはない。子どもを自分かってな分類方法によって型にはめてしまうことは、厳に注意しなければならない。

どんなに長い経験を積んだ治療者であっても、はじめての子どもに接するときには、つねに新鮮な目で子どもに接しなければならないのである。また同じひとりの子どもに対しても、治療の初期の段階と治療が終結に向かっている段階では、その子どもは大きく変化しているものである。子どものどんな微妙な変化に対しても、治療者はそれを敏感に感じとらなくてはならない。治療者自身がはじめての印象にこだわりすぎ、いつまでたっても子どもの成長に気づかないでいると、その治療者はかえって子どもの成長をひきとめてしまうことになりかねないのである。

集団療法のばあいにはとくに複雑である。治療者は同時に何人もの子どもを受容しなければならないからである。子どものもつ問題によって、治療者はそれぞれの子どもにもっとも適した態度で接しなければならない。ある子どもは治療者にひどく甘えたがり、またある子どもは攻撃的な態度で接してくることもあるであろう。また子どもたちのあいだで治療者を奪いあうようなこともしばしば起こりうることである。このようなときに、治療者がうろたえてしまっては、治療がよい方向に向かうはずはない。どんな子どもに対しても、その子どもと向きあった瞬間に、もっとも適切な態度で接していけるだけの柔軟性がどうしても必要なのである。

またこのことは、治療者がどの程度集団の中に直接的に介入していくかということにもかかわってくる。初期の段階では前にも述べたように、受容的な態度がまず第一に必要とされる。そのためには子どもに対しても、個別的な扱いがかなり強い割合で占められることになり、すべての子どもが治療者を中心としてまとまる傾向が強い。しかし、いったん子どもたちが治療者に受けいれられていると感じ、治療者とのあいだに信頼関係が結ばれてくると、子どもたちの、他の子どもたちに対する関心も芽ばえてくるであろう。治療者が、つねに子どもたちの中にはいらなくても、子どもたちどうしのあいだに直接的な関係が生じてくるからである。しかし治療者が集団のこのような変化に気づかず、あまりしばしば子どもたちの中に介入しすぎると、集団療法そのものの意味であるところの、メンバー間の相互作用が生じなくなってしまう。そこで治療者は、子どもたちのあいだに直接的な関係が生じてきたら、なるべくその関係をたいせつにすべきである。そしてそれと同時に、少しずつ集団としてのルールをもちこみ、その集団を社会一般の集団へと近づけていく努力をしなくてはならないのである。

このように治療者はつねに、自分のみている集団なり、子どもなりに対して、新しい目をもってのぞまなければならない。治療者が過去の体験や、印象にこだわってしまうことは、その治療の停滞を意味するからである。

ではそのためには、治療者にはどのような努力が必要なのであろうか。治療者はまず、自分自身の日常が、単にいままでの生活のくり返しであったのでは、治療時間にだけ新鮮なものの感じ方のできるはずがないからである。日ごろの自分の人に対する感じ方、ものの見方から変えていかねばならない。自分自身をより豊かなものにしていこうという不断の努力が、自分をよい治療者としていくためにもっとも必要である。

② 保育場面での集団療法

いままで紹介してきた集団療法は、おおむねクリニックの中で実践されてきたものであるが、現実には問題をもつ子どもの治療は、相談機関のみにゆだねられているわけではない。むしろ、実際には幼稚園、保育所などの場で保育者によって取り組まれているばあいも多いのである。ここでは子どもの生活研究所で行なっている治療の実際を述べてみよう。

問題をもった子どもの指導を集団の中で行なうか、個人で行なうかを決定するばあい、また個人治療から集団治療に移そうとするばあい、およそ二つの観点からみて判断している。一つはアクスラインのいっているように、社会的適応を計ることによってその子どもの問題が改善されると判断されるばあい、他は集団場面を経験することが、スラブソンやジノットのいう「社会的飢餓」の発達を促すと思われるばあいである。前者のばあいは、普通児集団に参加させていき、後者のばあいは、問題をもつ子どもだけの集団を構成することになるばあいが多い。前者はいわゆる情緒障害児、軽度の知恵おくれの子ども、および自閉的傾向をもつ子どもで、相当発達の進んだ子どもなどが多く含まれ、後者は自閉症児、知恵遅れの子どもで情緒的問題をあわせもっている子どもが中心になる。自閉症児の治療の初期の段階、およびかなりむずかしい情緒的な問題をもっている子どもは個人治療から出発することを原則としている。

① **問題をもつ子どもだけの集団治療**

集団の構成は、具体的には集まった子どもによって決定される。つまり子どもの発達からみた必要性によって必要な集団が構成されるわけで、三歳から七歳くらいまでの年齢の子どもを、発達のレベル、年齢差を考慮していくつかのグループに編成するのである。一グループは七、八名の子どもと数名の治療者（リーダー一名、補助者数名――必要に応じた人数）で構成される。目標はまず第一に、集団内で個々のメンバーが安定して過ごせること、自己表現が活発に行なわれることが考えられる。そのためには治療者の個別的接触が必要で、集団療法というよりはむしろ、集団場面を利用した個人治療といえるかもしれない。ここで期待される自己表現ということも、自分の気持ちの率直な表現（ほしいものをすぐにほしいと表現できる。いやなときにいやと表現できるなど）や、相手(治療者)にわかる形でのことばおよび動作による表現ということで、集団のメンバー間の意志の交換ということではない。

この第一の目標が実現されると、子どもたちの能力や自我水準に応じて、集団の規制力を強めていくわけである。つまりしだいに、集団内で「しなければならないこと」「することを期待されていること」をふやしていくのである。これは実際には、おやつやお弁当という形での一斉行動であったり、リズム遊び、運動遊びのような課題、または治療者からの指示に従うというような、いろいろな形がとられる。もちろん強制的に行なわれるのでなく、基本的には子どもを受けいれながら、「好ましい方向」を示していくのである。

このような課題を楽しめるようになった子どもたちは、その中で自他の区別が明確になり、他人のしていること、自分のしていることへの理解が深まってくる。さらに自分をとりまく周囲の状況（人や物やその場のなりゆきなど）へと目が開いてくるのである。

自分とのかかわりの中での周囲に対する理解が深まってくるにつれ、子どもたちはかえって集団の圧力を受けやすくなる。集団の規制力を治療者がコントロールしながら、この危機を乗りきらせることが、このグループの最終的課題になる。人に自分の使っていた道具を持っていかれたり、人から拒否されたり、失敗した、うまくできないと感じたりすることで彼らはすぐ立往生し、引っこみ思案になってしまう。以前のように、平気でとり返す、無視する、ということができなくなってくるのである。このような場面で踏みとどまり、自分の要求を実現するような方向での現実的な行動がとれるようになるように、治療者は、子どもに手を貸し、励まし、支えていく必要があるのである。

全般的にみて、子どもの生活研究所の行なっている問題をもっている子どもだけのグループはつねに経過的なものであり、普通児集団への参加の方向をとったり改めて個人治療の方向をとったりする。子どもの変化を細かく敏感に理解し、適切な配慮をすることが欠かせない。

② 普通児集団の中の指導

普通児の集団の中で問題をもった子どもを治療していこうとするとき、受けいれる側の集団の質の問題と、参加している子どもの側の条件を検討しなければならない。

まず集団の条件を考えてみよう。問題をもった子どもを受けいれるということは、一時的に集団がかき乱され、混乱するという状態を必ずもたらすものである。集団の標準（当り前とされていること）はこわされそうになる。このとき従来からの集団の標準を維持しようとする動きが強くなると、新しく参加した子どもは、はじき出されてしまう。心理的にははじき出されながらも、形だけ参加しているということでは、当然よい結果は期待できない。混乱させられたときに、もとに戻ろうとするのではなく、新しい条件をふまえて新しい標準を作り出すことが可能な集団だけが、問題をもつ子どもを受けいれ、効果を発揮することのできる集団なのである。具体的にいえば、その子どもがどんなことをしても、あるいはしなければならないことをしなくてもグループのメンバーも困らない、当惑もしない、ということである。はじめは困っても、その子どもに慣れ親しみ、困らなくなるような集団である。こわされたら新しく作り出し、またこわされて新しく作り出す。そのような柔軟な構造をもつ集団が問題をもった子どもを受けいれる条件である。

このような集団は、ひとりずつの子ども（グループのメンバー）が、受けいれられ、認められ、理解しあって存在している関係で、はじめて成り立つのである。つまり問題をもつ子どもがいるいないにかかわらず、保育者と子どももひとりずつが信頼しあい、ありのままに認めてもらえる集団である。当然個々の子どもに対して集団の圧力は強すぎず、自由なふんい気をもっている。このような集団を作り出すことのできる保育者の存在が不可欠な条件であろう。

つぎに参加する子どもの側を考えると、治療効果を表面的な態度の改善（すわっていられるようになる。返事ができるようになるなど）と考えるのではなく、自我機能の形成、強化という点で評価しようとすれば、なんらかの形で集団の他のメンバーと心理的なかかわりをもてる子どもでなければならないだろう。すべてにわたってではなくとも、集団内に起こってくる出来事を自分とのかかわりで、自分のこととして感じることがなければ、集団に参加する意味はない。少なくともそのような方向で変化がみえてくる可能性は、限度の条件になるだろう。好きな友だち、好きな課題がふえてくるということが期待されることが必要である。

人数が多すぎることも問題になる。保育者ひとりが確実に掌握でき、保育時間中すみずみまで注意を行き届かせることのできる限界は、子ども二十人であろうと思われる。実際に子どもたちの中で起こってくるいろいろなできごとをわかりながら必要な手も打っていく、というためにわれわれは各グループに補助者をひとりずつつけている。これは細かく世話をやくためでなく、ひとりずつの子どもの気持ちを確実に理解するうえで盲点をつくらないためである。

このような集団の中で、子どもたちの中に起こってくることは当事者だけでなく、グループの子ども全員の関心事になり、常に監督(保育者)、演者(当事者の子ども)、観客(他の子どもたち)という心理劇的な展開をみせてくる。問題をもった子どもが、急にかんしゃくを起こして泣きながら隣の子どもにくってかかった、というようなとき、保育者は両方の子どものいい分を、双方にわかるように通訳する。

「Aちゃんは机の上に置いておいた絵本をもっていかれたから怒ったんだって」

「だってもう片づけの時間だからぼく片づけようとしただけだよ」

「Aちゃん、Bちゃんは片づけの時間になったから本をしまおうとしたんですって」

「ぼく、まだみてないからしまっちゃダメだ!」

こういうやりとりの中で、A君もB君も、相手の意図がわかってくる。周囲の子どももその間の事情がのみこめて、それぞれの意見を出すようになる。

「Bちゃん、黙って片づけちゃったからいけないんだよ。片づけの時間だよってAちゃんに教えてから片づければよかったのに」

「レコードが鳴ったからいわなくてもわかるはずだよ」

「Aちゃんむちゅうになっていたからわからなかったのかもしれないよ」

「いつもAちゃんわからないんだよ」

「わかっているときだってあるよ。きのうはちゃんと片づけていたよ」

こうしているうちに、A君もB君も落ち着きをとりもどししぜんな解決法が見出されてくる。そして片づけのレコードが鳴ったらおもちゃを片づけなければならないことがA君も含めて再確認されると同時に、レコードが鳴っても聞こえないときもある、聞えても片づける気にならないときもあるというような多様な見方ができてくるのである。一足とびに道徳的結論を出すのではなく、多様な見方をしていくという営みの中で、問題をもった子どもも現実の理解を深め、適応していく努力を重ねていくのである。

このような集団的なふれあいだけでなく、保育者は、個別的に問題をもった子どもの気持ちの動き、行動の意味を理解するようにしていかなければならない。うっかりすると形だけのまね、(先生のことばはわからないから皆のやるようにやっておくなど)みせかけの対応(貸してといわれて反射的に貸してしまう――ほんとうに貸してもよいのかどうか考えないで――というようなこと)を適応してきたと評価してしまったり、集団の圧力に押されて立ちすくんでいるような状態を見のがして放置してしまったりする危険性があるからである。集団から受ける圧力は一定のものではない、発達がすすめばいままで感じなかったことも圧力と感じられてしまうこともたびたびみられるのである。常に新しい目でみていかなければならない。

③ 治療者（保育者）の問題

治療者の心構えについては前に述べたので、ここでは子どもの生活研究所の中で、明確にされてきたことだけを述べたいと思う。

第一に複数の治療者や保育者を置くばあい、必ずリーダーと補助者の役割を明確にすることである。子どもに対してはつねに治療者集団は統一的な態度をとらなければならないからである。これは皆が同じようにふるまうということではない。監督と補助自我の役割をはっきりさせ、互いに有機的に働きあうということである。リーダー（監督）が「集まりましょう」と声をかけたばあい、補助者も集まりましょうという必要はないのである。「集まる」というリーダーの意志を徹底させる方向で体を動かし、どうしても参加しない子どもがいたばあい、その子どもの状況をリーダーに連絡し、個別的な扱いが必要ならその役割を果たす、ということである。リーダーと補助者は場面によって交替することもあり得るが、つねに役割は明確にされていなければならない。さらにスムーズに互いに役割を果たすためには、個々の子どもに対する自分や指導方針の統一をはかるようつねに話し合い、検討しあっていかなければならない。

さらに要求されていることは、子どもの見方は合議制で検討されているのではない、ということである。つねにスーパーバイザーのスーパービジョンの下で理解を深めていくという姿勢が要求されている。スーパーバイザーの存在は、治療者自身が自己をよい治療者として伸ばしていくためにも不可欠のものである。

●主体的自我はなぜたいせつか

子どもの自発性の中核となる自我の発達には、〝客体的自我〟の発達と〝主体的自我〟の発達の二つがある。主体的自我とは自分で考え、判断し、自分で行動しようとする力、つまり〝主体性〟である。これに対して客体的自我というのは、その場面で自発的に行なわれる行動であるが、それは子どもの内面性にもとづくものではなく、周囲のおとなから、「そうしなさい」と強制されたり、おとなに「いい子ね」といってもらいたいためにやっているうちに習慣化した行動基準のようなものである。この客体的自我だけが発達した子どもの行動は、表面的には、きちっとしていて、かっこよく感ぜられるが、しかし、それはあくまでも自分の心の中にできた判断のわく組みや心情にもとづくものではないので、おとなのリモートコントロールがなくなると、それは、すぐにくずれてしまう。その意味で、それは〝にせものの自発性〟と考えなくてはいけない。

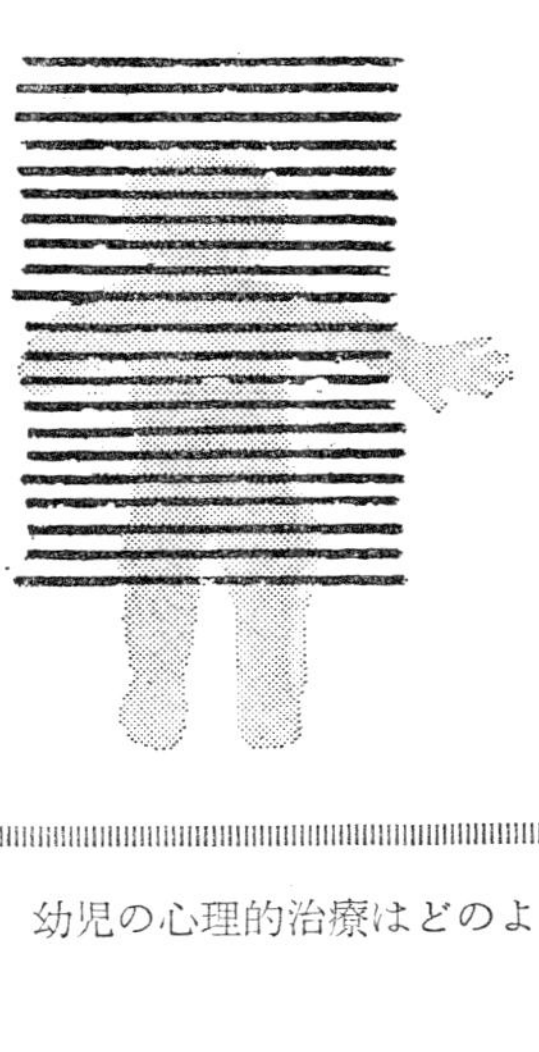

用語解説

＊受容

先入見、道徳的立場など、一定のわく組みから他人をみようとしないで、ありのままの他人を認め、尊重しようとする態度。たとえば、相手と話をしているとき、その内容は批判すべき点があっても、相手の気持ちや、相手にとっての意味を理解しようと努めれば、その発言は十分に受容できる。ロージャスはこの受容的な態度こそが、さまざまな指導の技術よりも、治療的に重要な意味をもつことを実践を通じて確かめた。この受容の技術にはいくつかの段階があり、相手の話をうなずきながら、積極的に「よくきく」ということが基本的で、しかももっとも簡単な受容の方法である。

＊カタルシス（浄化）

精神分析学の用語で、抑圧された感情や欲求を心の外に吐き出すことを意味している。抑圧されていたものを意識化させ、それをことばや行動で表現させ、緊張を解消させることがカタルシスのひとつのねらいであるが、ただそれだけにとどまらないで、洞察力や積極的行動の助長にも役だたせることができる。

＊自由連想

連想とはある観念が他の観念と結びつけられることである。この連想には、あらかじめ定められた方向にしたがって進められる制限連想と、なんらの制限もなく心に思い浮かぶままに進められる自由連想とがある。精神分析では、無意識の中にわだかまっていて、本人には気づかれていないいろいろな観念を、自由連想を用いて発見したり、それをときほぐしたりする。

＊リビドー

精神分析で用いられる概念で、欲望の原動力となる心理的エネルギーを意味する。このことばを最初に用いたフロイドは、その中心として、性的本能を考えたが、今日ではこれを性本能に限定しないでもっと広く心理的エネルギー全般をさすものと考えられている。リビドーは、欲求が充足されたり、昇華されることによって、解消されないと神経症になったりする。

＊超自我（スーパーエゴ）

精神分析の概念であるが、良心という意味とだいたい同じである。フロイドはパーソナリティーの構造として、本能に従って快楽を求める「イド」と、現実的な観点に立ってイドを統制する「自我」、さらに自我を監視し、自我がこれに従わないとき、罪悪感、恐怖心、恥ずかしさなどを与える「超自我」の三つを考えた。このうち超自我の発達がもっとも遅く、幼児期に両親から与えられる禁止や道徳観が内面化されることによって自我の一部から分化して作られるものとされている。

＊自己実現

カウセリングによって、自己の変革が行なわれ、価値観が変わってくると、個人は新しい目標に向かう行動を開始する。ロージャスはこれを「自己実現」と呼んだ。自己実現は洞察が進んでくるに従って内から生まれてくるもので、外部からの強制によるものではない。したがって、他人の援助がなくても、自力で新しい目標へと進むことができるということを示している。

＊行動療法

人間のあらゆる癖や問題行動などは、すべて長い期間にわたって学習されたものであるという考え方に立って、学習や条件づけの原理を用いて、望ましい行動の型を学習させたり、適切でない習慣や行動を消去しようとする心理的治療法の一つである。

＊葛藤状態

二つ以上の欲求が同時に存在して、そのどちらを選択しようかと迷う状態をさす。葛藤状態にあっては、一方の欲求を満足させると、他方の欲求の不満をもたらすことになるので、強い葛藤状況の下では不安や緊張が高まってノイローゼになったりすることがある。

索　引

す

せ

そ

た

ち

つ

て

と

執 筆 分 担

I	幼児臨床心理の基礎理論	森上史朗
II	幼児の問題心理を理解する法	品川不二郎
III	幼児理解の方法と考え方	昌子武司
IV	家庭の問題の見方・考え方	品川孝子
V	幼児の心理的治療はどのように行なわれるか	石井哲夫

◈幼児の臨床心理事典＊著者紹介◈

品川不二郎（しながわ・ふじろう）
1916年山口県に生まれる。
東京教育大学卒業。文学博士。
児童心理学，教育心理学を研究。
現在，東京学芸大学教授。
著書「幼児の性格診断」ほか多数。

品 川 孝 子（しながわ・たかこ）
1922年新潟県に生まれる。
日本女子大学家政学部を卒業。引き続き児童科で児童心理学を専攻，卒業。
田中教育研究所員，主婦の友社の教育相談を担当。
著書「親でなければできない教育」「三歳までにこれだけは」ほか多数。

昌 子 武 司（しょうじ・たけし）
1925年島根県に生まれる。
早稲田大学文学部心理学科，大学院修士課程卒業。
アイオワ州立大学付属小児精神病院勤務をへて，現在国立特殊教育総合研究所情緒障害教育研究室長。
著書「学校教育相談」「学校教育相談入門」（いずれも編著）「学習意欲」ほか。

森 上 史 朗（もりうえ・しろう）
1931年岡山県に生まれる。
東京教育大学心理学科卒業。
現在，大妻女子大学児童学科助教授。
著書「幼児教育心理学」「幼児保育総論」ほか。

石 井 哲 夫（いしい・てつお）
1927年東京に生まれる。
東京大学文学部心理学科卒業。
現在，日本社会事業大学教授。子どもの生活研究所長。
著書「子どもの才能は親が育てる」「自閉症児の治療教育」（共著）ほか。

（順不同）

幼児の臨床心理事典

昭和50年１月　発行

著　者　品川不二郎・他
発行者　山　浦　常　克
印刷者　金　森　東　一　郎
発行所　株式会社　あすなろ書房

東京都新宿区弁天町107石嶋ビル
電話（203）3350／3563　振替 東京 9-63084

東洋経済印刷・ナショナル製本協同組合

3337-50093-0060

幼児の臨床心理事典

発　行　2016年1月25日　　初版第1刷

著　者　品川《しながわ》不二郎《ふじろう》　品川《しながわ》孝子《たかこ》　昌子《しょうじ》武司《たけし》
　　　　森上《もりうえ》史朗《しろう》　石井《いしい》哲夫《てつお》

発行者　高野総太

発行所　株式会社 日本図書センター
　　　　〒112-0012　東京都文京区大塚3-8-2
　　　　電話　営業部03（3947）9387　　出版部03（3945）6448
　　　　http://www.nihontosho.co.jp

印　刷　株式会社 栄　光

製　本　東和製本 株式会社

ISBN978-4-284-30769-7　C3037（全1巻）
2016　Printed in Japan